Paparazzi

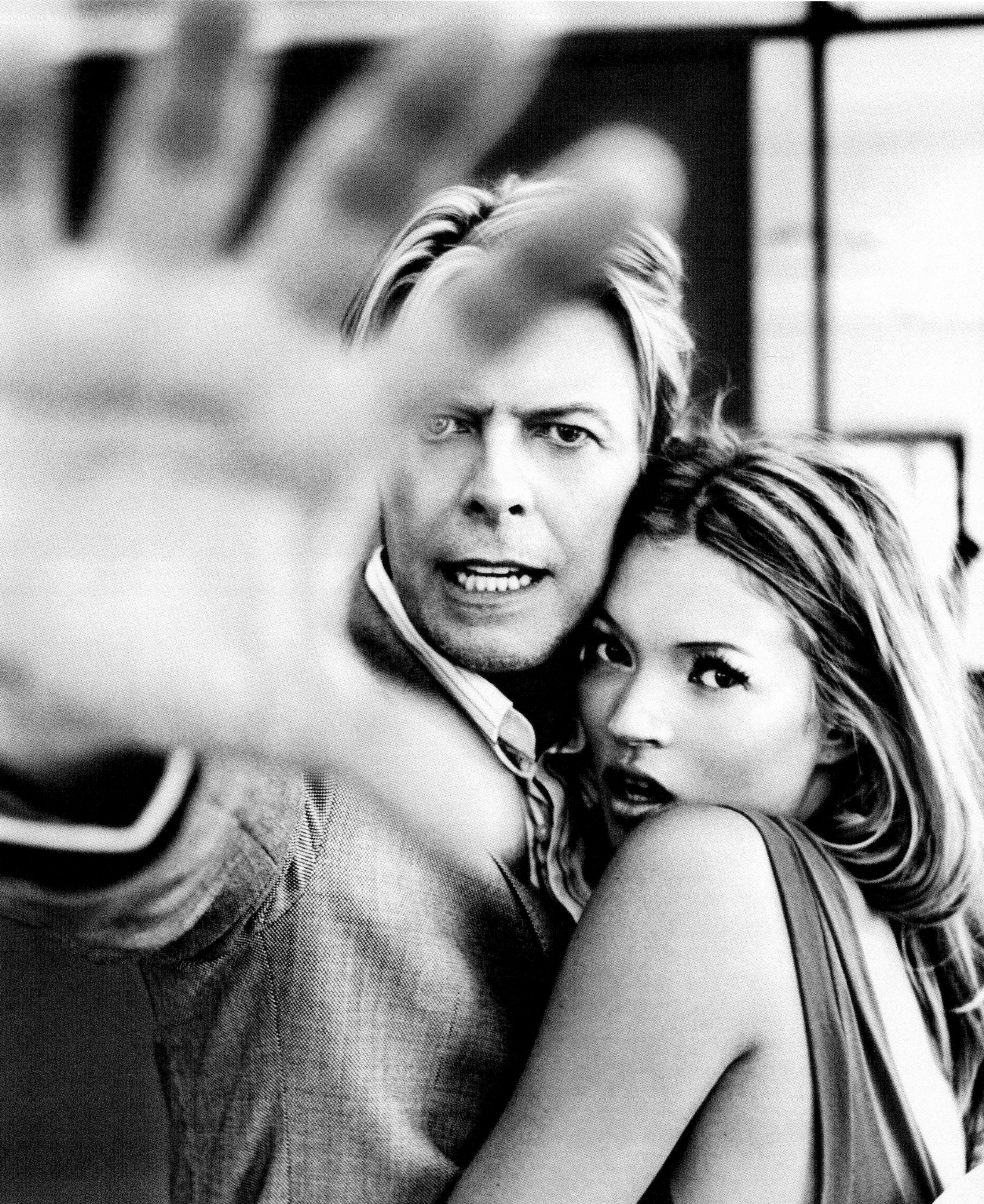

Paparazzi
Fotografi e divi dalla Dolce Vita a oggi

Photographers and Stars: from the Dolce Vita to the Present

a cura di / edited by
WALTER GUADAGNINI e / and FRANCESCO ZANOT

SilvanaEditoriale

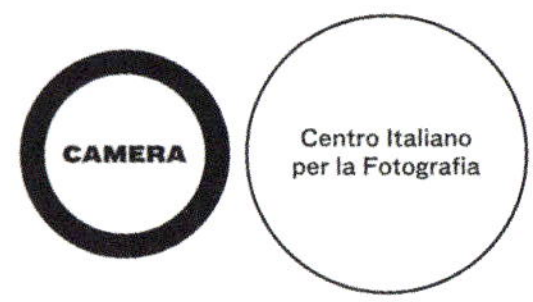

CAMERA
Centro Italiano per la Fotografia, Torino

CAMERA
Centro Italiano per la Fotografia, Torino

13 settembre 2017 – 7 gennaio 2018
13 September 2017 – 7 January 2018

Presidente / President
Emanuele Chieli

Direttore / Director
Walter Guadagnini

Curatore / Curator
Francesco Zanot

Responsabile Mostre / Head of Exhibitions
Francesca Spiller

Assistente curatoriale e Produzione / Assistant curator and Production
Arianna Visani

Responsabile Archivi / Archives Manager
Barbara Bergaglio

Responsabile Didattica / Educational Manager
Cristina Araimo

Responsabile Comunicazione/ Communications Manager
Giulia Gaiato

Responsabile Affari Generali / Manager of General Affairs
Carlo Spinelli

Amministrazione/ Administration
Mariella Brignolo

Libreria / Bookshop
Emanuele Peluffo

Staff Tecnico/ Technical Staff
Cosmin Grozav, Vitalia Isopel, Edoardo Prato

A cura di / Curated by
Walter Guadagnini e/and Francesco Zanot

Cornici / Framing
Silvio Zamorani

Allestimento / Hanging
Attitudine Forma

Realizzazione grafica / Graphics Production
Fabbricanti d'immagine

Stampe wallpaper / Wallpaper Prints
Walber

Multimedia
CWS

Ufficio Stampa / Press Office
Studio Esseci

Immagine della comunicazione / Communication Design
BRH+

I curatori desiderano ringraziare tutte le persone e le istituzioni che hanno reso possibile la realizzazione della mostra e del catalogo. Per il prestito delle opere e per la collaborazione nelle ricerche un grazie sentito a Davide Faccioli a Bologna, a Giovanna Bertelli a Milano e a Renato Corsini a Brescia. Grazie anche a David Secchiaroli, Roma; Marcello Geppetti Media Company, Roma; Katiuscia Nanni, Roma; Katia Bede Garritano, Roma. Un ringraziamento particolare a Ron Galella, Alison Jackson, Ellen von Unwerth, Armin Linke e Corrado Calvo per la loro collaborazione e disponibilità nelle varie fasi di preparazione e allestimento della mostra. Grazie anche a Michele Smargiassi, Carol Squiers e Sam Stourdzè per la loro disponibilità. Grazie a Donata Pesenti, direttrice del Museo Nazionale del Cinema, Torino; a Emanuela Martini, direttrice del Torino Film Festival; a Mario Turetta, direttore della Reggia di Venaria e a Susanna Gianandrea, responsabile Mediateca Rai, Torino. A diverso titolo hanno contribuito alla riuscita di questa esposizione e delle iniziative che la accompagnano anche Massimo Vicinanza, Napoli; Martina Fiore e Andrea Dezzi, Roma; Anthony Miller, New York; Clara Rea, Parigi; Hannah Winchester, Londra; Ferial Nadia Karrasch, Berlino; Grazia Paganelli e Stefano Boni, Torino; Tomaso Ricardi, Torino. Infine un grazie a Francesca Lavazza per l'aiuto e il costante supporto.

The curators wish to express their gratitude to all the people and institutions that have made this exhibition and its catalogue possible. For the loans that have been granted and for their collaboration in research, heartfelt thanks go to Davide Faccioli in Bologna, Giovanna Bertelli in Milan and Renato Corsini in Brescia. Thanks also to David Secchiaroli, Rome; Marcello Geppetti Media Company, Rome; Katiuscia Nanni, Rome; Katia Bede Garritano, Naples. Special thanks go to Ron Galella, Alison Jackson, Ellen von Unwerth, Armin Linke and Corrado Calvo for their collaboration and availability during the various phases involved in the preparation and staging of the exhibition. Thanks also to Michele Smargiassi, Carol Squiers and Sam Stourdzè for their availability; to Donata Pesenti, Director of the Museo Nazionale del Cinema, Turin; Emanuela Martini, Director of the Torino Film Festival; Mario Turetta, Director of the Reggia di Venaria and Susanna Gianandrea, Manager of Mediateca Rai, Turin. The success of this exhibition and the initiatives accompanying the same are thanks to the contributions kindly provided by Massimo Vicinanza, Naples; Martina Fiore and Andrea Dezzi, Rome; Anthony Miller, New York; Clara Rea, Paris; Hannah Winchester, London; Ferial Nadia Karrasch, Berlin; Grazia Paganelli and Stefano Boni, Turin; Tomaso Ricardi, Turin. And finally thanks to Francesca Lavazza for her help and constant support.

Partners

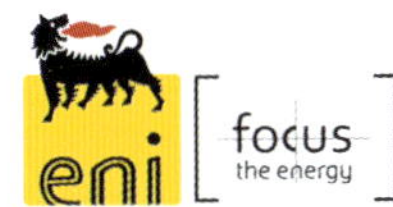

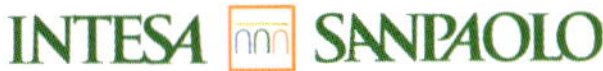

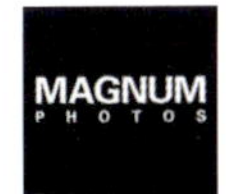

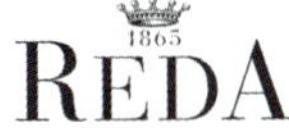

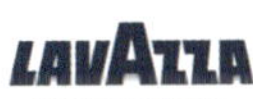

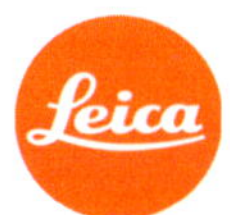

Con il contributo di / With the contribution of

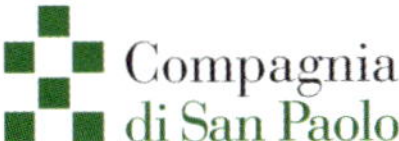

Con questa mostra, ultima del 2017, si chiude il secondo ciclo di esposizioni di CAMERA, a circa due anni dalla sua apertura.
Un ciclo di tre mostre, diverse tra loro, che bene riassumono le diverse anime di CAMERA. La prima, dedicata al rapporto tra l'agenzia Magnum e l'Italia, ha confermato la vocazione internazionale di CAMERA e il suo stretto rapporto con Magnum, che di CAMERA è partner fondatore; ha confermato al contempo l'attenzione all'evolvere della società italiana attraverso la storia.
La seconda, un'importante antologica dell'artista olandese Erik Kessels, riferimento internazionale della cosiddetta 'fotografia trovata', ha confermato la vocazione di CAMERA alla ricerca, alla presentazione di quelle che sono le più attuali tendenze della fotografia mondiale.
La terza, infine, questa magnifica rassegna sulla storia e sull'attualità dei paparazzi e del loro linguaggio, vuole essere un esplicito omaggio alla storia della fotografia italiana. Se fino all'Ottocento le parole italiane diffuse nel mondo, in particolare in quello delle belle arti e della musica, sono numerosissime, nel XX secolo esse si riducono drasticamente, a dimostrazione della perdita di centralità della nostra cultura, di fronte al crescere di altri modelli e altre potenze. Ebbene, uno di questi rari vocaboli è proprio "paparazzi", una delle tante, geniali invenzioni del duo Fellini e Flaiano, che ha superato la sua culla d'origine, la Roma della Dolce Vita, per diffondersi in ogni parte del globo e in ogni ambito (fino alle canzoni pop di Lady Gaga!). È una storia controversa, non sempre di successo, che investe anche i campi dell'informazione, della privacy, dell'attualissimo fenomeno del cyber bullismo: proprio per questo riesce naturale immaginarla rivisitata a CAMERA, dove è centrale il rapporto tra la fotografia e la società, e altrettanto centrale è la volontà di unire ricerca storica e attenzione all'attualità.
Una visione articolata, dunque, che non a caso apre uno spazio giovane come CAMERA alla collaborazione con realtà prestigiose e consolidate come la Reggia di Venaria e il Museo del Cinema, in una serie di eventi, conferenze, proiezioni, a conferma della volontà di essere parte del tessuto culturale della città, insieme volano e sponda di dialoghi aperti tra i diversi attori del territorio.
Sono dunque felice di presentare questa mostra, cogliendo l'occasione per rinnovare il mio ringraziamento a tutti coloro che sostengono lo sviluppo e la crescita di CAMERA – in primis i partner Intesa Sanpaolo, Eni, Lavazza, Reda, Compagnia di San Paolo – e a tutti coloro che a diverso titolo si sono impegnati per la riuscita di questa piacevolissima rassegna di volti e corpi, situazioni estreme, personaggi celebri e sconosciuti, storie scabrose, talvolta comiche, qualche volta drammatiche, sempre interessanti.

EMANUELE CHIELI
Presidente Fondazione CAMERA – Centro Italiano per la Fotografia

With this exhibition, the last one in 2017, the second series of CAMERA exhibitions comes
to a close, about two years from its inauguration.
A series of three exhibits, different from one another, that perfectly summarize the different
CAMERA souls.
The first, dedicated to the relation between Magnum agency and Italy, has confirmed
CAMERA's International vocation and its close relationship with Magnum (one of CAMERA's
founding partners); simultaneously confirming its attention towards the evolution of Italian
society over the course of history.
The second, an important anthological review of the Dutch artist Erik Kessels' work (international
reference for the so-called "found photography"), has confirmed CAMERA's vocation for research,
for the presentation of the most contemporary trends of worldwide photography.
And ultimately the third, this magnificent review of the history and topicality of paparazzi and their
language, wishes to be an explicit tribute to the history of Italian photography. While there was a
host of Italian words widespread the world over until the nineteenth century, particularly those
inherent to fine arts and music, they were drastically reduced during the twentieth century—
demonstrating the loss of our culture's centrality compared to the rise of other models and
other powers. Indeed, one of these rare words is the term "paparazzi", one of the many others,
a brilliant invention of the Fellini-Flaiano duo; a term that has gone beyond its place of origin,
namely the Rome of "La Dolce Vita", and has spread to every part of the planet and to every sector
(all the way to Lady Gaga's pop songs!). It is a controversial story (not always a success story)
that also invests the field of information, privacy and the very contemporary phenomenon called
cyberbullying: and for this exact reason it comes natural to imagine it re-visited by CAMERA,
where the relation between photography and society is central, and likewise central is the will to
join historical research and attention towards current events.
Hence a cogent vision and it comes as no surprise that it opens up a young space such as
CAMERA towards its collaboration with prestigious and consolidated institutions such as the
Palace of Venaria and the Museum of Cinema—in a series of events, conferences, screenings
that confirm its will to become part of the cultural fabric of the city, simultaneously flywheel
and support of open dialogues between different players on the territory.
I am therefore happy to present this exhibition and seize the opportunity to express my
gratitude to all those who support the development and growth of CAMERA—first and foremost
its partners Intesa Sanpaolo, Eni, Lavazza, Reda, Compagnia di San Paolo—and all those who
have committed themselves towards the success of this very pleasant review of faces and
bodies, extreme situations, renowned and unknown personalities, thorny stories that are
at times comical, at times dramatic, but always interesting.

EMANUELE CHIELI
President, CAMERA Foundation – Centro Italiano per la Fotografia

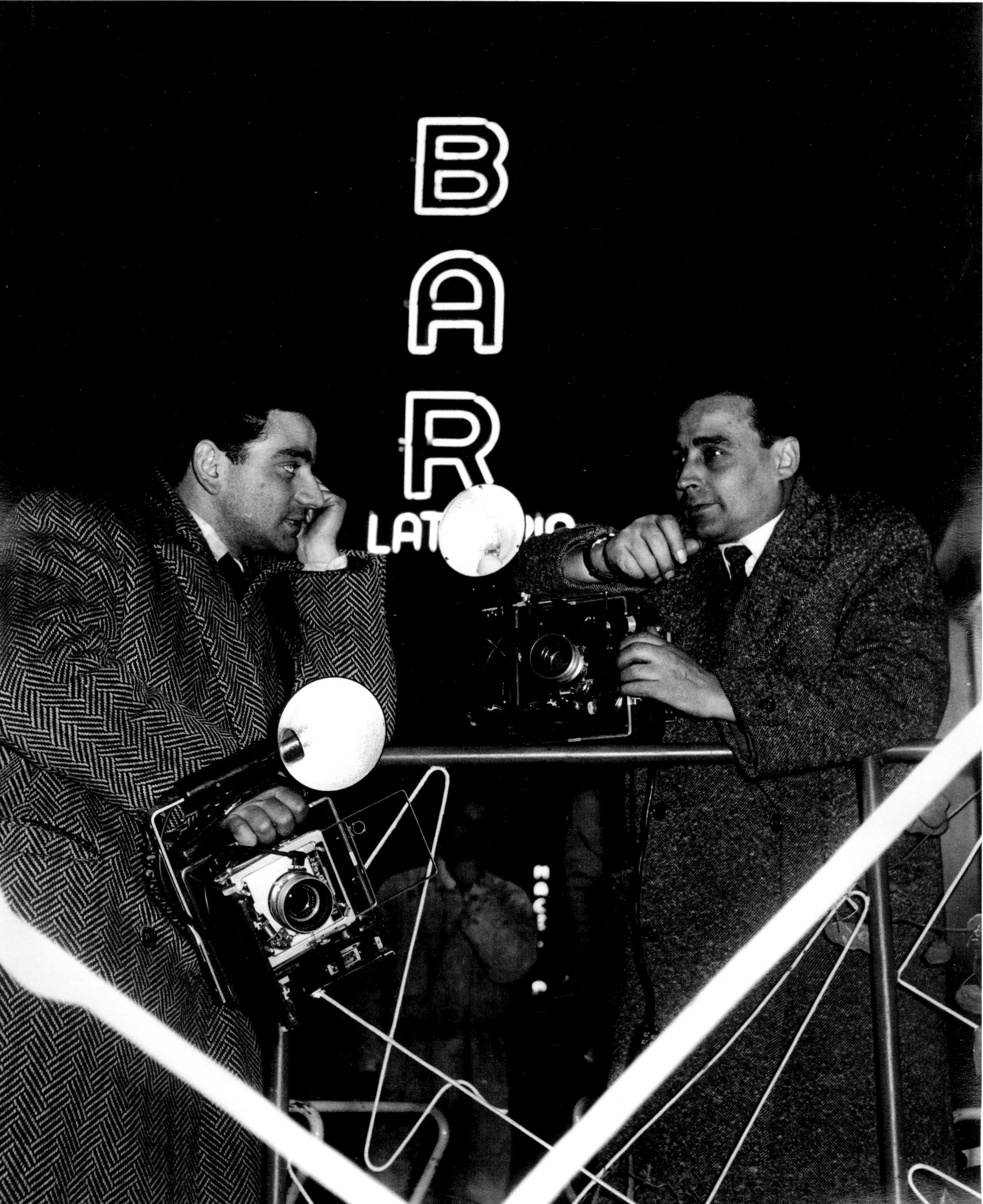

BAR
LAT...

Sommario
Contents

WALTER GUADAGNINI

Non voglio chiacchiere non voglio foto non voglio pubblicità *

I don't want gossip, I don't want photos, I don't want publicity *

"Non avevo alcuna formazione né complessi. Per necessità e desiderio, decisi di usare tutto senza tabù: contrasto, grana, sfocato, foto accidentali e tagliate, così com'erano. Quanto al contenuto, il mio è stato un atteggiamento pseudo-etnografico e la cosa che mi è piaciuta di più è stata ritrarre i newyorkesi, che si credevano i padroni del mondo, come nativi invasi da antropologi coloniali: sarebbe sufficiente sostituire il termine "newyorchesi" con quello di "attori" e si avrebbe una sintetica e quanto mai calzante dichiarazione di poetica dello stile paparazzo, così come si è formato ed evoluto dalla fine degli anni cinquanta alla metà del decennio successivo. Invece, le fotografie in questione sono quelle di William Klein che compongono il leggendario volume *New York*, pietra miliare della rivoluzione linguistica in corso tra Stati Uniti ed Europa proprio, e certo non casualmente, negli stessi anni. Il volume di Klein esce infatti nel 1956, due anni prima delle celebri immagini dello spogliarello di Aïché Nana al "Rugantino", scattate da Tazio Secchiaroli e comunemente riconosciute come il culmine della stagione dei paparazzi. Una stagione fatta, per l'appunto, di fotografi che più per necessità – anche economica – che per desiderio, fotografano in maniera sporca, talvolta troppo vicini e talvolta troppo lontani dal protagonista, concentrati sull'azione e certo non sulla correttezza della composizione, consumatori incalliti di quel flash che contravveniva alle regole – scritte e non scritte – del fotogiornalismo ufficiale (quello rappresentato, a questi anni, normativamente da "Magnum").
La vulgata diffusa vuole che i paparazzi discendano – come una sorta di degenerazione indotta dal costume del tempo – da alcune figure che hanno incarnato nei decenni precedenti da un lato

"I had no training and no complexes. From necessity and from desire, I decided to use everything, without taboos: contrast, grain, blurred, accidental, cut-off photographs, just as they were. As for the contents, my attitude was pseudo-ethnographic and what I most enjoyed was treating New Yorkers, who saw themselves as owning the world, as natives invaded by colonial anthropologists": it would suffice substituting the term "New Yorkers" with "actors" to have a concise and well-fitting declaration of poetics inherent to the paparazzi style, of how it rose up and evolved from the close of the 1950s to the mid-1960s. Whereas the photographs in question are those by William Klein and they make up the legendary book entitled *New York*—a milestone of language revolution in the United States and Europe that was ongoing, and certainly not by coincidence, precisely during those same years. In fact, Klein's book was published in 1956—two years prior to the famous photos of Aïché Nana's striptease at the "Rugantino" restaurant snapped by Tazio Secchiaroli and universally recognized as being the epitome of the paparazzi season. Indeed, a season made up of photographers who (more out of necessity—even of an economic nature—than out of sheer passion) photographed in a dishonest way, at times too close and at times too far away from the protagonist, concentrated on the action being conducted and certainly not on the propriety of the composition, the inveterate consumers of those flash bulbs that went against the rules (written or unwritten rules) of official photojournalism (namely that represented, to the present, by established "Magnum" norms).
The commonly accepted history of paparazzi considers them as descendants (like a sort of degeneration

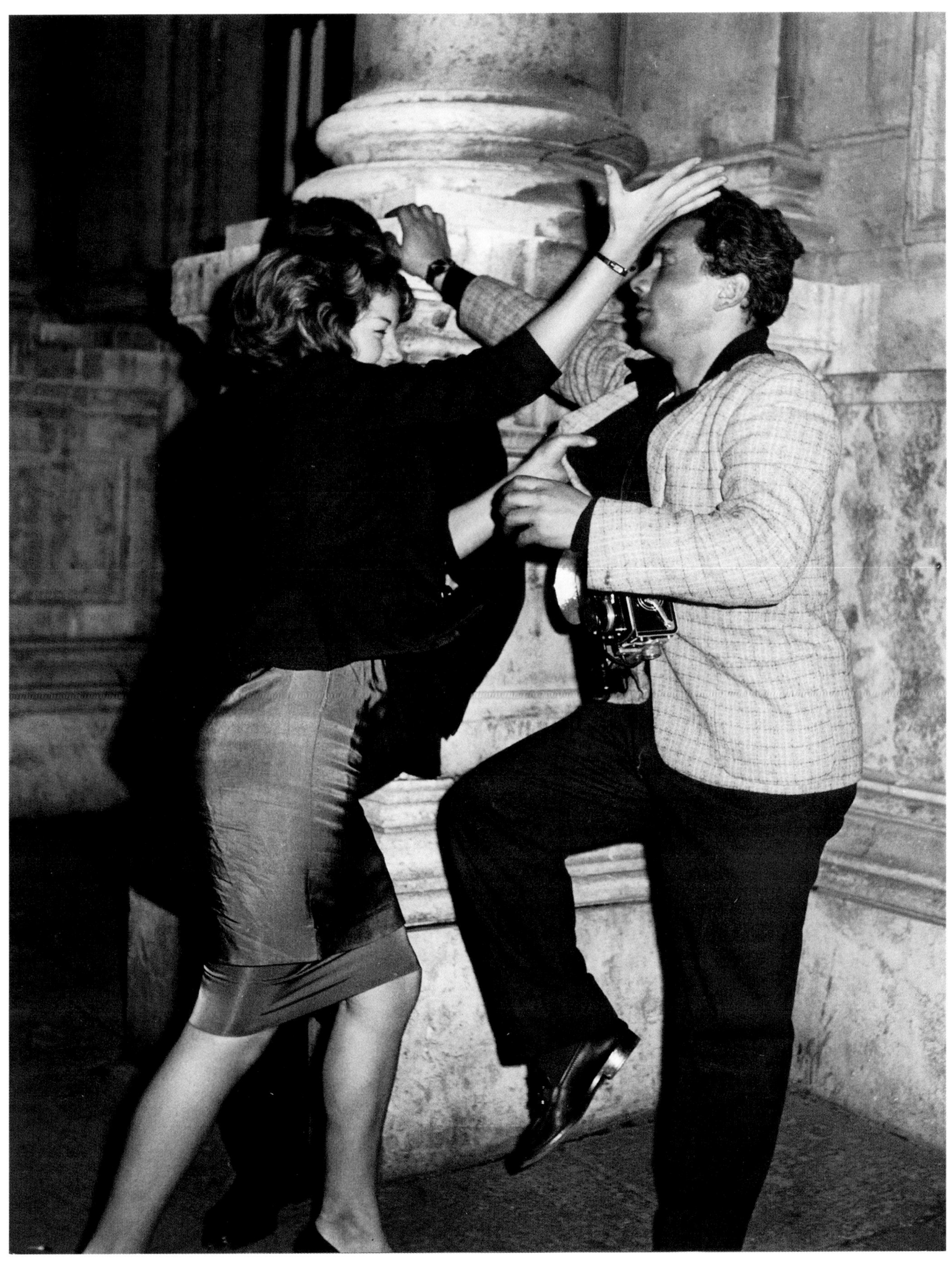

2. Agenzia Dufoto, *Scontro fra una giovane attrice e un fotografo / Clash Between a Young Actress and a Photographer*, s.d. / n.d.

l'estetica del voyeurismo giornalistico, dall'altro quella legata alla rappresentazione della parte oscura della metropoli.

In estrema sintesi, il paparazzo troverebbe le proprie origini in parte nella *candid camera* di Erich Salomon, dall'altra nella *naked city* di Weegee. Ora, se è vero che tali figure indubbiamente hanno segnato tappe cruciali nell'evoluzione del linguaggio fotogiornalistico in chiave per così dire predatoria, è altrettanto vero che le loro immagini hanno ben poco a che vedere con quelle dei paparazzi, tanto a livello stilistico quanto di soggetti. Salomon – a parte le prime immagini davvero rubate nei tribunali – usa un linguaggio reportagistico che, visto a posteriori, doveva apparire già negli anni cinquanta come estremamente tradizionale, quasi accademico. Un linguaggio che, in assenza della riconoscibilità dei personaggi ritratti – celebrità politiche al tempo, quasi tutte finite però ben presto nel dimenticatoio della storia –, diviene naturalmente statico sia dal punto di vista formale sia da quello emotivo, cioè sostanzialmente all'opposto di quello dei paparazzi, che fanno della dinamicità una delle caratteristiche primarie della loro pratica.

Un atteggiamento certo diverso è quello di Weegee, che non a caso pubblica sui *tabloid* e non su riviste come "Life" e "Look", che dettano a partire dalla metà degli anni trenta le coordinate del *bon ton* fotogiornalistico. Weegee è sporco e d'azione come i suoi presunti eredi, ma al contrario di loro è pressoché totalmente disinteressato alla cronaca mondana, non è quella la parte della notte – che pure esisteva anche nelle vie di New York – che gli interessa raccontare, il suo soggetto è la metropoli oscura, invisibile, di chi – per scelta o per necessità – sta ai margini della città. I personaggi ritratti dai paparazzi stanno invece al centro, letterale, fisico, della città (eterna, in questo caso) e, al contrario di quelli di Weegee, giocano con i fotografi una partita ambigua tra apparizione e velamento, tra rivelazione e copertura, tra conflitto e complicità, tra il desiderio e persino il bisogno professionale di essere sotto i riflettori e il desiderio di rimanere nell'ombra della propria vita privata.

Poiché, in effetti, la rivoluzione dei paparazzi – forse anche involontaria, perché no, certo non ideologicamente costruita, né ricercata intellettualmente come quella di Klein – si origina dall'incontro di due elementi che si trovano sostanzialmente uniti – fotograficamente – per la prima volta: un luogo unico come Roma, in quel preciso scorcio d'anni; un paese come l'Italia che usciva definitivamente dalle difficoltà e dalle ristrettezze del dopoguerra per abbracciare intera la nuova società dei consumi e delle comunicazioni di massa, ma guidato da classi dirigenti – politiche e intellettuali – cattoliche e comuniste che con l'immagine (in particolare quella di massa) avevano rapporti tutt'altro che sereni.

I paparazzi rappresentano contemporaneamente uno schiaffo al puritanesimo cattolico e a quello comunista, mostrano una società che si fa beffe delle regole della moderazione, della parsimonia, delle pubbliche virtù richiamate da entrambe le chiese

induced by the customs of the time) of some figures who incarnated, over the previous decades, the aesthetics of journalistic voyeurism on one hand and that bound to the representation of the dark side of the city on the other.

In a nutshell, the origins of paparazzi might partially be found in Erich Salomon's *candid camera,* and also in Weegee's *naked city.* So while it's true that the said figures undoubtedly set down some crucial milestones in the evolution of photojournalism language of a so-called predatory key, it is likewise true that their images have little to do with those by paparazzi—at the stylistic level, as well as at the level of their subjects. Salomon—except for the first images that were actually smuggled from courtrooms—uses a news report language that (in hindsight) must have seemed extremely traditional (and perhaps nearly academic) already in the 1950s. A language that, in the absence of recognizability of the figures being portrayed (political celebrities of the time, almost all of whom soon ended up in historical oblivion), became naturally static both from the formal and from the emotional standpoint. And that is substantially at the opposite of paparazzi, who make dynamicity one of the primary characteristics of their practice.

Weegee's attitude is certainly very different, who not by coincidence publishes on the *tabloid* and not in magazines such as "Life" or "Look" (magazines which, beginning in the mid-Thirties, dictated the coordinates of photojournalism *bon-ton*). Weegee is as dishonest and dynamic as his presumed heirs; but, contrary to them, he is nearly totally uninterested in the gossip columns, which is not the nighttime aspect (that certainly existed even in the streets of New York) that he is interested in describing. His favourite subject is the obscure and invisible city, the city of those who (by choice or by necessity) live at the margins of town. Whereas the figures portrayed by paparazzi are at the centre (literally and physically) of the city (eternal, in this case); and, contrary to Weegee, they play an ambiguous match with photographers involving conflict and complicity, somewhere between the will and even the demand of being in the limelight professionally and the will to remain in the shadows with one's personal life.

Indeed, since the paparazzi devolution (perhaps an involuntary one, why not? But certainly not one constructed ideologically, nor as intellectually refined as Klein's) originates from the meeting of two elements that find themselves substantially united (photographically) for the first time in a unique place (such is Rome) and in that precise moment in time; in a country such as Italy, that was definitely emerging from the difficulties and straitened circumstances of the post-war period, to embrace consumer society and mass communications as a whole, but led by the ruling class – political and intellectual, Catholics and communists who had relations with the image (in particular the mass image) that were anything but peaceful.

Paparazzi simultaneously represent a blow against Catholic and communist puritanism, illustrate a society that mocks the rules of moderation, of parsimony, of public virtues summoned by both of the institutions

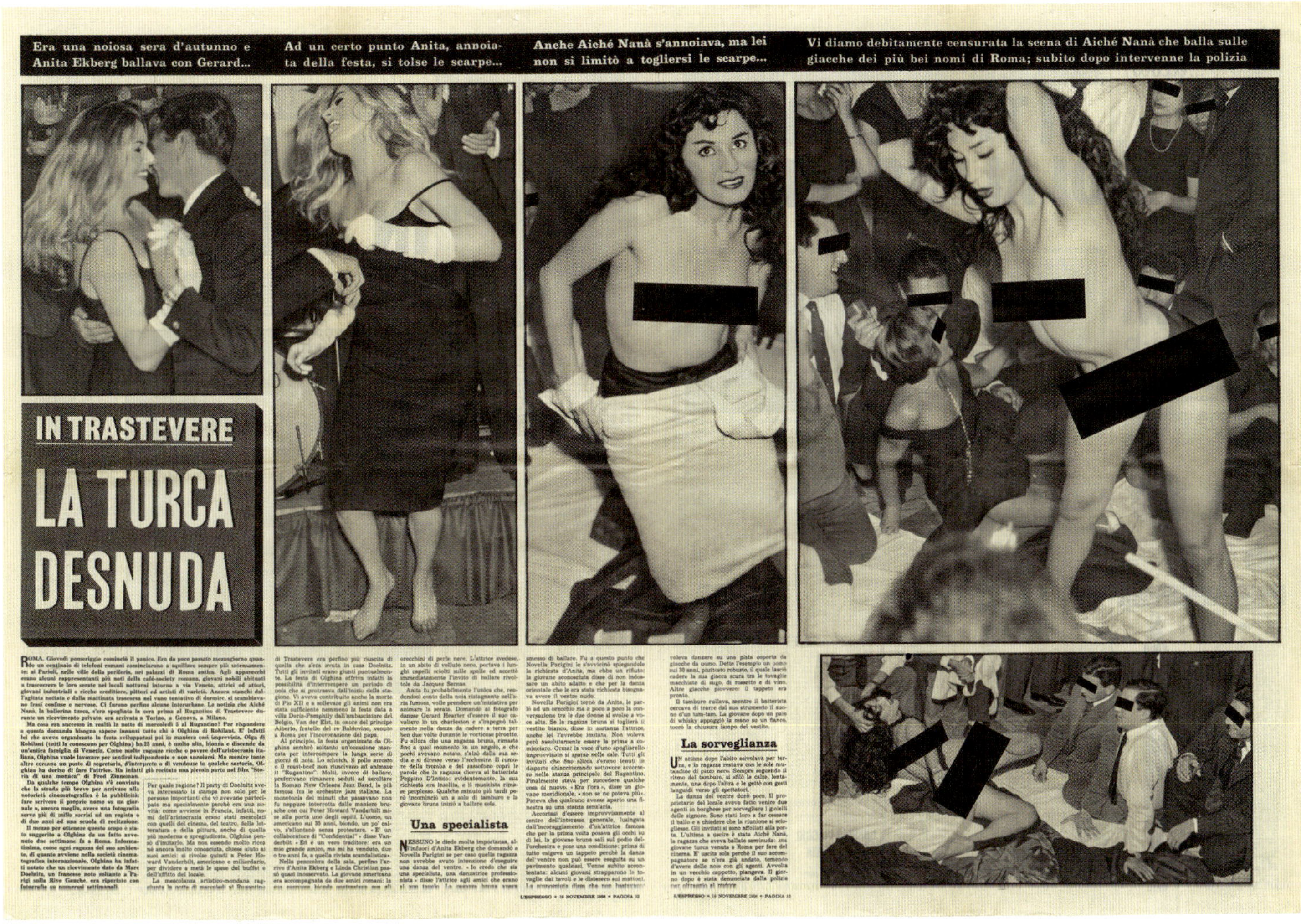

fig. 1.
"L'Espresso", 16 novembre / November 1958.

in competizione; portano alla luce una società che esisteva, ma che nell'immaginario dei due sistemi dominanti la cultura del paese in quegli anni non doveva essere rappresentata, andava rimossa quando non direttamente censurata. Non è un caso che Fellini, elaborando nella *Dolce Vita* alcuni episodi direttamente tratti dalla cronaca del tempo emersa e divenuta celebre proprio grazie ai paparazzi (lo spogliarello del "Rugantino" e la rissa tra Anthony Steel e i fotografi presenti anche in questo volume, e il caso delle presunte apparizioni della Madonna nelle vicinanze di Roma assenti in questa occasione, che si è voluta concentrare per l'appunto sul mondo dello spettacolo), venga attaccato tanto dalla DC quanto dal PCI, con motivazioni ovviamente diverse, ma con la medesima intenzionalità censoria (in senso intellettuale, a prescindere dalle vere e proprie sanzioni amministrative, dai tagli alle pellicole o dalle striscioline nere sui seni e sul pube delle bellezze ritratte nei giornali). E non è un caso se la pratica del paparazzo non si affermerà mai definitivamente nei puritani Stati Uniti, dove il controllo dell'immagine è certamente più organizzato che in Italia.

in competition; they bring to light a society that existed, but one that should not have been represented in the imaginary of the two dominant systems of culture in the country during those years – it should have been removed, when not directly censored. It is not by chance that Fellini, elaborating some episodes directly drawn from news reports of the time that have come to light and have become famous thanks to paparazzi (such as the striptease staged in the "Rugantino" restaurant or the brawl between Anthony Steel and photographers also present in this volume; and the case of presumed apparitions of the Virgin Mary in the vicinity of Rome, absent on this occasion, who apparently wanted to concentrate her attention on the world of show business), was attacked by the Christian Democrats as well as members of the PCI (Italian Communist Party) but with motivations obviously of a different nature, but with the same intention for censorship (in the intellectual sense, irrespective of actual administrative sanctions, film editing or little black blurs across the breasts or pubic areas of beauties portrayed in magazines). And it is not a coincidence that the paparazzi practice would have never been definitely affirmed in puritan

Fotograficamente, i paparazzi sono origine e vittime della stessa situazione, poiché si trovano ad agire in un panorama dove le poetiche del neo-realismo fotografico hanno smussato i loro angoli più acuti per abbracciare il linguaggio ormai dominante rappresentato da "The Family of Man" (che arriva in Italia nel 1956 e circola sino al 1959, l'ultima tappa essendo rappresentata da Torino), mentre le ricerche che si vogliono più "artistiche" (con tutta l'ambiguità che il termine porta con sé) occupano uno spazio più ristretto, ma comunque ben definito e – seppur di malavoglia – tollerato dall'*establishment* (soprattutto perché si tratta di fotografia, che ha un pubblico ancora assai limitato; ben altre sono le reazioni degli apparati culturali democristiani e comunisti nei confronti delle esperienze pittoriche di segno analogo). I paparazzi sono, letteralmente, maleducati, e proprio per questo motivo sono sovversivi, non in senso politico, ma in senso linguistico, proprio come lo è il Klein citato in apertura. Sono – pur con diversissime motivazioni e ancor più differenti raggiungimenti – l'equivalente fotografico di quei giovani pittori, altrettanto sovversivi, che stanno emergendo nella Roma di quegli anni, i protagonisti della cosiddetta Scuola di Piazza del Popolo, che saranno peraltro a loro volta protagonisti e vittime della seconda stagione della "dolce vita", come raccontano le vicende biografiche di Schifano, Angeli e non solo (metaforicamente, è il passaggio dall'estetica del "Rugantino" a quella del "Piper", che apre i battenti nel 1965). Gli uni e gli altri segnano l'avvento di una nuova cultura popolare che è figlia di quel tempo, di quel luogo e di quella stagione; sono le figure che meglio di ogni altra rispondono direttamente alle sollecitazioni della società nuova che li circonda, nel bene e nel male. E risulta davvero difficile immaginare che questi personaggi abbiano agito nello stesso luogo e nello stesso periodo solamente per un caso del destino.

Per questo motivo, la parte storica della mostra si chiude sul falso che vede complici Sophia Loren e Tazio Secchiaroli e sulla figura di Jackie Kennedy (poi Onassis), che da invidiata *first lady* diviene prima icona del dolore di un'intera nazione (e sono ancora foto e dipinti insieme a testimoniarlo, le foto di Erwitt ad Arlington e le tele di Warhol) e poi messa alla berlina dallo stesso suo nuovo consorte: si tratta di due esempi nei quali, in modo diverso, l'atto fotografico del paparazzo viene svuotato del suo senso originario.

Cambia tutto, insomma, ed è lo stile a dirlo, in maniera evidente: i fotografi si allontanano, non affrontano più il soggetto, lo spiano a distanza. È finito il gioco che poteva essere messo in atto perché era parte di un clima comunque condiviso; quella che giustamente Bonito Oliva ha definito "fotografia d'azione" si trasforma sostanzialmente in un atto voyeuristico e onanistico (o prettamente economico), il cui risultato, in termini di immagine, è, per la grandissima maggioranza dei casi, poco o per nulla interessante (a memoria, tra le paparazzate degli ultimi decenni, solo l'immagine di Lady D sul trampolino dello yacht di Al Fayed a Portofino ha

U.S.A., where control over images is certainly more organized than it is in Italy.

Photographically, paparazzi are both the origin and the victims of the same situation since they conduct their actions in a setting where poetics of photographic neo-realism have toned down their sharpest corners in order to embrace that by now dominant language represented by "The Family of Man" (released in Italy in 1956 and circulating until 1959, the last stage being represented in Turin); whereas research willed to be more "artistic" (with all of the ambiguity that the term implies) has a more limited space, but nonetheless well-defined and (albeit reluctantly) tolerated by the *establishment* (especially due to its dealing with photography, which still has a very restricted public; completely different are the reactions from Christian Democrat and Communist cultural entities when dealing with paintings of a similar nature). Paparazzi are (literally) bad-mannered and for this reason they are subversive—not in a political sense, but in the sense of language. Just as Klein in the opening quotation. They are (with very different motives and much more different attainments) the photographic equivalent of those young painters, equally subversive, who are emerging in Rome during those years, the protagonists of the so-called "Scuola di Piazza del Popolo". Moreover, they would in turn be the protagonists and victims of the second season of the "dolce vita", as testified by the biographies of Schifano, Angeli and not only (it is metaphorically the passage from the aesthetics of the "Rugantino" restaurant to those of the "Piper" night-club, that opened up to business in 1965). The former and the latter mark the advent of a new popular culture that is the offspring of those times, of that place and of that season; they are the figures that, better than any other, directly respond to the stimuli of the new surrounding society—for good or for evil. And it is truly difficult to imagine that these figures have taken action in the same place and at the same time only due to a quirk of destiny.

For this reason, the historical part of the exhibition comes to a close on the fake news that witnesses Sophia Loren and Tazio Secchiaroli as accomplices; and with the figure of Jackie Kennedy (soon to be Onassis), who goes from being the envied *first lady* and then the icon of grief for an entire country (photographs and paintings still stand as witnesses to the same, such as Erwitt's photographs in Arlington and Warhol's paintings), later held up to ridicule by her new spouse himself: these are two examples in which, in different ways, the photographic act by paparazzi is emptied out of its original meaning.

In short, everything changes and this can be confirmed by style and in an obvious way: photographers move away, they no longer come face-to-face with the subject but stalk him from a distance. An end has come to a game that could have been played because it was part of a shared setting; the one that Bonito Oliva rightly defined as "action photography" substantially is transformed into a voyeuristic and onanistic act (or a strictly economic one) whose results, in terms of image, are for the most part hardly or not interesting at all

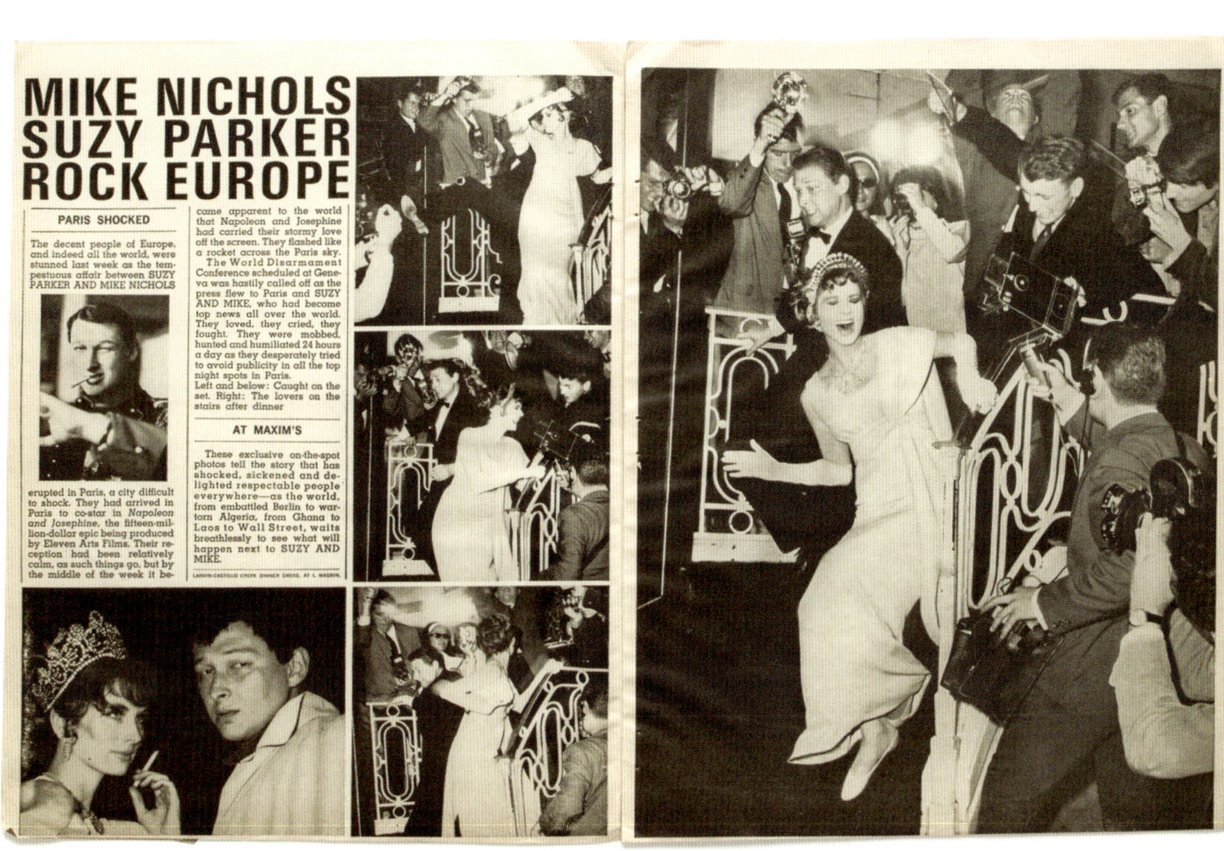

MIKE NICHOLS SUZY PARKER ROCK EUROPE

PARIS SHOCKED

The decent people of Europe, and indeed all the world, were stunned last week as the tempestuous affair between SUZY PARKER AND MIKE NICHOLS erupted in Paris, a city difficult to shock. They had arrived in Paris to co-star in *Napoleon and Josephine*, the fifteen-million-dollar epic being produced by Eleven Arts Films. Their reception had been relatively calm, as such things go, but by the middle of the week it became apparent to the world that Napoleon and Josephine had carried their stormy love off the screen. They flashed like a rocket across the Paris sky.

The World Disarmament Conference scheduled at Geneva was hastily called off as the press flew to Paris and SUZY AND MIKE, who had become top news all over the world. They loved, they cried, they fought. They were mobbed, hunted and humiliated 24 hours a day as they desperately tried to avoid publicity in all the top night spots in Paris.

Left and below: Caught on the set. Right: The lovers on the stairs after dinner

AT MAXIM'S

These exclusive on-the-spot photos tell the story that has shocked, sickened and delighted respectable people everywhere—as the world, from embattled Berlin to war-torn Algeria, from Ghana to Laos to Wall Street, waits breathlessly to see what will happen next to SUZY AND MIKE.

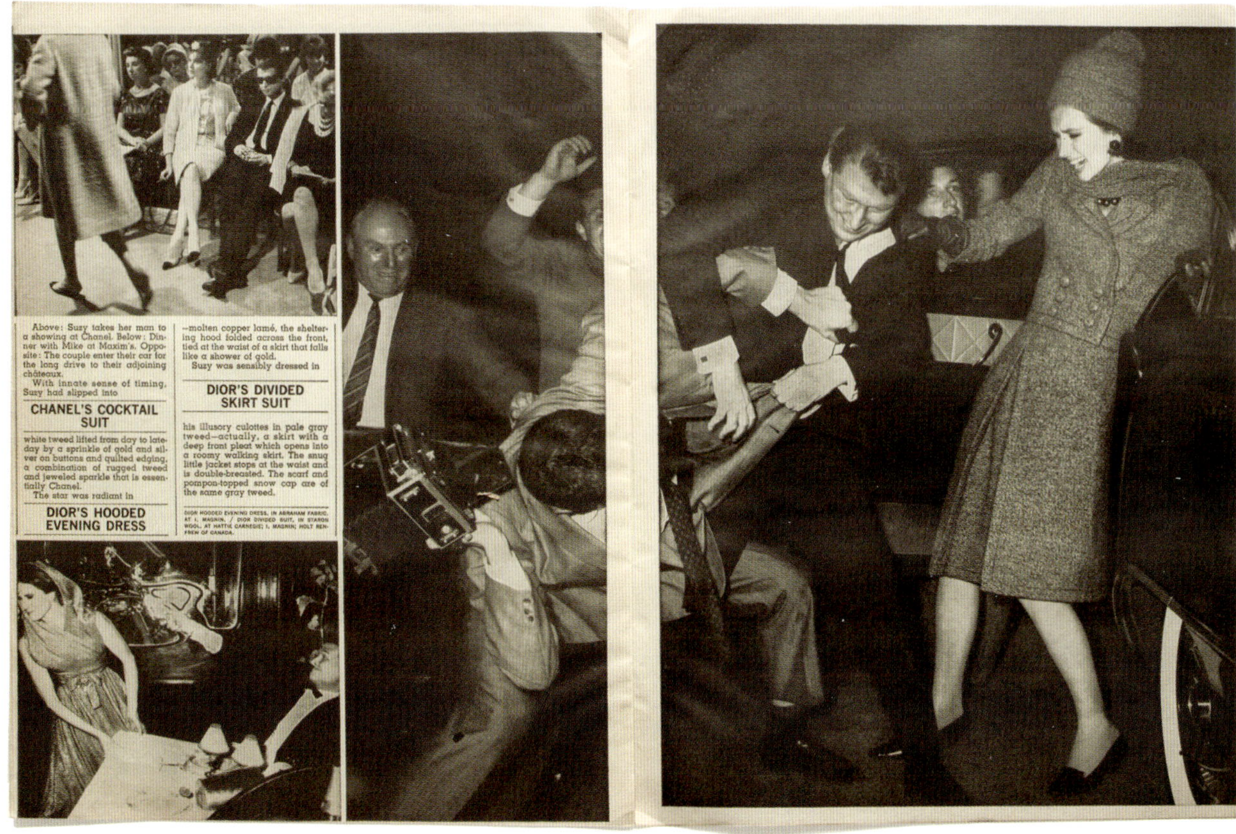

Above: Suzy takes her man to a showing at Chanel. Below: Dinner with Mike at Maxim's. Opposite: The couple enter their car for the long drive to their adjoining châteaux.

With innate sense of timing, Suzy had slipped into

CHANEL'S COCKTAIL SUIT

white tweed lifted from day to late-day by a sprinkle of gold and silver on buttons and quilted edging, a combination of rugged tweed and jeweled sparkle that is essentially Chanel.

The star was radiant in

DIOR'S HOODED EVENING DRESS

—molten copper lamé, the sheltering hood folded across the front, tied at the waist of a skirt that falls like a shower of gold.

Suzy was sensibly dressed in

DIOR'S DIVIDED SKIRT SUIT

his illusory culottes in pale gray tweed—actually, a skirt with a deep front pleat which opens into a roomy walking skirt. The snug little jacket stops at the waist and is double-breasted. The scarf and pompon-topped snow cap are of the same gray tweed.

fig. 2-3.
"Harper's Bazaar", settembre / September 1962. Fotografie di / Photos by Richard Avedon

una sua autonomia figurativa, in quanto icona capace di superare il fatto in sé – come invece accade a molte delle fotografie degli anni cinquanta e sessanta). Queste nuove modalità e pratiche, che investono non più solo il mondo dello spettacolo, ma tutti i mondi che a loro volta, dagli anni ottanta in avanti, si sono trasformati in spettacolo – primi tra tutti la politica e lo sport –, sono senza dubbio interessanti dal punto di vista sociologico, in particolare della comunicazione, ma molto meno da quello specificamente fotografico.

Oggi

Tra i primissimi ad accorgersi che quello dei paparazzi era uno stile, una lingua tra le tante possibili all'interno dell'universo della comunicazione fotografica, è senza dubbio Richard Avedon, che genialmente in un numero di "Harper's Bazaar" del 1962 imposta un servizio di moda citando esplicitamente stile fotografico e grafico della stampa popolare, tra "Lo Specchio" e "New York Post". Nel 1968, Richard Hamilton, il padre della Pop inglese – e forse della Pop *tout court* – realizza una serie celebre, che prende spunto da una foto apparsa sui giornali del tempo, relativa all'arresto per droga di Mick Jagger e del gallerista Robert Fraser, nella quale i due protagonisti si coprono il volto con la mano, in uno dei gesti più frequenti delle vittime dei fotografi d'assalto. L'opera si intitola *Swingeing London* e utilizza il gioco di parole tra "swinging" e "swingeing" per rappresentare la fine di un'epoca d'oro della cultura e della società londinesi (e non solo) e l'apertura di una stagione più contrastata. È un altro esempio, altissimo, dell'uso non solo delle iconografie, ma anche delle metafore e delle simbologie della fotografia rubata, in ambito artistico; molto precoce e molto lucido, come sempre in Hamilton, foriero di quella che sarà a partire dagli anni novanta in avanti, una pratica molto diffusa nel panorama artistico mondiale.

In questa occasione, abbiamo voluto presentare tre casi, esemplari di quelle che sono le pratiche odierne di appropriazione e riattivazione del linguaggio dei paparazzi, pratiche nelle quali per l'appunto l'immagine è in grado di suscitare attenzione di per sé, grazie alla forza espressiva, ambiguità, ironia, divertimento, problematicità delle quali sono portatrici e che le collegano idealmente a quelle più antiche.

Ellen von Unwerth adotta una sorta di citazione esponenziale, omaggiando i maestri della fotografia di moda (a partire proprio dai già citati Avedon e Klein) che citano i paparazzi, utilizzando figure – come quella di Kate Moss – a loro volta vittime tra le predilette della stampa scandalistica odierna. La foto rubata è ormai un codice, uno stile tra i tanti possibili, che von Unwerth utilizza in

(the only image that remains fixed in our memory and has a figurative independence of its own, of all the paparazzi endeavours of these later years, is that of Lady D sitting on the gangplank on board Al Fayed's yacht in Portofino, as she was an icon capable of overcoming the fact in and of itself—as instead occurred to many of the photographs from the 1950s and 1960s). These new ways and practices, which no longer invest only the world of show business but all of the worlds that in turn (from the 1980s onwards) became show business—first and foremost politics and sports—are undoubtedly interesting from the sociological standpoint, particularly from that of communication but much less from the specifically photographic standpoint.

Today

Richard Avedon was undoubtedly amongst the first who realized that paparazzi had a style and a language of their own amidst the many possibilities within the universe of photographic communication. He published a fashion report in a 1962 edition of "Harper's Bazaar" that explicitly mentioned the photographic and graphic style of the popular press, between "Lo Specchio" and "New York Post".
In 1968 Richard Hamilton, the father of British Pop— and perhaps of Pop *tout court*—created a renowned series that was inspired by a picture that appeared on the newspapers of the time, involving Mick Jagger and the gallery-owner Robert Fraser being arrested on drug charges. In those snapshots, the protagonists were covering their faces with their hands in one of the most frequent gestures made by the victims of aggressive photographers. The work was entitled *Swingeing London* and it worked on the pun between "swinging" and "swingeing" to represent the end of London's golden age of culture and society (and not only), together with the beginning of a more challenging season. This is another very high example, not only of the use of iconographies, but even of metaphors and symbols inherent to the stolen photograph in the artistic environment; very precocious and very lucid, as always in Hamilton, heralding what would have taken place from the 1990s onwards—a very widespread practice in the international artistic setting.
We have chosen to present three cases on this occasion. They are the examples of today's practices for the appropriation and reactivation of the paparazzi language. Precisely practices in which the image is able to arouse attention in and of itself, thanks to the expressive power, ambiguity, irony, entertainment and problematic nature it bears—that ideally connect them to the more ancient ones.
Ellen von Unwerth adopts a sort of exponential quotation, offering a tribute to our masters of fashion photography (beginning with the previously mentioned

3. Tazio Secchiaroli. *Sophia Loren prende il sole nel parco della sua villa di Marino / Sophia Loren Sunbathing in the Park of Her Villa in Marino.* Roma, 1975.

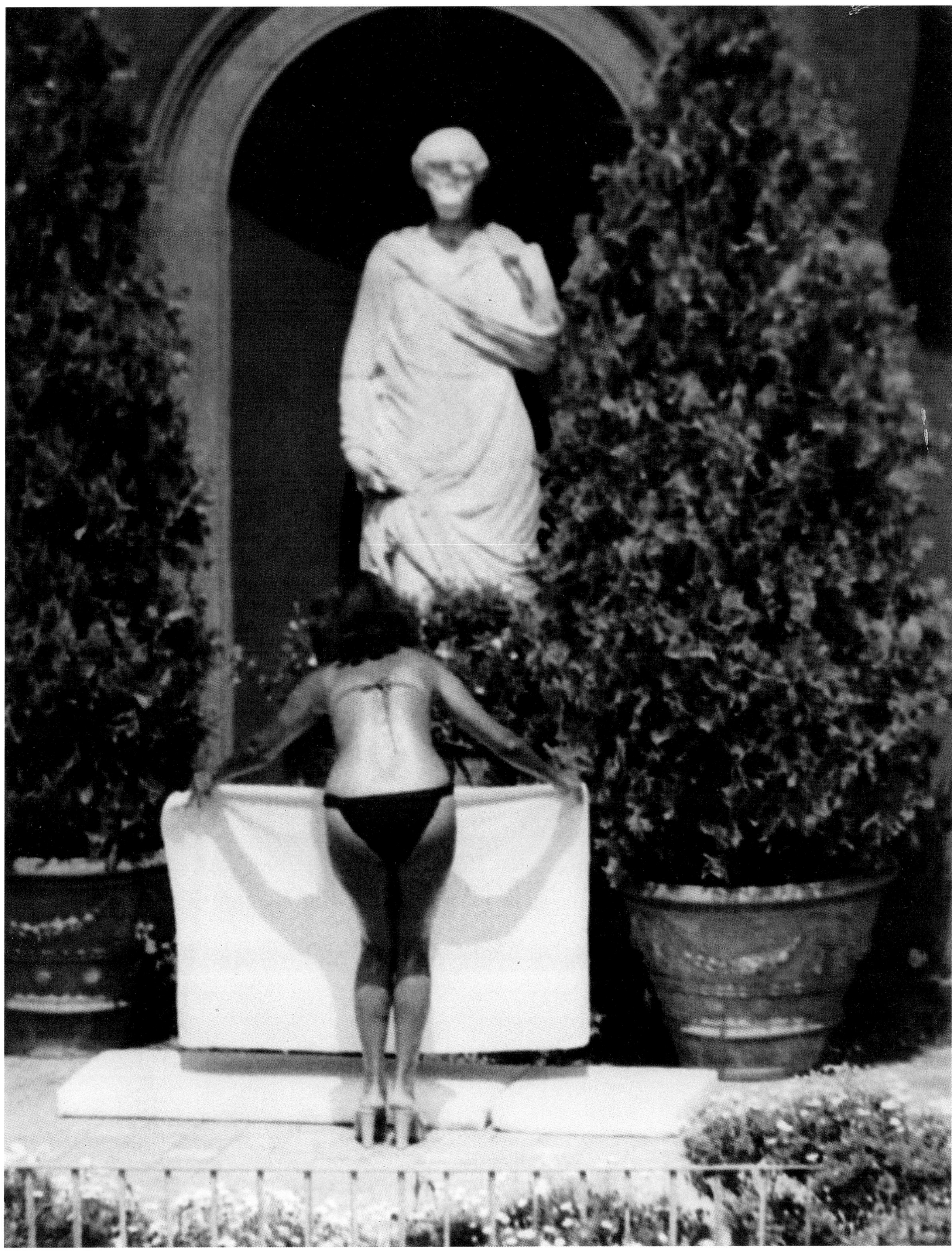

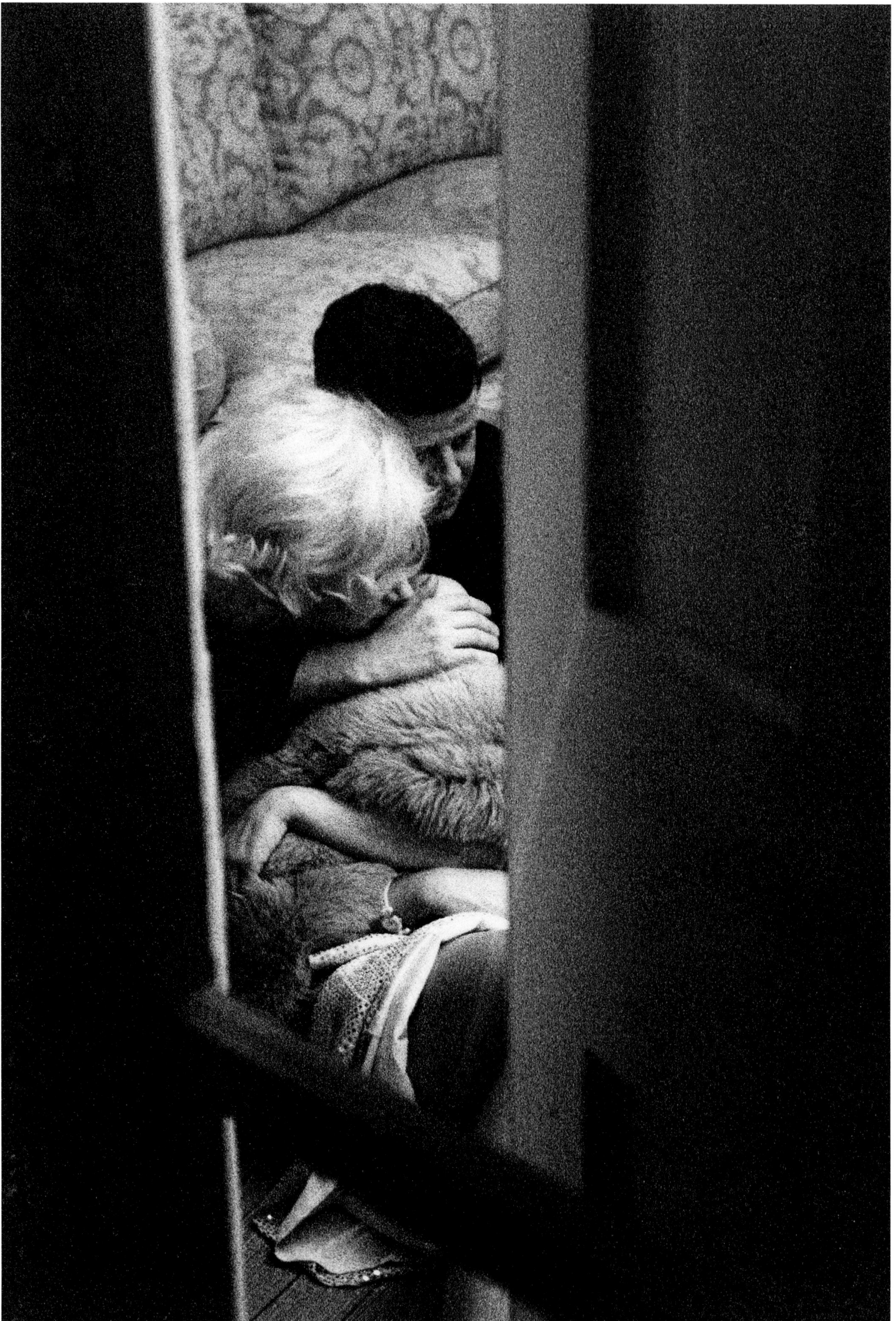

diverse occasioni, senza bisogno né di spiegare – il suo pubblico sa di che cosa si tratta – né di fingere: l'immagine è costruita e realizzata secondo le regole della fotografia pubblicitaria, è curata in ogni dettaglio, nulla a che vedere con la casualità delle fonti di ispirazione.

Ben diverso è l'atteggiamento di Alison Jackson, che sul falso, sulla credibilità dell'immagine fotografica fonda l'intera sua poetica. I protagonisti sono anche in questo caso i personaggi della cronaca, non solo di quella dello spettacolo ma anche, e più, di quella politica e del costume in senso lato; le immagini mimano con cura estrema i principi della fotografia rubata, in molti casi sono sfocate, tagliate approssimativamente, per l'appunto come se fossero davvero l'ennesima paparazzata. Inoltre, si muovono nel tempo, ritornando su alcuni dei bersagli preferiti della stampa scandalistica del XX secolo, primi fra tutti JFK e Lady D, forse i due personaggi sui quali maggiormente si sono scatenate non solo le macchine fotografiche, ma anche le dietrologie, i finti scoop, le narrazioni più fantasiose che hanno circonfuso questi personaggi – loro malgrado – di un alone leggendario, nel quale realtà e fantasia non sono più distinguibili. È questa la genialità della serie dedicata alla fantomatica *liaison* tra il presidente degli Stati Uniti e Marilyn Monroe: finalmente possiamo vedere quello che tutti abbiamo immaginato, quello che è stato insinuato, sostenuto, narrrato da stampa, romanzi, film per oltre mezzo secolo; finalmente, c'è la prova provata, che è data, come è noto, ancora e sempre dalla fotografia. Per fare questo, Jackson gioca proprio sullo stile, con estrema raffinatezza, utilizzando anche l'espediente del provino per conferire maggiore credibilità alla sua messa in scena, riuscendo così a portare lo spettatore dentro un mondo tanto più falso quanto più credibile. Che si tratti di una questione di stile, è confermato dalla serie dedicata a Lady D, dove invece l'artista gioca con i codici della foto ufficiale, creando un mondo inesistente che raggiunge i suoi apici nell'immagine delle due protagoniste intente a fare shopping e soprattutto in quella della felice nuova famiglia, uno scatto che rivela l'intelligenza narrativa della Jackson, in grado di uscire dal clima puramente ironico e dissacratorio della sua ricerca per toccare corde diverse, nelle quali il tema della morte violenta della protagonista viene evocato dall'invenzione di un futuro negato e che sarebbe stato, forse, possibile.

È noto come la morte di Lady D sia stata foriera di discussioni sul ruolo e la natura della fotografia scandalistica, della caccia al VIP – vero o presunto –, che in questo caso ha avuto come tragico effetto collaterale quello di un incidente mortale.

In realtà, le tematiche relative a questo genere di immagini e al

Avedon and Klein) who make reference to paparazzi by using figures (such as Kate Moss) who are in turn amongst the favourite victims of today's gossip press. Stolen photographs have by now become a code, one of the many possible styles, that von Unwerth employs in different occasions without any need for explanations (her public knows what she's talking about) or pretenses: the image is constructed and established according to advertising photography norms, it is taken care of in its every detail and has nothing to do with the fortuitousness of sources of inspiration.

Alison Jackson's attitude is quite the contrary as she bases all of her poetics on the false, on the credibility of the photographic image. Once again the protagonists are figures in the news, not only those belonging to show business but even (and more) those working in the field of politics and lifestyles (broadly speaking); with extreme care the images mimic the principles of stolen photographs, in many cases unfocused, roughly edited—as if they were truly the umpteenth work of paparazzi. Moreover they move in time, returning to some of the favourite targets of twentieth-century gossip columns: first and foremost JFK and Lady D, perhaps the two figures who unleashed not only photographic cameras, but even conspiracy theories, fake scoops, the most imaginative stories surrounding these figures (despite themselves) with a legendary halo where there is no distinction between reality and imagination. And this is the genius of the series dedicated to the elusive *liaison* between the President of the United Nations and Marilyn Monroe: we can finally see what we've all imagined, what has been insinuated, sustained and narrated by the press, novels and films for over half a century; finally we have the proven proof that has been provided (as is well-known) again and always by photography. And to do so, Jackson uses style, with extreme sophistication, also using the expedient of screen tests to provide his staging with greater credibility, hence leading the spectator into a world that is as false as it is credible. Its being a question of style is confirmed by the series dedicated to Lady D, where the artist on the contrary plays with codes of official photographs—creating a non-existent world that reaches its epitome in the image of the two protagonists on a shopping spree. And especially in a picture of the new happy family—a snapshot that reveals Jackson's narrative intelligence capable of emerging from a purely ironical and desecrating setting of his research in order to touch different strings, those in which the theme of its protagonist's violent death is evoked by the invention of a denied future and one that would have probably been possible.

It is well known how Lady D's death has heralded discussions on the role and nature of sensationalist photography, hunting down the VIPs (either real or pre-

4. Alison Jackson, *Marilyn con / with JFK*, 2000.

loro significato all'interno del mondo della comunicazione contemporanea vanno molto oltre questo specifico caso, come dimostra bene il lavoro di Armin Linke con Corrado Calvo, acuta rielaborazione intellettuale di un archivio di immagini scattate in varie circostanze da uno dei paparazzi più attivi e più noti degli ultimi decenni. Linke e Calvo, unendo immagini, riflessione sulle immagini, scelte di presentazione del materiale diverse da quelle della consuetudine, hanno messo in piedi un meccanismo di indagine che evidenzia come nel paparazzismo attuale emergano, a diversi livelli e con diverse capacità e volontà di riconoscimento, tematiche cruciali come quella del controllo, della censura, dello sfruttamento economico dell'immagine, del suo utilizzo in chiave di lotta politica, come ha dimostrato in vari modi proprio la carriera di Silvio Berlusconi (non a caso tra i protagonisti degli scatti di Calvo).

Se con Jackson si torna al tema canonico della credibilità dell'immagine fotografica, con Linke/Calvo si torna all'altrettanto classico tema del rapporto tra le immagini e il potere, declinato ovviamente nella chiave contemporanea di una società dominata dalle pratiche di condivisione attraverso la rete, che propongono ulteriori, complessi e non ancora del tutto esauriti temi di riflessione. Certo, in entrambi i casi quello che risulta evidente è che la nostra epoca ha segnato la definitiva perdita dell'innocenza dello sguardo, e anche delle possibili provocazioni – persino sociali – a essa legate: ciò che rimane, se non si vuole essere inutilmente nostalgici, è ancora una volta la riflessione sulle immagini, sul loro significato e sul loro utilizzo.

sumed as such)—which in this case led to the tragic collateral effect of causing a mortal accident.

Actually, themes relative to this kind of image and its meaning within the world of contemporary communication go well beyond this specific case, as perfectly demonstrated by the work of Armin Linke with Corrado Calvo—keen intellectual re-elaboration of an archive of images snapped in various circumstances by one of the most active and famous paparazzi of the last decades. Linke and Calvo (by joining together images, reflections on the images, the choice of presenting material that is different from usual) have established an investigation mechanism that highlights how crucial themes such as control, censorship, economic exploitation of the image, its use in the key of political strife, as demonstrated in various ways by Silvio Berlusconi's career (not coincidentally the protagonist of one of Calvo's snapshots) have emerged in modern-day paparazzi—at different levels, with different capacities and will for recognition. While with Jackson one returns to the canonic theme of credibility of the photographic image, with Linke/Calvo one returns to the likewise classic theme of the relationship between images and power—obviously in the contemporary key of a society dominated by sharing practices through the Web; practices proposing ulterior, complex and yet to be expended food for thought. Certainly what stands out in both cases is that our era has marked the gaze's definite loss of innocence, and even some possible provocations—also of a social nature—bound to the same: all that remains, when not wishing to be uselessly nostalgic, is once again a reflection upon images, their meaning and their use.

* Il padrone di casa nella scena dello spogliarello nella *Dolce Vita.*

* The establishment owner in the striptease scene from *La Dolce Vita.*

5. Alison Jackson, *Diana e Marilyn fanno shopping / Diana and Marilyn shopping*, 1999.

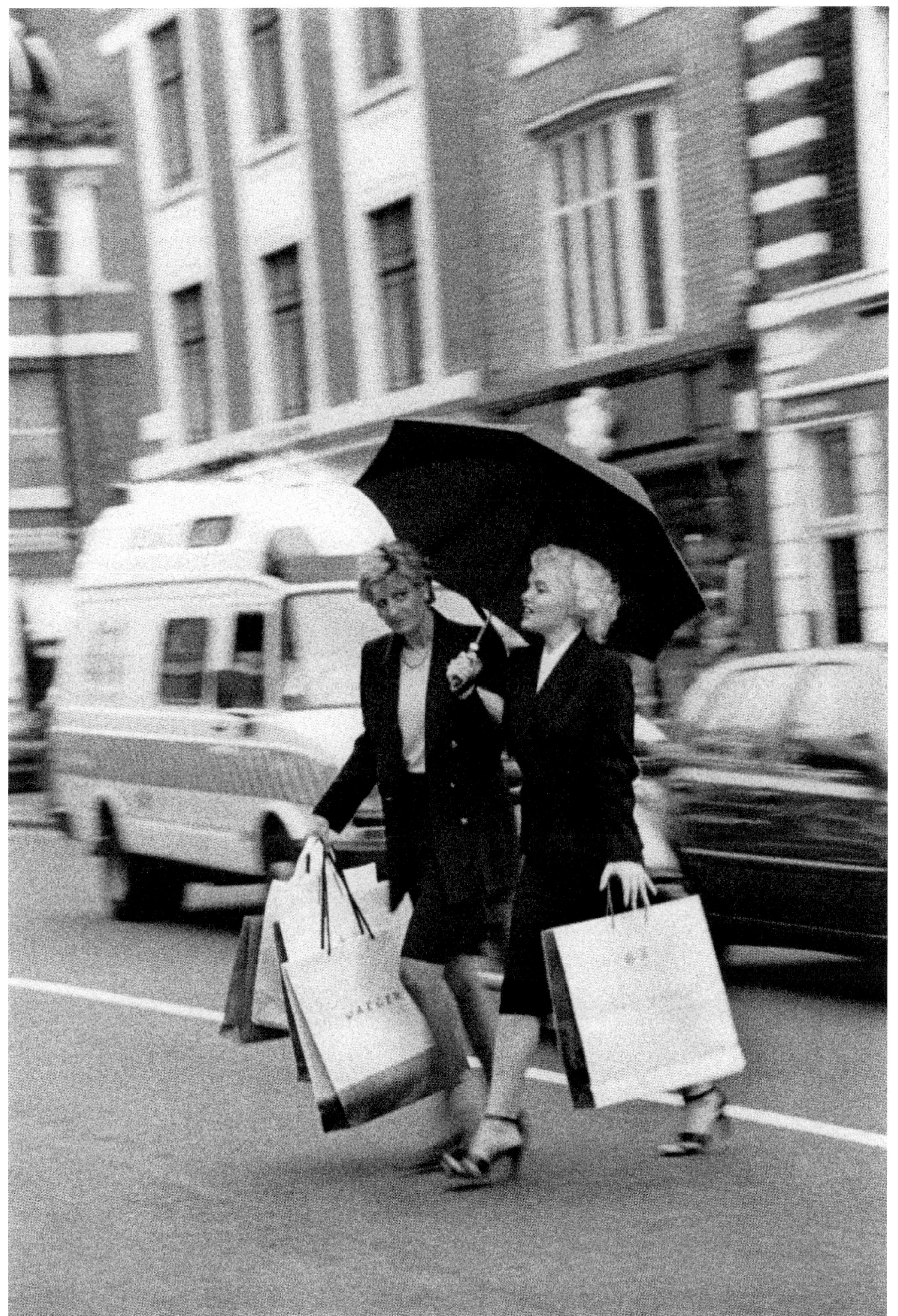

FRANCESCO ZANOT

Piccolo glossario del paparazzo

Short Paparazzo Glossary

La Dolce Vita

Non conosciamo l'origine esatta del termine "paparazzo". Federico Fellini si è sempre divertito a fornire versioni diverse e contrastanti in proposito: citazione di un libro di George Gissing? Invenzione dello sceneggiatore Ennio Flaiano? Riferimento a un oscuro albergatore calabrese trovato casualmente sulle pagine di 'aureo libretto' del 1901? Fusione delle parole 'pappataci' e 'ragazzo'? Ciò di cui si può stare certi però è che si tratti di una parola nata dentro un film. Per questo ha sempre avuto un carattere sospeso. A metà tra realtà e fantasia. Dire paparazzo è un po' come pronunciare il nome di Rocky, Indiana Jones, Clouseau. Il pugile, l'esploratore, l'ispettore e… il fotografo d'assalto. Nella *Dolce Vita* Paparazzo compie imprese straordinarie. Sembra possedere il dono della preveggenza e dell'ubiquità. Sa sempre dove andare. È dappertutto. E come qualsiasi eroe (o anti-eroe) che si rispetti possiede mezzi di trasporto eccezionali: lo vediamo in sella alla sua Vespa e nella prima scena del film compare addirittura a bordo di un elicottero. Chi altro, d'altra parte, se non gli eredi di un personaggio del cinema, toccati dalla stessa magia, avrebbe potuto prendersi l'onere di strappare intere generazioni di attori dalla celluloide per riconsegnarceli nel bel mezzo del mondo reale?

Rugantino

Come ogni film che si rispetti, anche la storia dei paparazzi ha una scena madre. Basta citare il nome del luogo in cui si è svolta per evocarla: il ristorante Rugantino di Trastevere. Qui la sera del 5 novembre 1958 il milionario americano Peter Howard Vanderbilt organizzò una festa per celebrare i venticinque anni della contessina Olghina di Robilant. Tutto procedeva regolar-

La Dolce Vita

We do not know the actual origin of the term "paparazzo". Federico Fellini always had a great time giving different and contrasting versions to this extent: was it taken from a book by George Gissing? Did the screenwriter Ennio Flaiano come up with the term? Does the term refer to the name of an obscure hotel manager from Calabria casually found on the pages of an 'aureo libretto' in 1901? Is it a blend of the words 'pappataci' (sandflies) and 'ragazzo' (boy)? But one thing is sure: the word was coined in a film. And that's the reason why it has always had such a suspended character. Caught in the middle of reality and imagination. Saying the word "paparazzo" is like pronouncing the name of Rocky, Indiana Jones or Clouseau. The boxer, the explorer, the inspector and… the attack photographer. In *La Dolce Vita*, Paparazzo conducts extraordinary endeavours. He seems to own the gift of foresight and ubiquity. He always knows where to go. He is everywhere. Like any hero (or antihero) worthy of mention, he always owns exceptional means of transportation: we see him in the seat of his Vespa scooter and, in the first scene of the movie, he even appears on board a helicopter. Who else, on the other hand, if not the heirs of a movie character touched by the same magic could have ever been entrusted with the task of snatching entire generations of actors from the silver screen only to hand them over to us—right in the midst of the real world?

Rugantino

Just like any movie worthwhile mentioning, even the story of paparazzi has its principal scene. Suffice it to recall the name of the place that was the setting for scene one: the Rugantino restaurant in Trastevere. This was where, on the evening of 5 November 1958, American millionaire Peter Howard Vanderbilt organized a party to celebrate Countess Olghina di Robilant's 25th birthday. Everything was proceeding nicely until, when it was around one

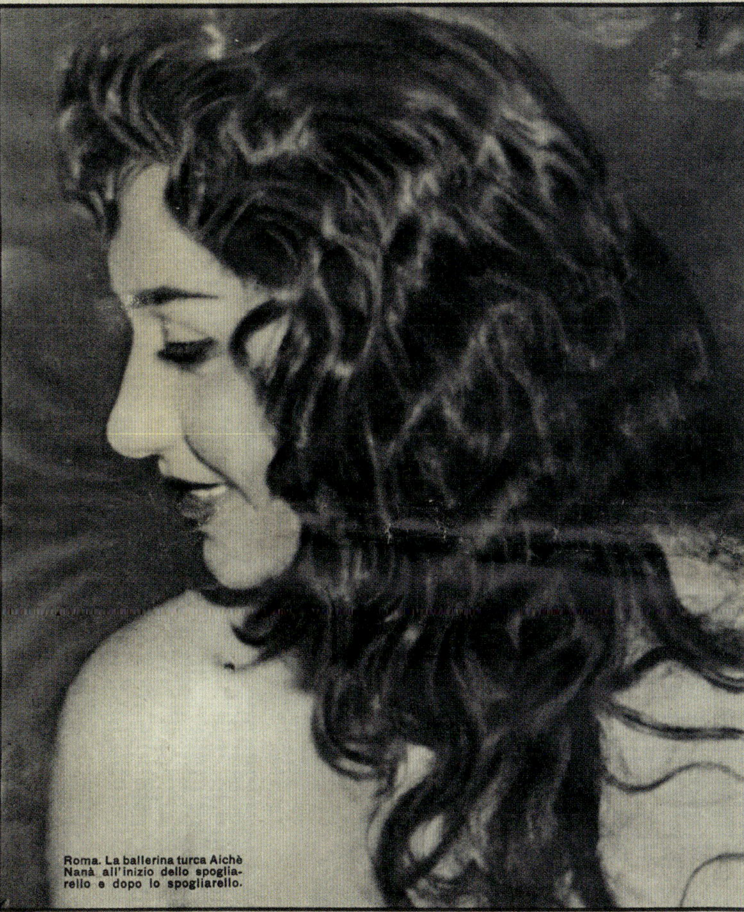

Roma. La ballerina turca Aichè Nanà all'inizio dello spogliarello e dopo lo spogliarello.

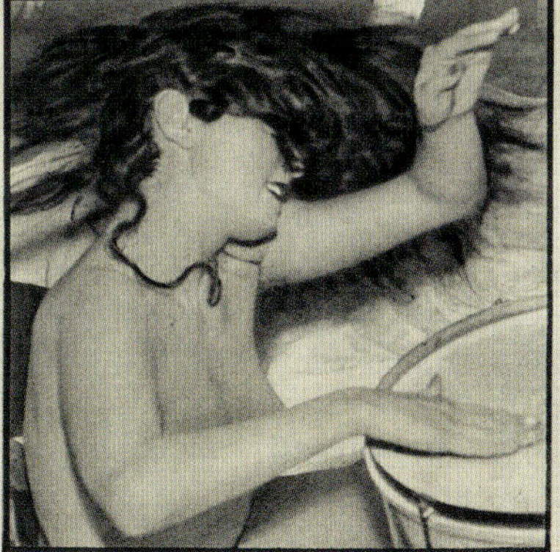

fig. 4.
"L'Espresso", 16 novembre / November 1958.

mente finché, intorno all'una di notte, dopo una danza del ventre, la ballerina turca Aïché Nana improvvisò uno spogliarello su un tappeto di giacche buttate in terra per lei dagli uomini presenti. In trentacinque minuti le rimase addosso soltanto un paio di slip neri. Tra la folla divertita c'erano Anita Ekberg, Prandino Visconti, nipote di Luchino, Luca Ronconi, Peter Howard, Elsa Martinelli e la pittrice Novella Parigini. Ma era la Roma bigotta e democristiana del dopoguerra. Qualcuno tra i circa centoquaranta ospiti non gradì e chiamò la polizia, che non tardò ad arrivare. Tutti i fotografi presenti furono costretti a consegnare alle autorità i rullini della serata prima di uscire dal locale, a eccezione di Tazio Secchiaroli, che era stato abbastanza furbo da fare scivolare i suoi nella tasca di Enrico Lucherini. Era in smoking, nessuno lo perquisì. Il 16 novembre alcune di quelle fotografie uscirono in grande formato sulle pagine dell'Espresso, ovviamente con le bande nere della censura a coprire le parti intime. Fu lo scandalo dell'anno. Aïché Nana perse qualsiasi opportunità di lavoro. A nulla valse la pronta conversione al cristianesimo, ovviamente seguita da un servizio fotografico ad hoc. La nascita del paparazzo affonda le radici in un sacrificio.

Diva

La diva è il soggetto più ambito da qualsiasi paparazzo. In una ipotetica classifica di gradimento del fotografo d'assalto, viene prima di cantanti, personaggi della televisione, artisti, politici e importanti uomini di chiesa. Attrici come Sophia Loren, Ava Gardner, Anita Ekberg, Brigitte Bardot, Marylin Monroe, Audrey Hepburn, hanno letteralmente monopolizzato l'attenzione di fotografi e lettori per intere stagioni. Per i paparazzi le dive sono oggetto di un processo di continua de-divinizzazione, che si concretizza in riprese effettuate sempre nei momenti 'sbagliati', ma non c'è dubbio che godano al contrario della capacità delle celebrità di resistere ai loro attacchi. La posizione delle dive nei confronti dei paparazzi è ugualmente ambigua. Esprimono per loro tutto il proprio disprezzo, ma contemporaneamente beneficiano della continua esposizione sulla stampa crescendo in popolarità. Una diva senza uno sciame di paparazzi al seguito, d'altra parte, molto semplicemente non sarebbe tale. La sua autorità si basa su una dinamica di accentramento. Come un'icona, costituisce un richiamo per i pellegrini che si accalcano per potersi avvicinare. Scrive André Malraux: "Una grande attrice è una donna capace di incarnare un gran numero di personaggi dissimili fra loro; una diva è una donna capace di provocare un gran numero di sceneggiature simili tra loro"[1].

Sorveglianza

I paparazzi sono ingranaggi della società del controllo. Come nel mondo immaginato da Orwell, incoraggiano i cittadini a vigilare

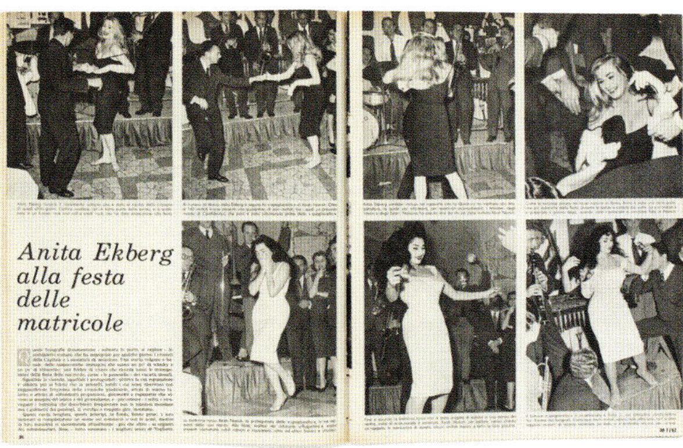

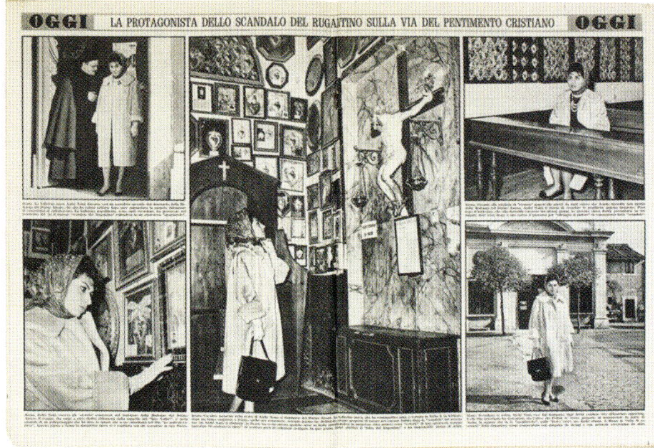

fig. 5.
"Epoca", 16 novembre / November 1958.

fig. 6.
"Oggi", 3 marzo / March 1960.

fig. 7
"Grand Hotel", 15 novembre / November 1958.
Quarta di copertina / Back cover.

o'clock in morning and after having performed a belly dance, the Turkish dancer Aïché Nana improvised a striptease over a carpet of jackets that the men present threw on the ground for her. After thirty-five minutes, all she was left wearing was a black pair of underwear. In the midst of the entertained crowd there were Anita Ekberg, Prandino Visconti (nephew of Luchino), Luca Ronconi, Peter Howard, Elsa Martinelli and the artist Novella Parigini. But it was the sanctimonious and Christian Democrat Rome of the post-war period. Someone amongst the 140 guests apparently did not appreciate the show and called the police, which soon arrived on the scene. All the photographers present were forced to hand their rolls of film immortalizing the evening over to the authorities before leaving the premises – all except for Tazio Secchiaroli, who was shrewd enough to slip his rolls of film into Enrico Lucherini's pocket. The man was wearing a tuxedo, so no one frisked him. Some of those pictures were published in large format on the pages of "L'Espresso" on November 16th, naturally with black

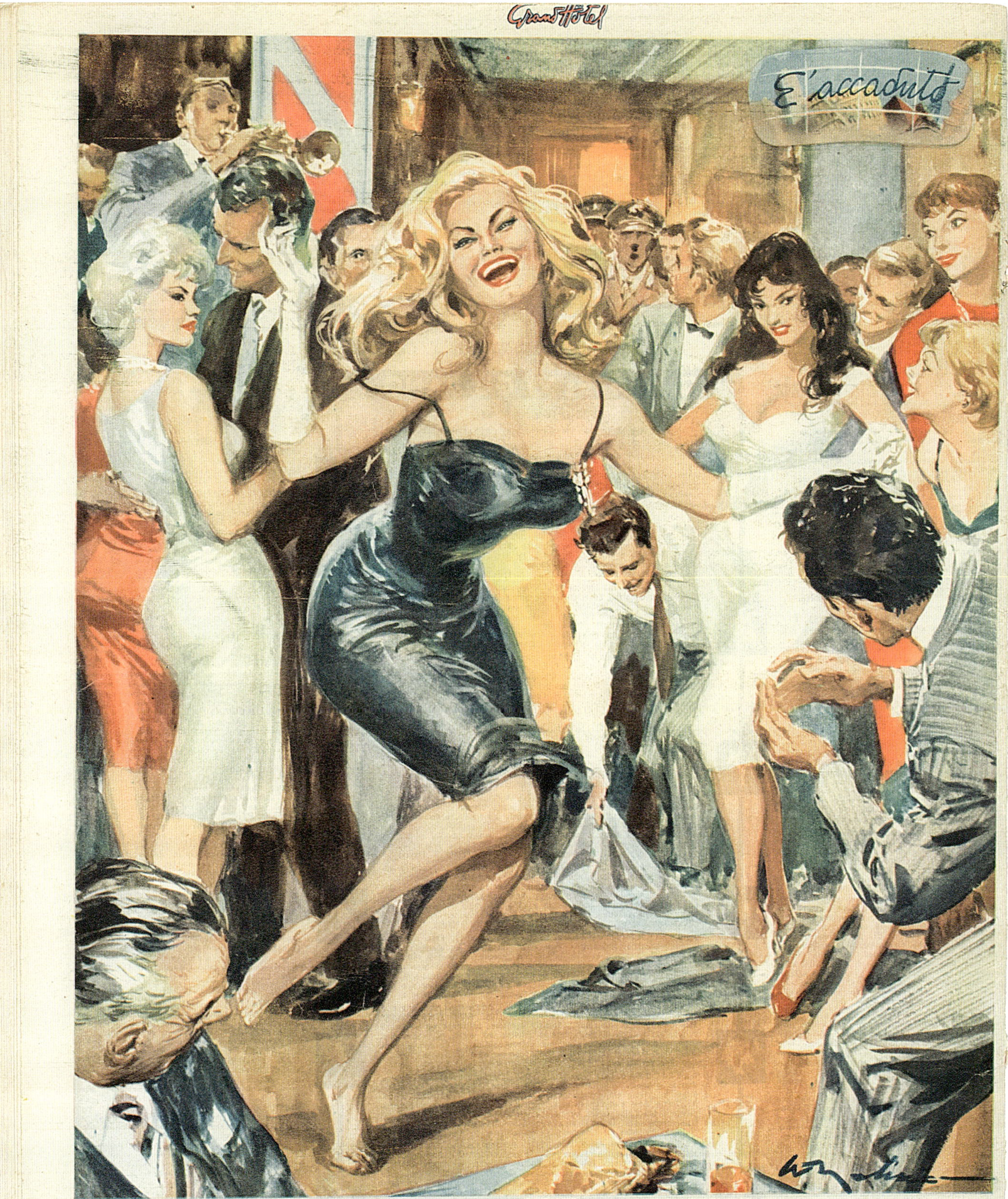

In un elegante locale notturno di Trastevere a Roma, durante un pranzo in onore di Olghina di Robilant al quale era intervenuto un pubblico d'eccezione tra cui personalità dell'aristocrazia e attrici del cinema, Anita Ekberg si esibiva a piedi nudi in uno sfrenato e liberissimo «Rock and Roll», con evidente disappunto di Linda Christian che danzava contegnosa, di Elsa Martinelli e di altre dive. Il parossismo del pubblico raggiungeva il culmine quando la Ekberg cadeva a terra sfinita e veniva sostituita dalla ballerina turca Nanà Kaish, che attaccava un'altra non meno sfrenata danza esotica. Interveniva la polizia, che ordinava la chiusura del locale.

(Disegno di Walter Molino)

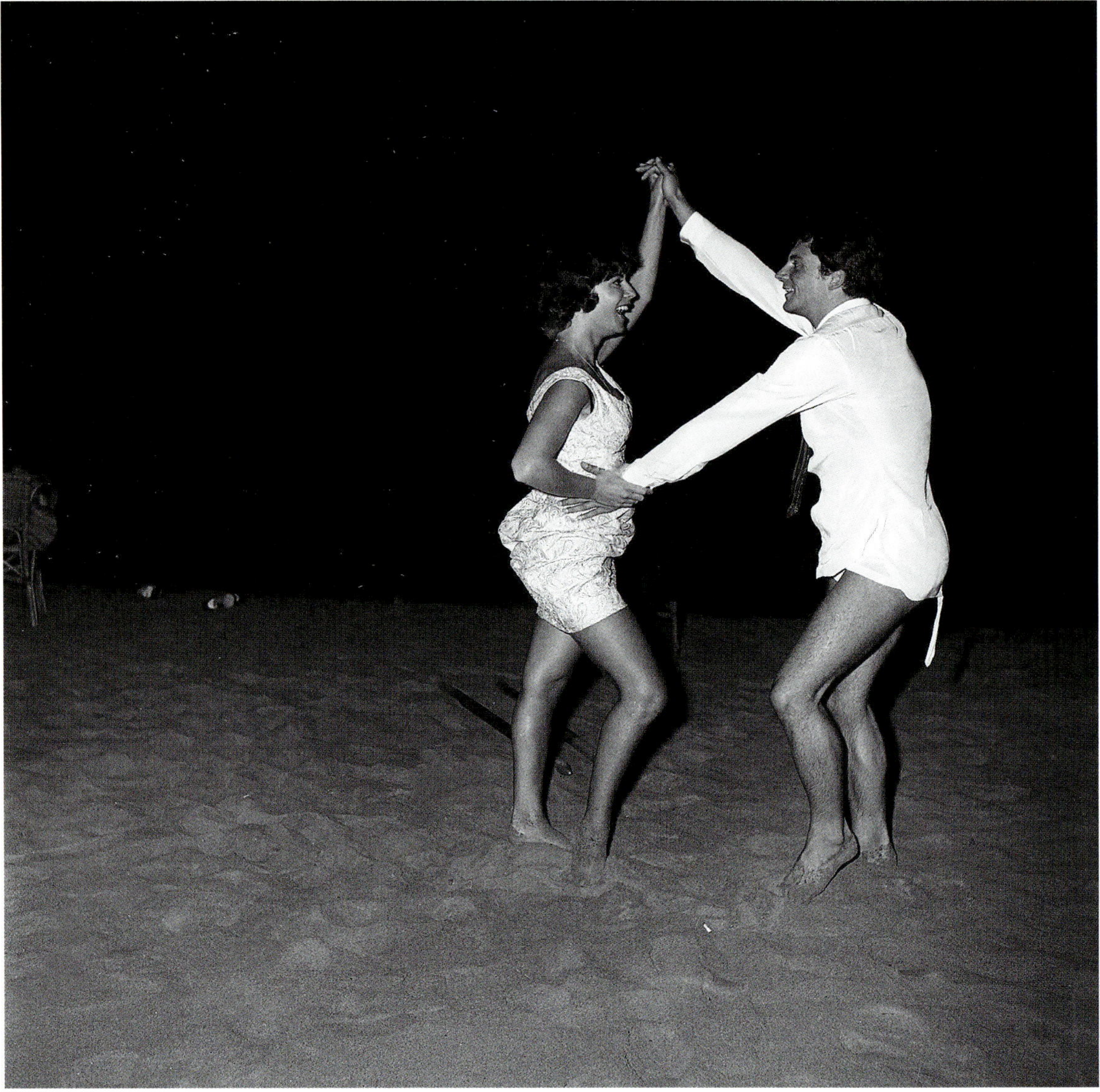

6. Marcello Geppetti, *Anna Maria Ferrero e Franco Interlenghi ballano alla festa per il film "La notte brava" allo stabilimento balneare "la Nave" / Anna Maria Ferrero and Franco Interlenghi Dancing at the Party for the Movie "La notte brava" (aka Bad Girls Don't Cry) at the "la Nave" Bathing Establishment*. Fregene, settembre / September 1959 (particolare / detail).

costantemente sulla condotta di altri cittadini. Sono le spie della porta accanto. Lavorano per sé, per soddisfare la nostra curiosità di frugare nelle vite degli altri e anche, in maniera più sotterranea e sottile, come agenti di sorveglianza di una specifica fetta di mondo. Scrive Allan Sekula in un saggio del 1974: "L'immagine di una celebrità è un edificio istituzionalizzato, mantenuto e protetto da un esercito di addetti stampa, truccatori e guardie del corpo. La missione del paparazzo è sfondare questo muro. Egli si percepisce idealmente come l'antagonista e l'alternativa eticamente migliore del fotografo ufficiale, l'artista di corte che ha la funzione di validare e promuovere e la cui vita è conseguentemente migliore di quella del fotografo indipendente"[2]. Che nessuno pensi di essere dispensato dallo sguardo espanso e giudicante del "grande occhio". Nella società del controllo non ci sono clandestini.

strips censoring the dancer's private parts. It was the scandal of the year. Aïché Nana lost all job opportunities. To no avail did she immediately convert to Christianity—obviously documented by a special photoshoot. The birth of paparazzi is rooted in a sacrifice.

Diva

A diva is the most sought-after subject for any paparazzo. In a hypothetical popularity ranking amongst attack photographers, the diva comes in before singers, television personalities, artists, politicians and important men of the cloth. Actresses such as Sophia Loren, Ava Gardner, Anita Ekberg, Brigitte Bardot, Marilyn Monroe and Audrey Hepburn have literally monopolized the attention of photographers and readers for entire seasons. For paparazzi, divas are the object of a con-

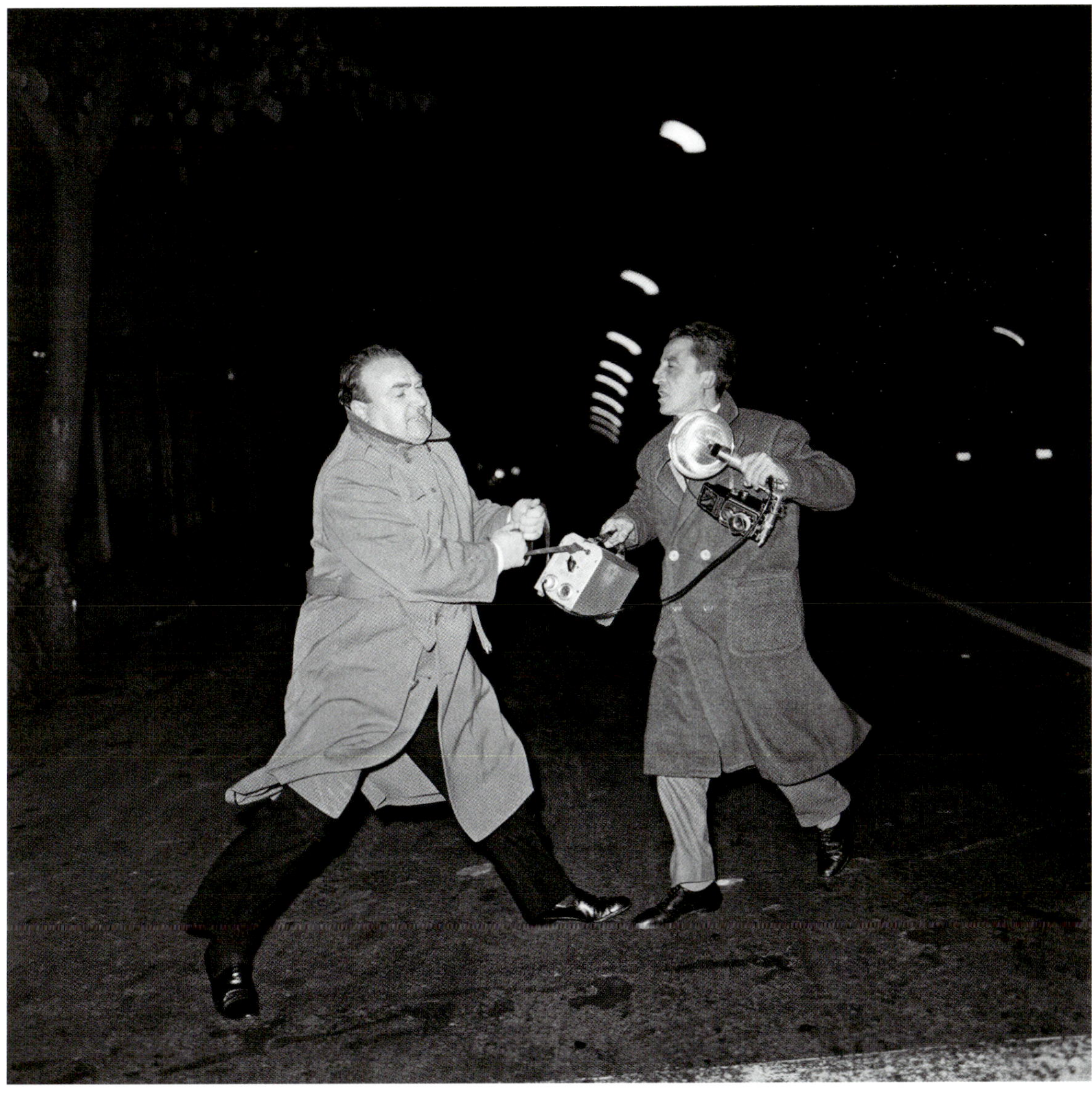

7. Marcello Geppetti, *Don Gussoni assale il fotografo Giacomo Alexis / Don Gussoni Attacks the Photographer Giacomo Alexis.* Roma, 1959.

Scoop

Ogni paparazzo punta a un obiettivo preciso: lo scoop. È il jackpot di ogni reporter. È la notizia sensazionale, scandalosa, ma soprattutto inattesa. Affinché una qualsiasi informazione si trasformi in scoop deve essere assolutamente inedita. Il fotografo che la trasmette ha l'obbligo di arrivare per primo. Di conseguenza i paparazzi sono costantemente in competizione tra loro. Schierati sulla linea di partenza, scattano verso il traguardo cercando di aggiudicarsi la gara attraverso una combinazione di tattica (la preparazione è fondamentale, ottenere le giuste informazioni, raccolte attraverso vere e proprie operazioni di *intelligence*), istinto e agilità. È una questione agonistica. Per questo i paparazzi sono spesso in gruppo. Numerosi sono i ritratti collettivi in cui li vediamo insieme, come ciclisti prima del via (o come bestie feroci intente a caccia-

tinuous un-deification process that is embodied in photographs always snapped at the "wrong" time; but there's no doubt that, on the contrary, they enjoy the skills of celebrities in trying to thwart their assaults. The position of divas for that which regards paparazzi is similarly ambiguous. They express all their loathing for paparazzi, yet simultaneously benefit from a continuous presence on the tabloids that increases their popularity. On the other hand, a diva without a flock of paparazzi in her wake would simply not be a diva at all. Her authority is based upon zeroing-in dynamics. Just like an icon, she represents a lure for flocking pilgrims who dream of catching a glimpse of her. According to André Malraux: "A great actress is a woman capable of incarnating a large amount of characters dissimilar to one other; a diva is a woman capable of eliciting a large amount of screenplays similar to one another".[1]

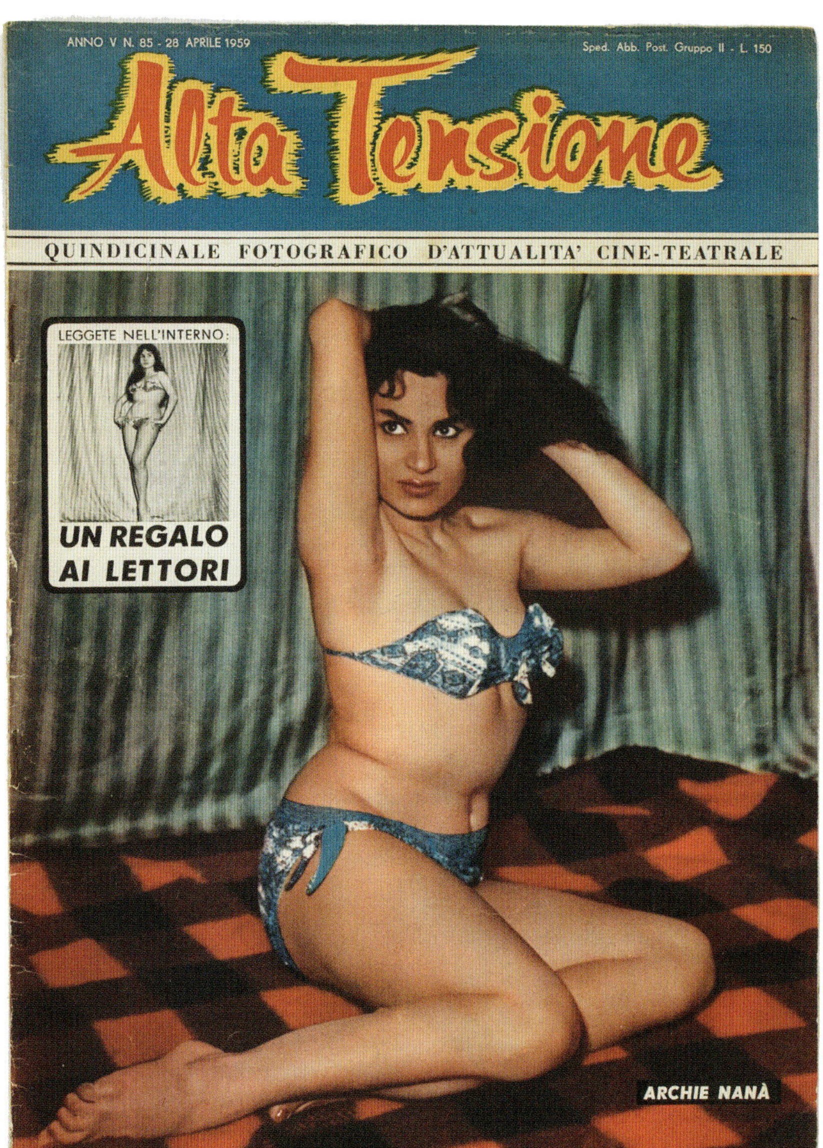

fig. 8-9
"Alta Tensione", 28 aprile / April 1959.

re). Attendono il momento giusto per l'accelerazione decisiva. Non si spiegherebbe altrimenti il fatto che ci siano tante fotografie di paparazzi alle prese con celebrità di ogni calibro, impegnati a scattare fotografie o a difendersi dalle loro rabbiose reazioni. È ovvio che a riprenderle siano stati altri paparazzi e altri ancora.

Falso scoop

Nonostante la fotografia consenta di mentire come con qualsiasi altro linguaggio (addirittura si può dire che ogni fotografia costituisca inevitabilmente, ontologicamente, un'alterazione della realtà, guastata dalle scelte del fotografo e dal filtro di una macchina prospettica), tendiamo a nutrire fiducia nelle immagini realizzate con questo mezzo. Anche dopo l'avvento del digitale e

Surveillance

Paparazzi are a clog in the society of control. Just like in the universe conceived by Orwell, they encourage citizens to constantly supervise the behaviour of other citizens. They are the spies next door. They work for themselves, to satisfy our need for meddling in the lives of others and also (in a more subterranean and subtle way) they act as guards for a specific slice of the world. According to Allan Sekula, in an essay written in 1974: "The image of a celebrity is an institutionalised edifice, maintained and protected by armies of press agents, makeup artists, and bodyguards. The paparazzo's task is to penetrate that wall. He sees himself ideally as the antagonist and ethical better of the official portrait photographer, the court artist whose function is validation and promotion and whose life is, as a result, supposedly more comfortable than that of the freelancer".[2] No

la diffusione capillare di software e applicazioni per la manipolazione delle fotografie, queste continuano a funzionare come autentiche prove di verità. Ciò è vero nella stragrande maggioranza dei casi, ma ci sono alcune tipologie di immagini che sfuggono a questa dinamica. Le prime sono le fotografie incluse nel contesto dell'arte, cui viene evidentemente riservata la facoltà di sperimentare al di fuori di qualsiasi gabbia. Le seconde sono proprio le immagini dei paparazzi, la cui credibilità è minata sia dal fatto di avere spesso come protagonisti personaggi dello spettacolo, professionalmente educati a mentire, sia per l'evidenza delle transazioni economiche alla loro base, per cui raccontare qualche bugia potrebbe convenire a entrambi, fotografo e fotografato. Tazio Secchiaroli e Sophia Loren organizzarono alcuni celebri scoop rivelatisi successivamente falsi per proteggere la diva dall'intrusione di altri reporter: se la notizia era bruciata, nessuno si sarebbe più avvicinato. Non c'è niente da fare, della fotografia proprio non ci si può fidare. Artisti e paparazzi sono alleati involontari nell'educazione all'immagine.

Quotidianità

Oltre a tutto ciò che è speciale, fuori dagli schemi, scandaloso, i paparazzi si interessano alla più semplice e banale quotidianità. Puntano sugli estremi: l'anomalia da un parte e il cliché dall'altra. La domanda a cui cercano di trovare una risposta è: "Come svolgono le celebrità le attività più semplici e comuni"? Appagano così un desiderio di confronto e condivisione. Ci rassicurano. In fin dei conti, star del cinema e vip, sono proprio come noi. Oppure, al contrario, anche noi siamo delle celebrità. D'altra parte la grammatica dei paparazzi affonda le radici nel quotidiano. Scrive Paolo Costantini nel saggio pubblicato nel primo libro dedicato a un approfondimento scientifico di questa pratica: "Le immagini dei paparazzi sono… anzitutto delle fotografie. Hanno cioè a che fare con una specifica tradizione iconografica; si confrontano non tanto con le grandi immagini dei grandi fotografi, ma con tutta la fotografia, con l'insieme indifferenziato delle immagini stratificato da una 'presenza' storicamente sempre più rilevante"[3]. Le parenti più strette delle immagini dei paparazzi sono le fotografie di famiglia, vale a dire tutto ciò che negli ultimi anni è passato alla cronaca come 'fotografia vernacolare' (locuzione decisamente azzeccata in questo caso) e costituisce di gran lunga la porzione più grande delle immagini fotografiche prodotte ogni giorno. Le fotografie dei paparazzi parlano la stessa lingua che utilizziamo quotidianamente nella nostra vita.

Conflitto

Se dagli anni ottanta dell'Ottocento, con la nascita e la diffusione dell'istantanea, la fotografia costituisce una pratica prevalentemente violenta e predatoria, con il fotografo dispo-

one should think he is dispensed from the expanded and judgemental gaze of the "big eye". There is no such thing as clandestine individuals in a society of control.

Scoop

Every paparazzo aims at a precise objective: the scoop. That's every reporter's jackpot. It's the news sensation, the scandal—and above all unexpected. An essential ingredient for any kind of information to become a scoop is that it must be absolutely unprecedented. The photographer who spreads the news must necessarily be the first one on the spot. So paparazzi are consequently always competing with one another. In a row at the starting line, they sprint towards the finish line while trying to win the competition using a combination of tactics (preparation is fundamental, so is obtaining the right information, collected through downright *intelligence* operations), instinct and dexterity. It's a question of competition. That's why paparazzi are often seen in groups. We see them together in many group portraits, like bicycle racers before the starting whistle (or like wild animals concentrated on the kill) – waiting for the right time to pounce. There is no other way of explaining why there are so many pictures of paparazzi engaging with celebrities of every calibre, committed to snapping their photographs or defending themselves from their wrathful reactions. Naturally while other paparazzi photograph the whole scene.

Fake Scoop

Despite lying is even possible through photography, just like any other language (one might even assert that every photograph inevitably and ontologically constitutes an alteration of reality, corrupted by the photographer's choices and by the filter of a prospective device), we tend to harbour trust in the images made using this means. Even subsequent to the advent of digital photography and the capillary dissemination of software and applications for the manipulation of photographs, these continue to function as authentic proof of the truth. While this is true in the vast majority of cases, there are a few of image typologies that escape these dynamics. The first ones are photographs included in the context of art, which is clearly reserved with the faculty of experimenting outside any sort of box. The second are the images themselves snapped by paparazzi, whose credibility is undermined by the fact that their protagonists are often show business personalities who are professionally trained to lie, as well as for the evidence of economic transactions at their core: so that telling the odd lie might benefit both parties—the photographer and the one being photographed. Tazio Secchiaroli and Sophia Loren organized a few famous scoops, which subsequently were proven to be fake, in order to protect the diva from the intrusion of other reporters: once the news was out, no one else would have approached the place. There's no doubt about it— the bottom line is that photography cannot be trusted. Artists and paparazzi are involuntary allies in the education for images.

sto a fare qualsiasi cosa per catturare un'immagine, la nascita del paparazzo nel dopoguerra sancisce l'apice dell'aggressività della specie. Facendo della celebre lezione di Capa ("Se le tue fotografie non sono buone, vuole dire che non eri abbastanza vicino"[4]) un autentico mantra, persegue un unico obiettivo: avvicinarsi più possibile al soggetto. Per farlo è disposto a combattere fino allo scontro fisico. Innanzitutto con i propri simili, per raggiungere la posizione migliore. Poi con il soggetto stesso, spesso sfiancato come un toro nell'arena dopo lunghi inseguimenti e pungoli d'ogni genere. A questo punto, però, viene il colpo di scena. È il motivo per cui in fin dei conti, nonostante i modi decisamente poco urbani e il discutibile atteggiamento morale, proviamo per il paparazzo un senso di umana simpatia. Il fatto è che soccombe sempre. Esce dal campo inevitabilmente sconfitto: preso a calci, pugni, schiaffeggiato, offeso e calpestato. I ritratti più noti ed emblematici che abbiamo di un paparazzo sono quelli di Secchiaroli in fuga da un furioso Walter Chiari e di Felice Quinto alle prese con Anita Ekberg armata con arco e frecce. Il paparazzo è costretto a sottomettersi a un potere molto più forte di lui. Consolato dalla consapevolezza di tenere nel rullino qualche piccolo trofeo.

Distanza

Ancora un opposto. È il contrario della ricerca della massima prossimità, fino al contatto fisico. A partire dagli anni sessanta e in maniera progressivamente crescente con il passare del tempo, i paparazzi prendono le distanze dai loro soggetti. In parte si tratta di un adattamento necessario a contrastare misure di occultamento e autodifesa sempre più sofisticate da parte di divi, politici, e personaggi dello spettacolo. Ma è anche una strategia conservativa, conseguenza della trasformazione della pratica del paparazzo in una vera e propria attività professionale. A questo punto il fotografo scende dal ring e si mimetizza con l'ambiente. Nel suo kit, abitualmente leggero, fanno la loro comparsa lunghi obiettivi e pesanti cavalletti. Nel suo atteggiamento si insinua il voyeurismo condiviso con un pubblico sempre più assuefatto alle immagini. Ha inizio il safari.

Rivista

Paparazzi e riviste intrattengono un rapporto simbiotico: vivono gli uni grazie alle altre e viceversa. Le fotografie dei paparazzi sono fatte per le riviste, che costituiscono la loro destinazione naturale, in cui esprimono al meglio tutte le proprie qualità. Per almeno tre motivi. Innanzitutto le riviste forniscono a queste immagini il supporto narrativo di cui hanno bisogno, disponendole in una sequenza lineare che si svela pagina dopo pagina e accompagnandole con brevi testi o didascalie che forniscono le informazioni di

Everyday Life

Besides everything special, outside the box or scandalous, paparazzi are interested in the simplest and most commonplace events in everyday life. They aim at extremes: anomalies on one hand, clichés on the other. The question they most often try to find an answer to is: "how do celebrities carry out the simplest and most common activities"? Hence they appease a desire for comparison and sharing. They reassure us. At the end of the game, movie stars and VIPs are just like the rest of us. Or, on the contrary, we are just like celebrities. Then again, the language of paparazzi is deeply rooted in everyday life. As Paolo Costantini wrote in the essay published in his first book dedicated to scientific research into this practice: "The images by paparazzi are... first and foremost, photographs. Namely they deal with a specific iconographic tradition; they compare themselves not so much with the great images by great photographers, but with photography as a whole, with the undifferentiated collection of images that are stratified by a historically ever more relevant "presence"[3]. The closest relatives of paparazzi images are "home photographs", namely everything that over the past few years has been defined as 'vernacular photography' (a definitely accurate term, in this case), by and large constituting the largest portion of photographic images produced on a daily basis. Paparazzi photographs speak the same language that we use in our daily lives.

Conflict

While since the 1880s, with the advent and dissemination of instant photos, photography has constituted a prevalently violent and predatory practice with the photographer willing to do anything just to capture an image, the birth of paparazzi during the post-War period sanctioned the epitome of this specie's aggressiveness. Using Capa's lesson as an authentic mantra ("If your pictures aren't good enough, you're not close enough"[4]), the photographer pursues one sole objective: getting as close as possible to the subject. In order to do so, he is willing to fight to the point of a physical clash. First and foremost with his own kind, with the aim of gaining the best position. Then with the subject himself, who is often exhausted like a bull in the arena following extenuating chases and prodding of all kinds. But at this point comes the *coup de theatre*. It is the reason why, despite their clearly uncivilized manner and debatable moral conduct, we ultimately feel a sense of human congeniality for paparazzi. The fact is that they always succumb. They inevitably leave the field defeated: kicked, punched, slapped, offended and trampled. The most renowned and emblematic portraits of paparazzi we know of are the ones portraying Secchiaroli fleeing from a furious Walter Chiari and that of Felice Quinto in the grips of Anita Ekberg armed with a bow and arrows. The paparazzo is forced to succumb to a power much stronger than himself. But comforted by the awareness that he's got a few small treasures tucked away in his roll of film.

contesto e i dettagli più piccanti. I paparazzi raccontano storie e la carta stampata è naturalmente il modo migliore per poterle leggere. In secondo luogo le riviste mascherano i difetti che queste immagini, realizzate rapidamente e in condizioni tutt'altro che confortevoli (di notte, dal sedile di una macchina o la sella di una moto, dentro un locale fumoso, schivando i colpi di soggetti poco collaborativi…), recano inevitabilmente. Hanno un formato relativamente piccolo e sono fatte per essere consumate velocemente in modo da fare posto agli scandali successivi. È così che si alimenta un sistema. Infine le riviste danno ai lettori l'illusione del potere. Finalmente chiunque può tenere in pugno le celebrità e guardarle dall'alto in basso, esprimendo i giudizi più arditi. Dietro le pagine di un giornale, d'altra parte, ci si può sempre nascondere.

1 André Malraux, citato in appendice a Samuel Grafton, *L'uomo che si fece inghiottire*, "I Romanzi del Corriere", n. 30, 1957.
2 Allan Sekula, *Paparazzo Notes*, in Allan Sekula, *Photography Against the Grain*, Press of the Nova Scotia College of Art and Design, Halifax 1984 (ripubblicato nel 2016 da MACK, Londra).
3 Paolo Costantini, *Evidenze*, in Paolo Costantini, Silvio Fuso, Sandro Mescola, Italo Zannier (a cura di), *Paparazzi: Fotografie 1953-1964*, Alinari, Firenze 1988.
4 Richard Whelan, *Robert Capa: A Biography*, Knopf, New York 1985.

Distance

Another opposite. It is the contrary of a quest for the closest proximity, to the point of physical contact. Beginning in the 1960s and progressively greater with the elapsing of time, paparazzi are putting a distance between themselves and their subjects. In part it is a necessary condition to counter increasingly sophisticated measures of concealment and self-defence employed by movie stars, politicians and show business personalities. But it is also a conservative strategy, a consequence of the transformation of the paparazzo's practice into a full-blown professional activity. At this point the photographer climbs down from the ring and blends in with the environment. His kit, which used to be light, is now complete with long photographic lenses and heavy tripods. Voyeurism snakes into his attitude, one that is shared with audiences growingly addicted to images. And so the safari begins.

Magazine

There is symbiosis going on between paparazzi and magazines: one lives thanks to the other and vice-versa. Paparazzi photographs are made for magazines, which are their natural destination and where they best express all their innate qualities. For at least three reasons. First and foremost, magazines provide all these images with the narrative backing they need, arranging them in a linear sequence that is revealed one page after the next, accompanying them with brief texts or captions that provide contextual information and spicy details. Paparazzi tell stories and naturally the printed medium is the best way to read them. In the second place, magazines conceal the flaws that these images (snapped quickly and in conditions that are not comfortable in the least—during the night, from the seat of a car or a motor scooter, inside a smoke-filled room, dodging the blows of those not willing to collaborate, etc.) inevitably possess. They have a relatively small format and are made to be consumed quickly so as to make room for the next scandal. And that's how a system is fuelled. Ultimately, magazines give their readers the illusion of power. Finally anyone can keep celebrities in check and look down on them, expressing their most daring judgements. Then again, you can always hide behind the pages of a newspaper.

1 André Malraux, cited in appendix to Samuel Grafton, *L'uomo che si fece inghiottire* (original title: *A Most Contagious Game*), "I Romanzi del Corriere", n. 30, 1957.
2 Allan Sekula, 'Paparazzo Notes', in Allan Sekula, *Photography Against the Grain*, Press of the Nova Scotia College of Art and Design, Halifax 1984 (republished in 2016 by MACK, London).
3 Paolo Costantini, 'Evidenze', in Paolo Costantini, Silvio Fuso, Sandro Mescola, Italo Zannier (edited by), *Paparazzi: Fotografie 1953–1964*, Alinari, Florence 1988.
4 Richard Whelan, *Robert Capa: A Biography*, Knopf, New York 1985.

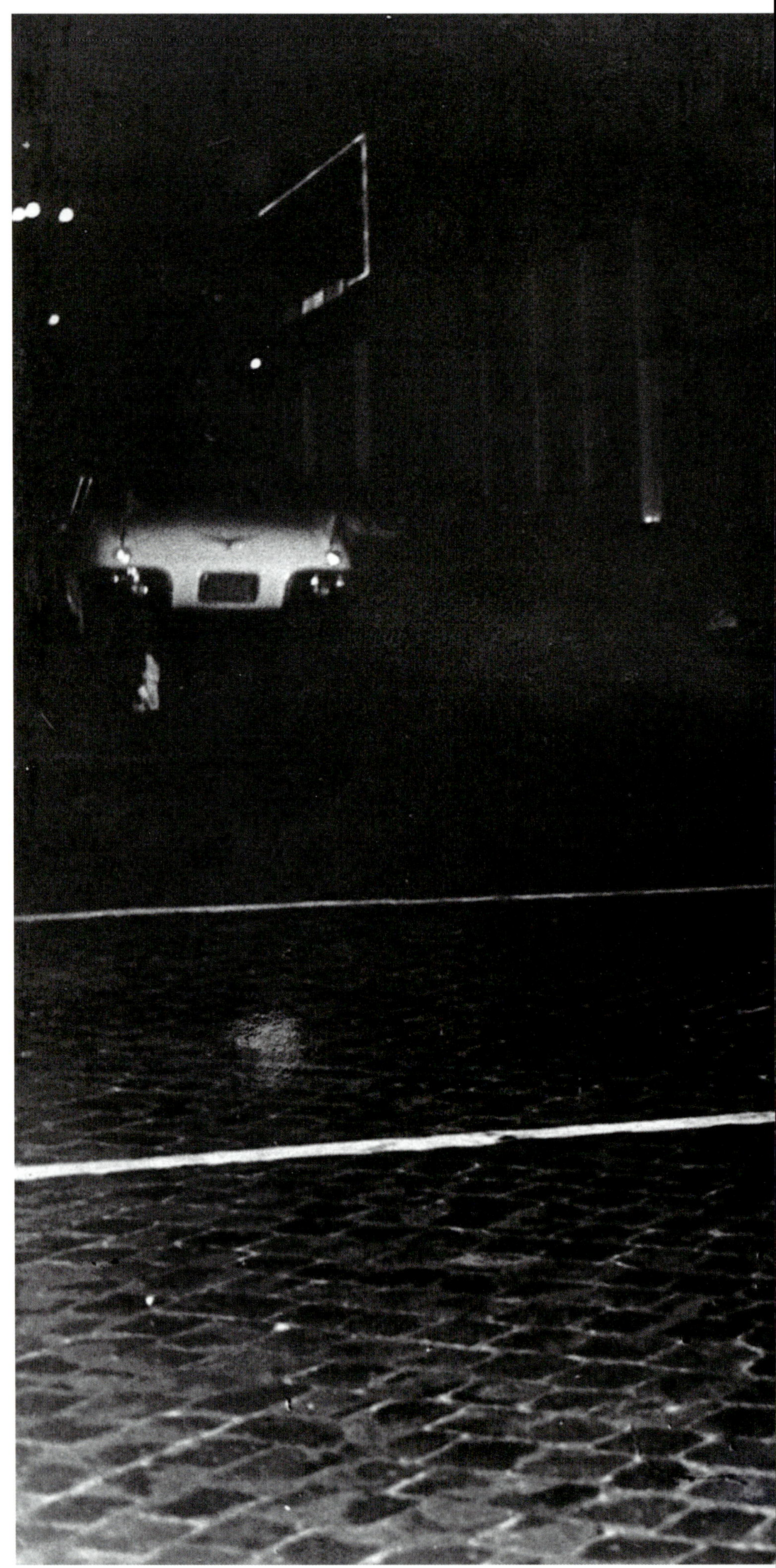

8. Tazio Secchiaroli, *La Cadillac con Ava Gardner inseguita dai paparazzi / The Cadillac with Ava Gardner chased by paparazzi*. Roma, 1958.

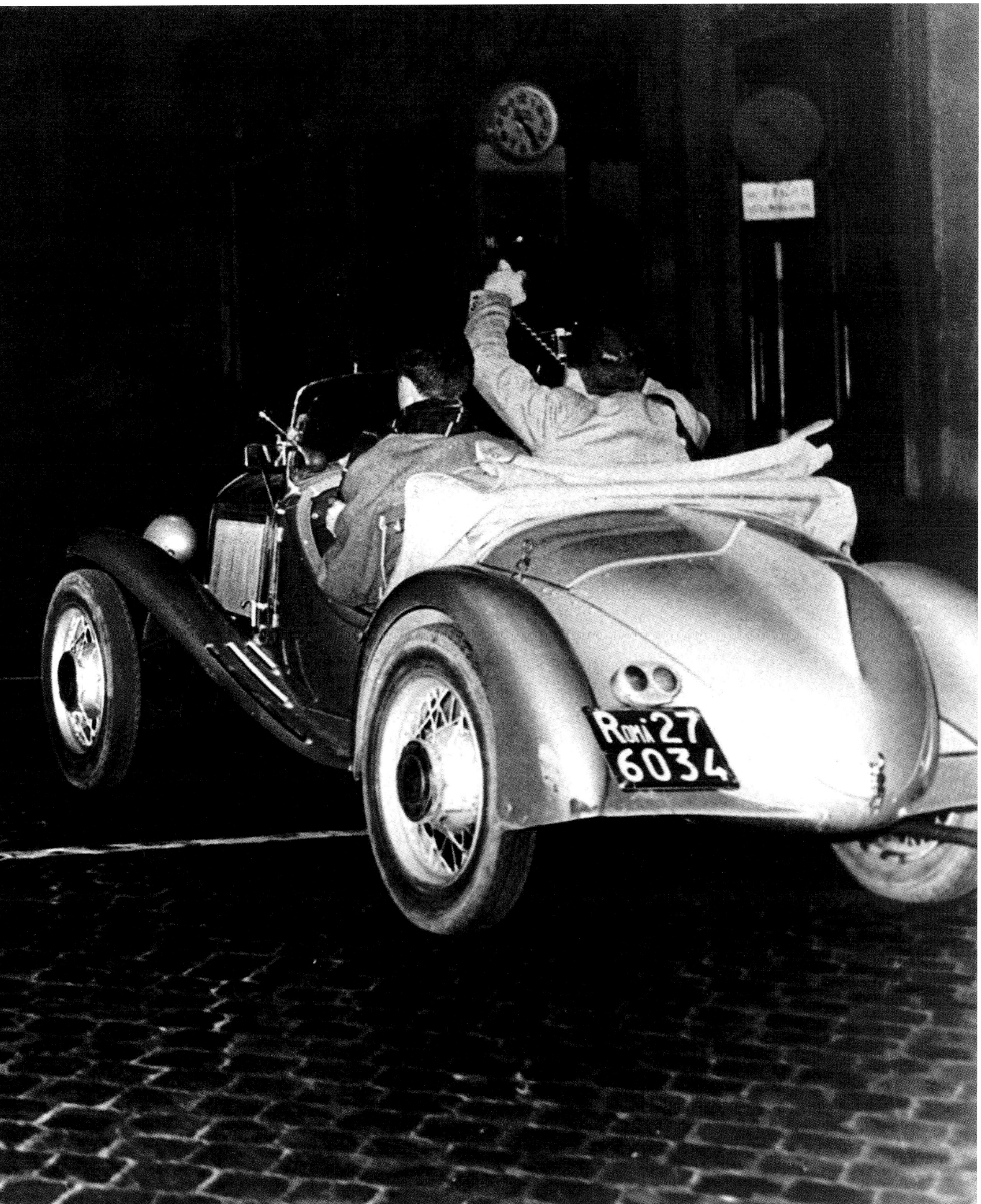

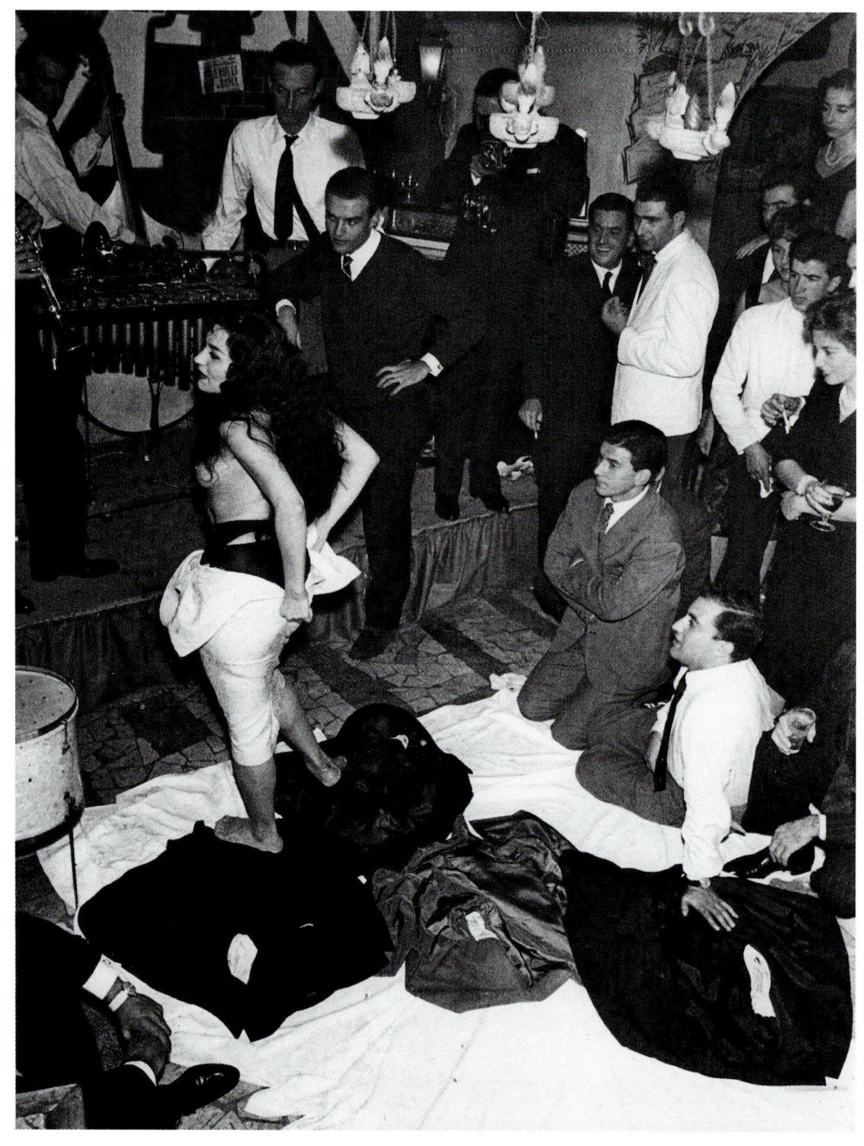

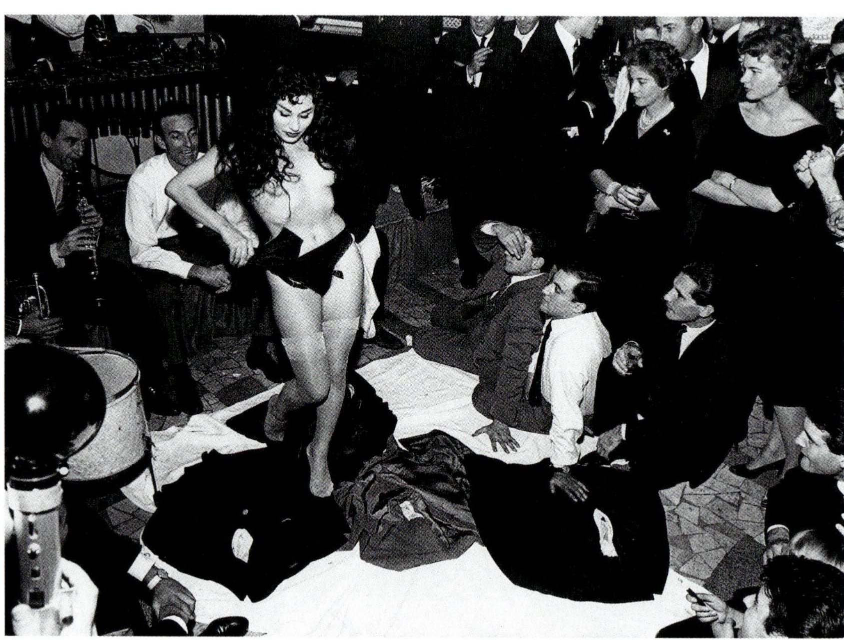

9-12. Tazio Secchiaroli, *Spogliarello di Aïché Nana al Rugantino / Striptease by Aïché Nana at the Rugantino Restaurant*. Roma, 1958.

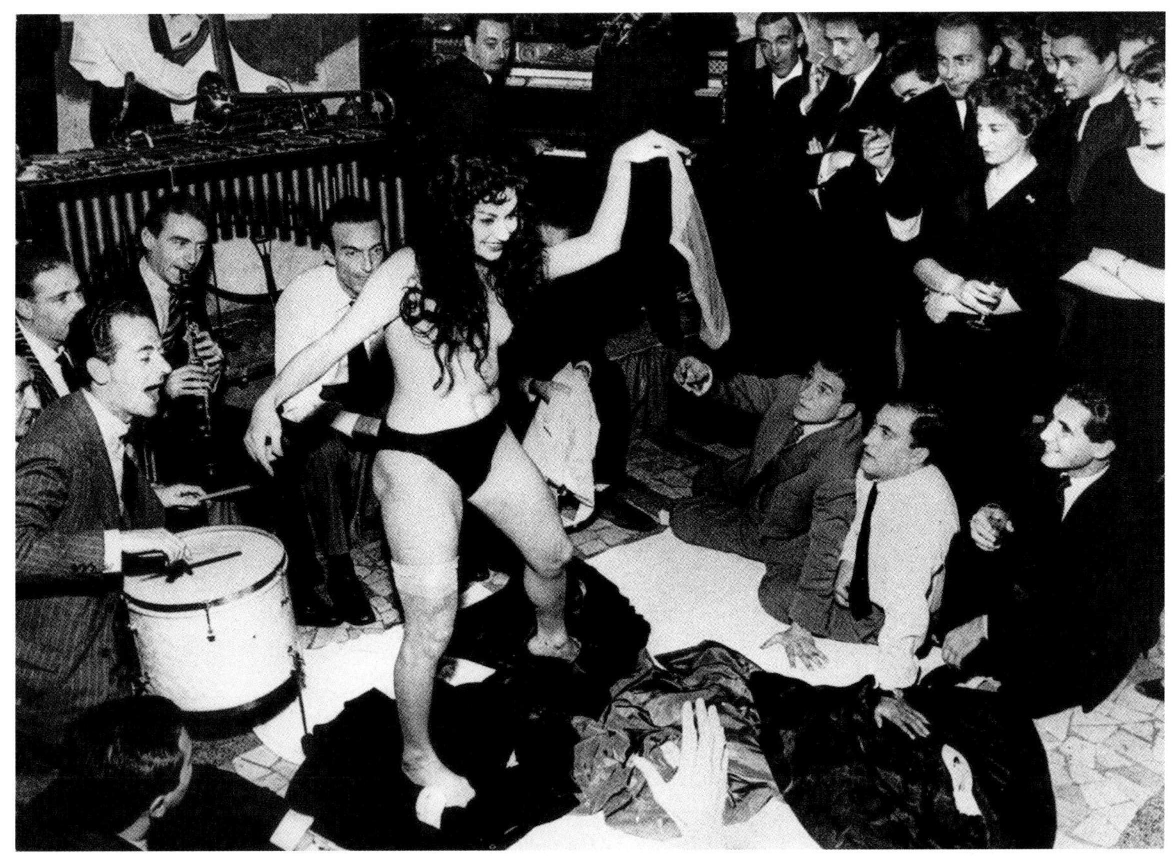

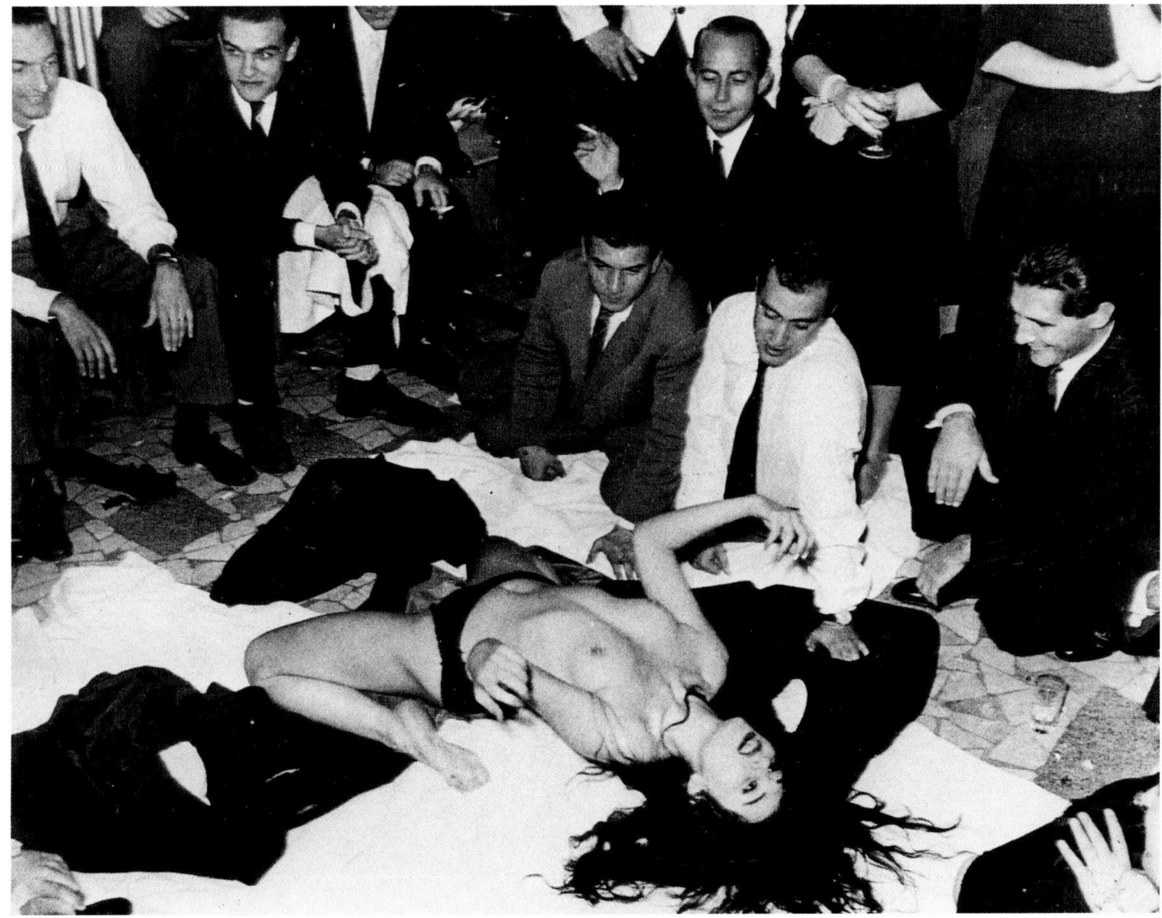

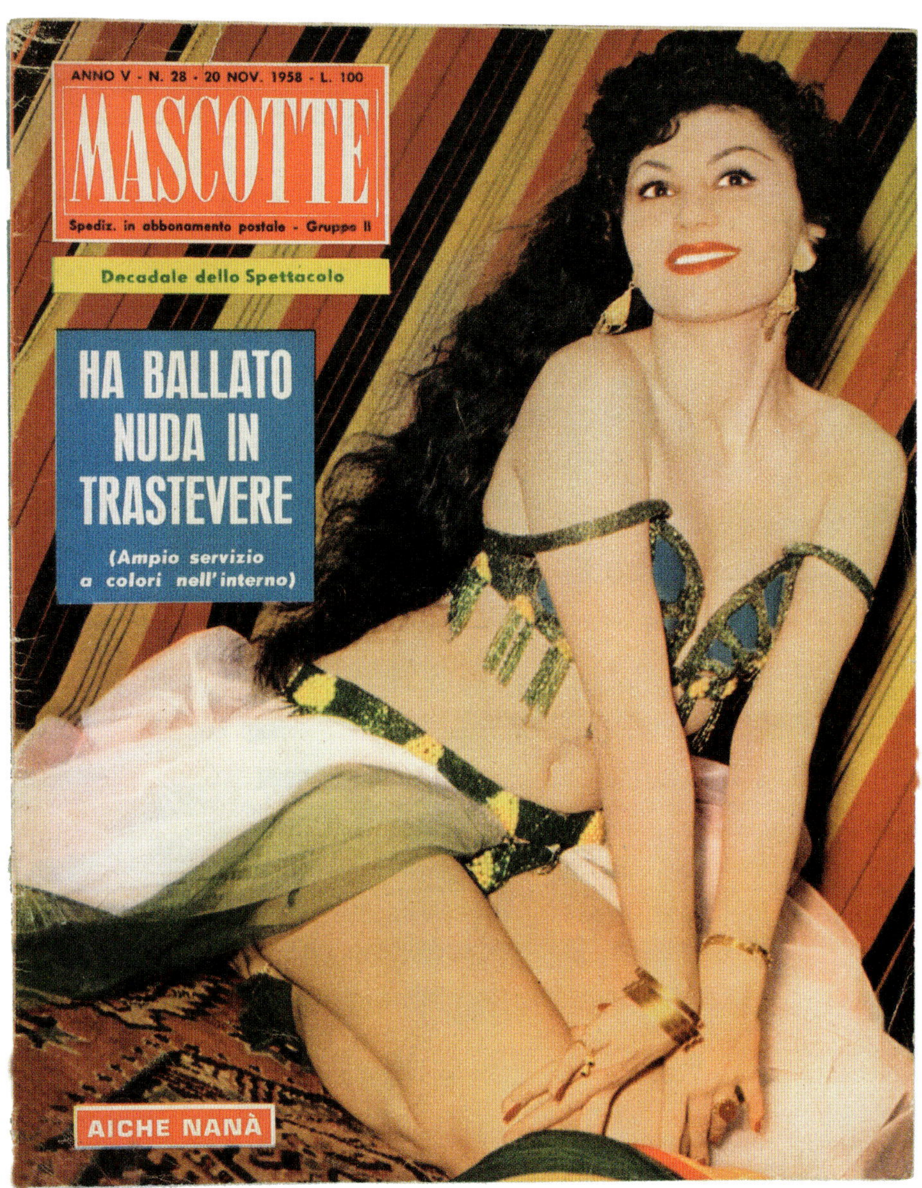

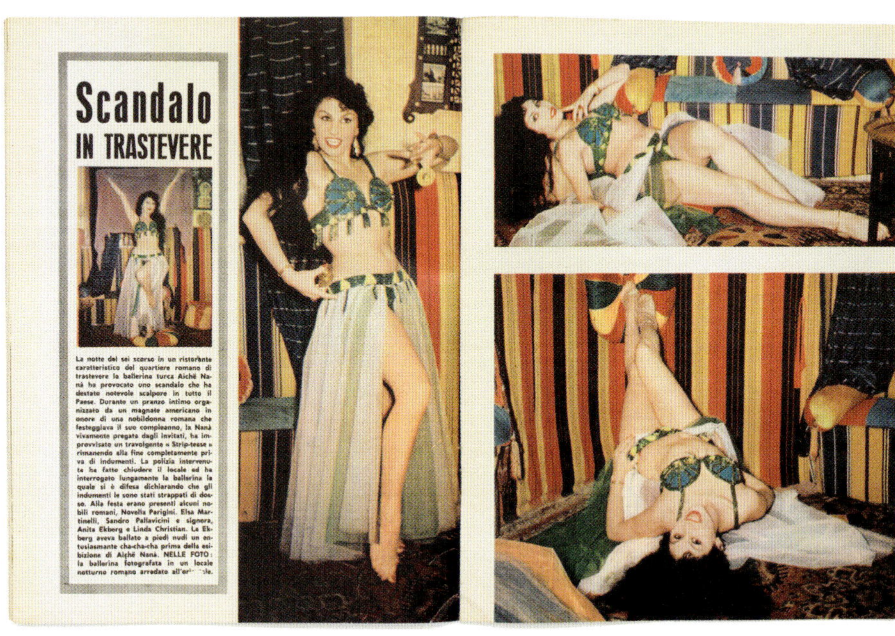

fig. 10-11.
"Mascotte", 20 novembre / November 1958.

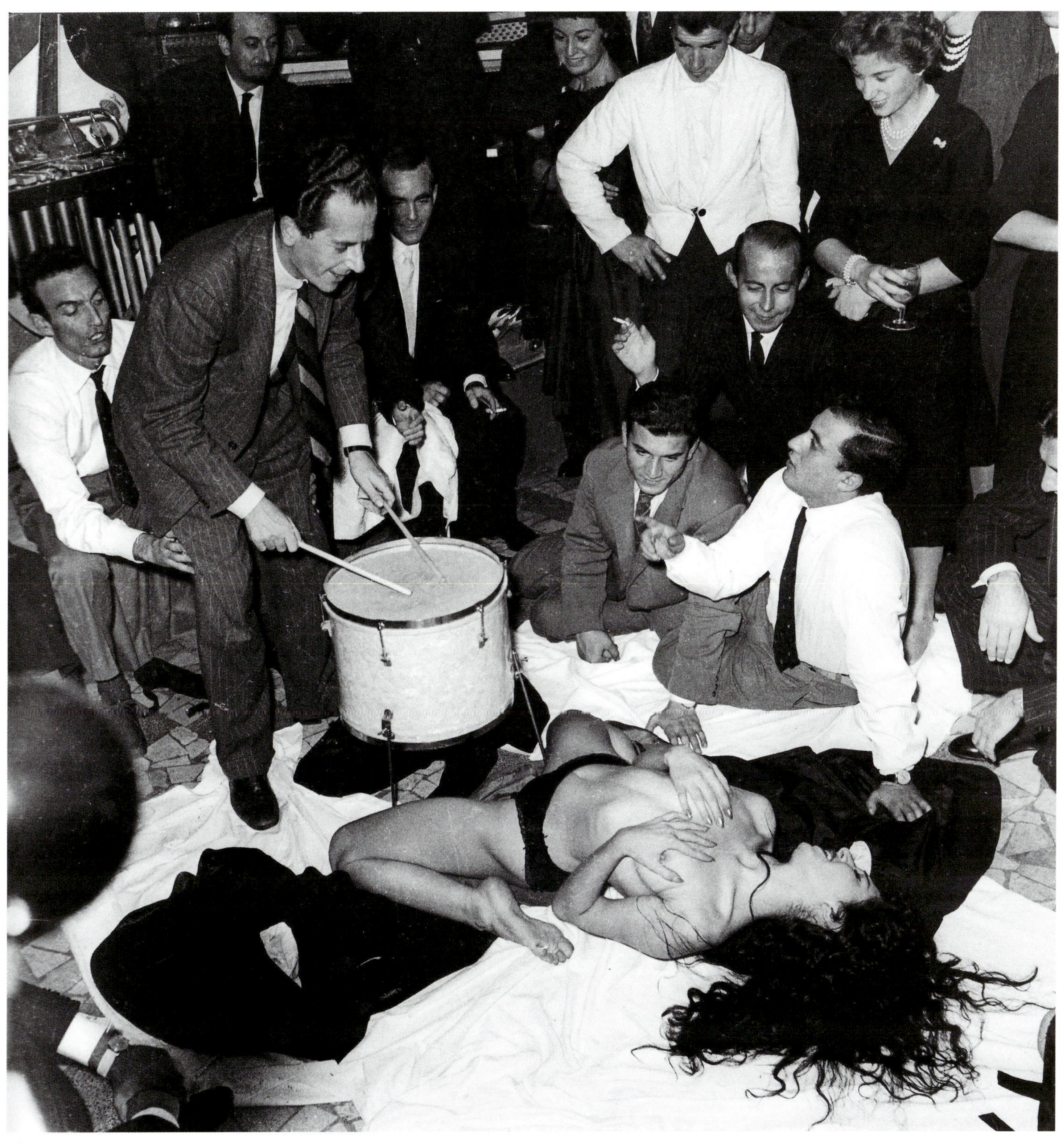

13. Tazio Secchiaroli, *Spogliarello di Aïché Nana al Rugantino / Striptease by Aïché Nana at the Rugantino Restaurant*. Roma, 1958.

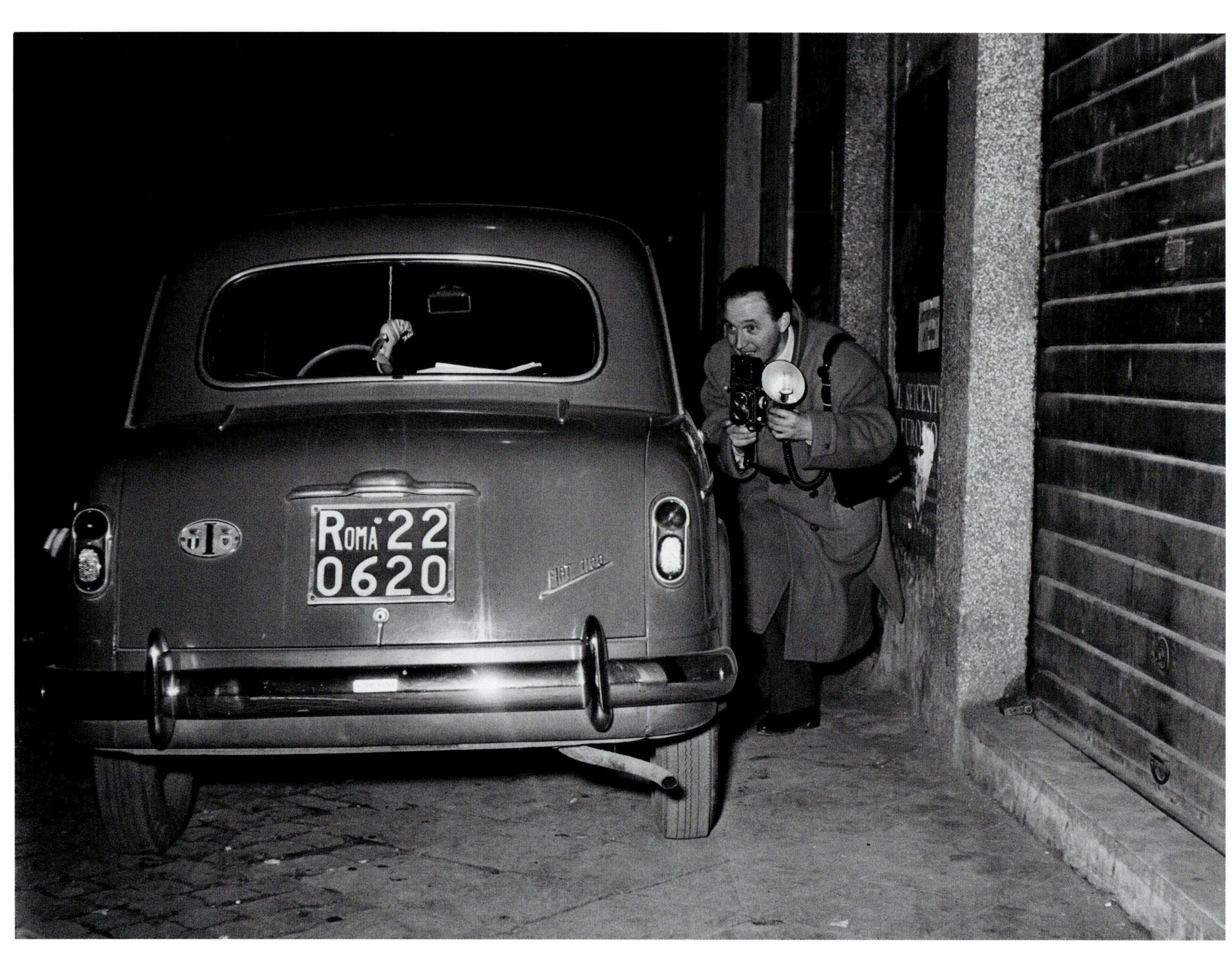

14. Ezio Vitale, *Tazio Secchiaroli in appostamento / Tazio Secchiaroli Waiting in Ambush*. Roma, 1958.

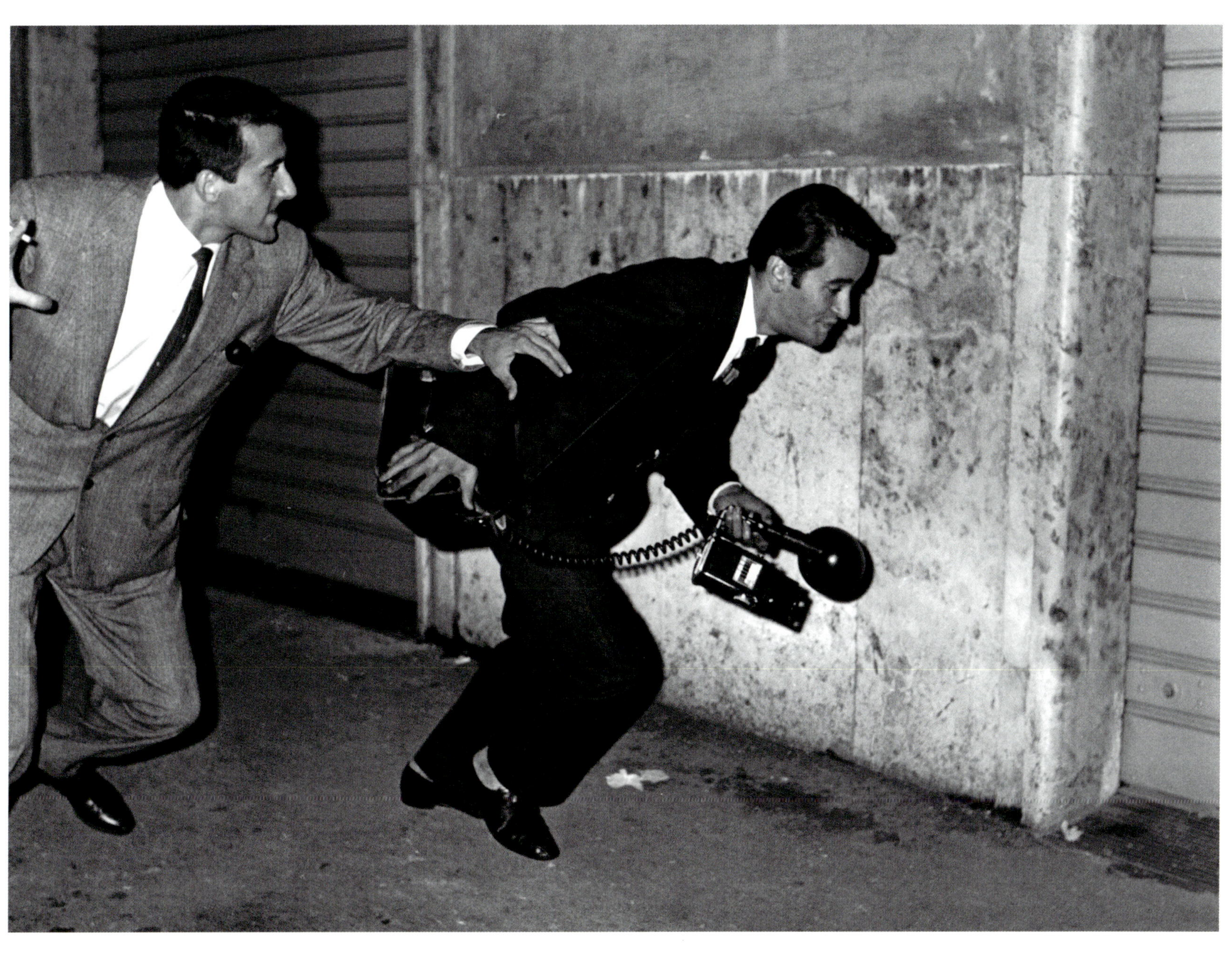

15. Agenzia Dufoto, *Inseguimento di un fotografo / Chasing a photographer*, s.d. / n.d.

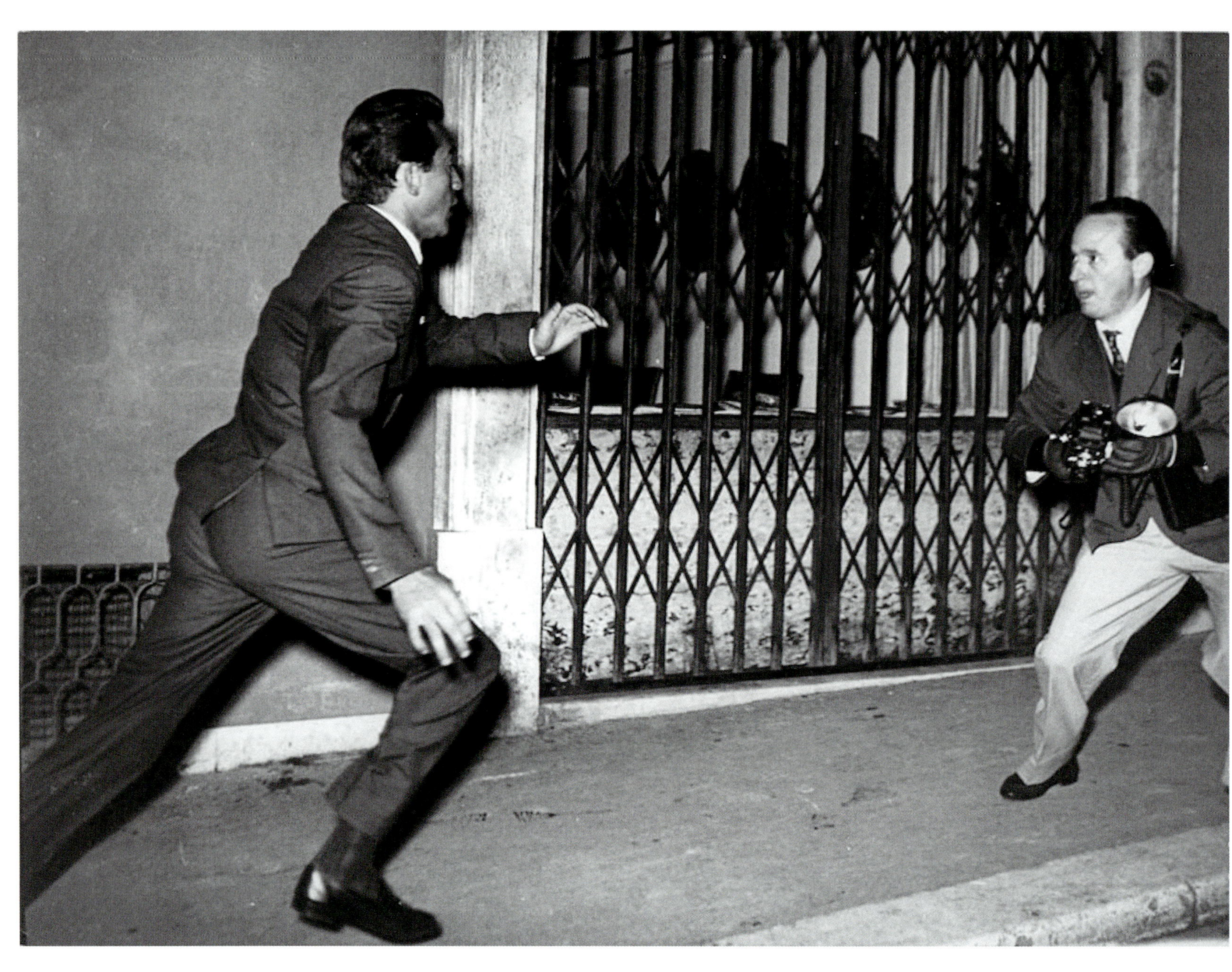

16-17. Elio Sorci, *Walter Chiari e Tazio Secchiaroli / Walter Chiari and Tazio Secchiaroli*. Roma, 1958.

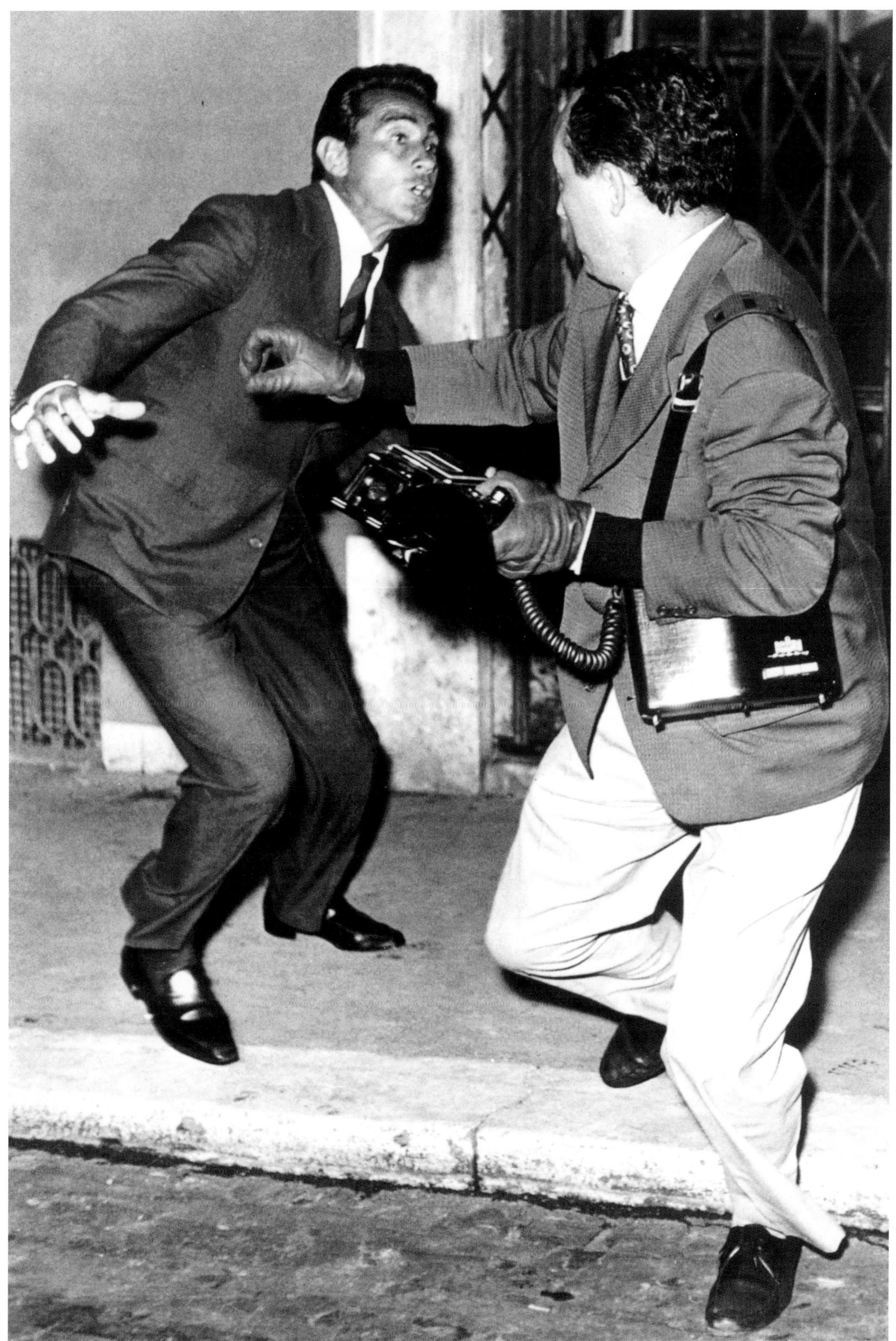

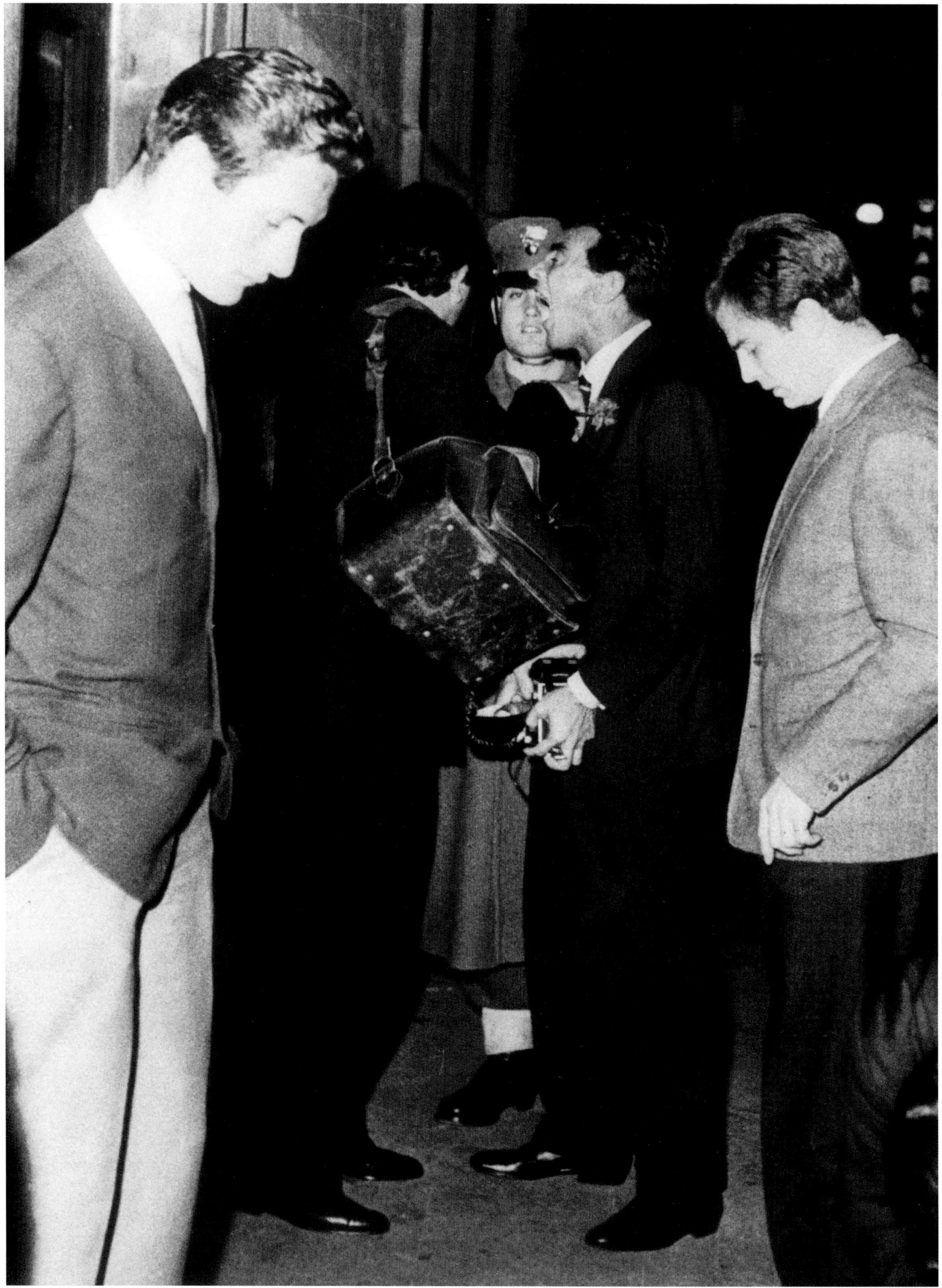

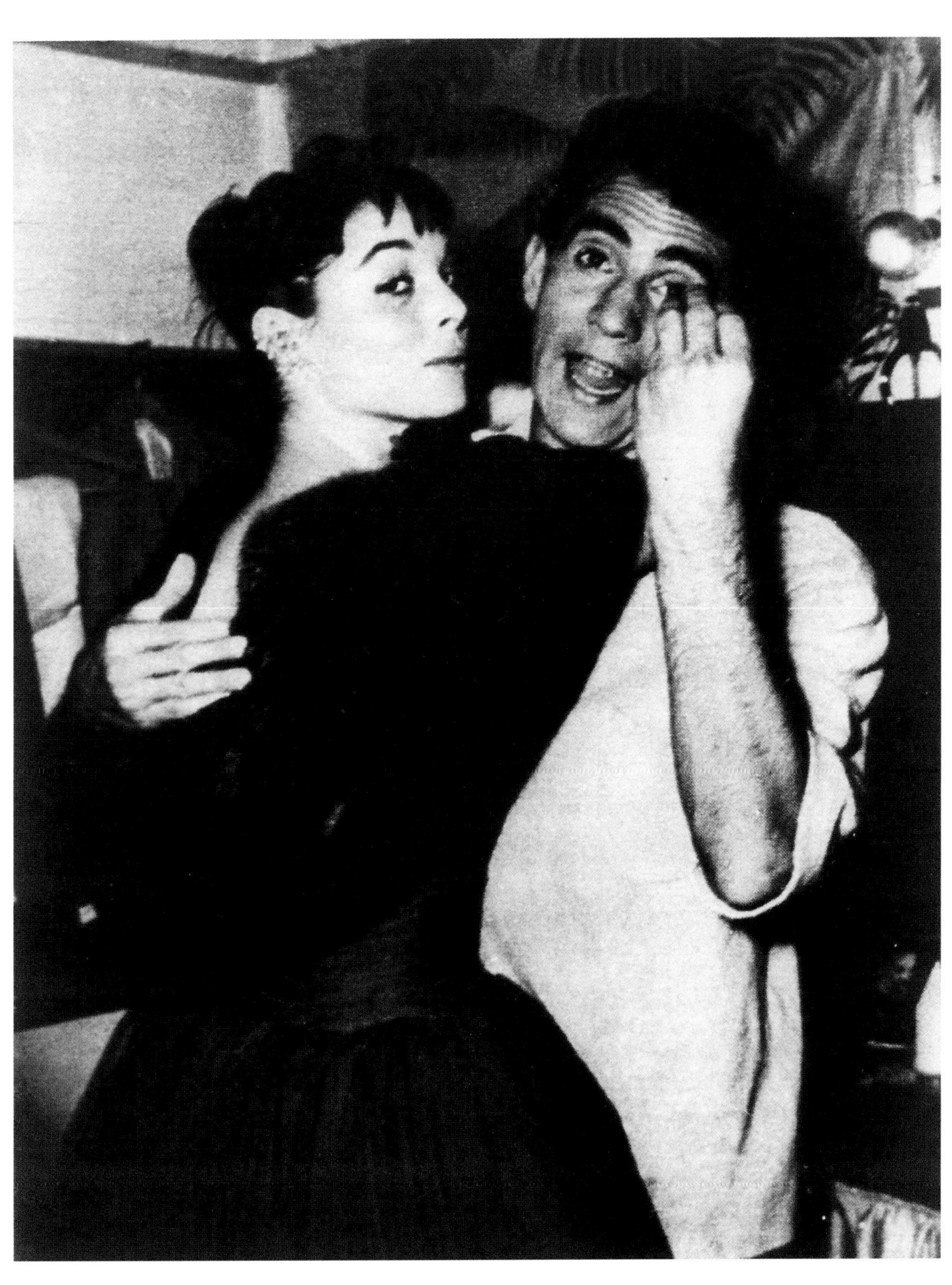

18. Tazio Secchiaroli, *Walter Chiari urla contro i fotografi / Walter Chiari Shouting at Photographers*. Roma, 1958.

19. Tazio Secchiaroli, *Walter Chiari e Elsa Martinelli sorpresi al night / Walter Chiari and Elsa Martinelli Taken By Surprise at a Night Club*. Roma, 1958.

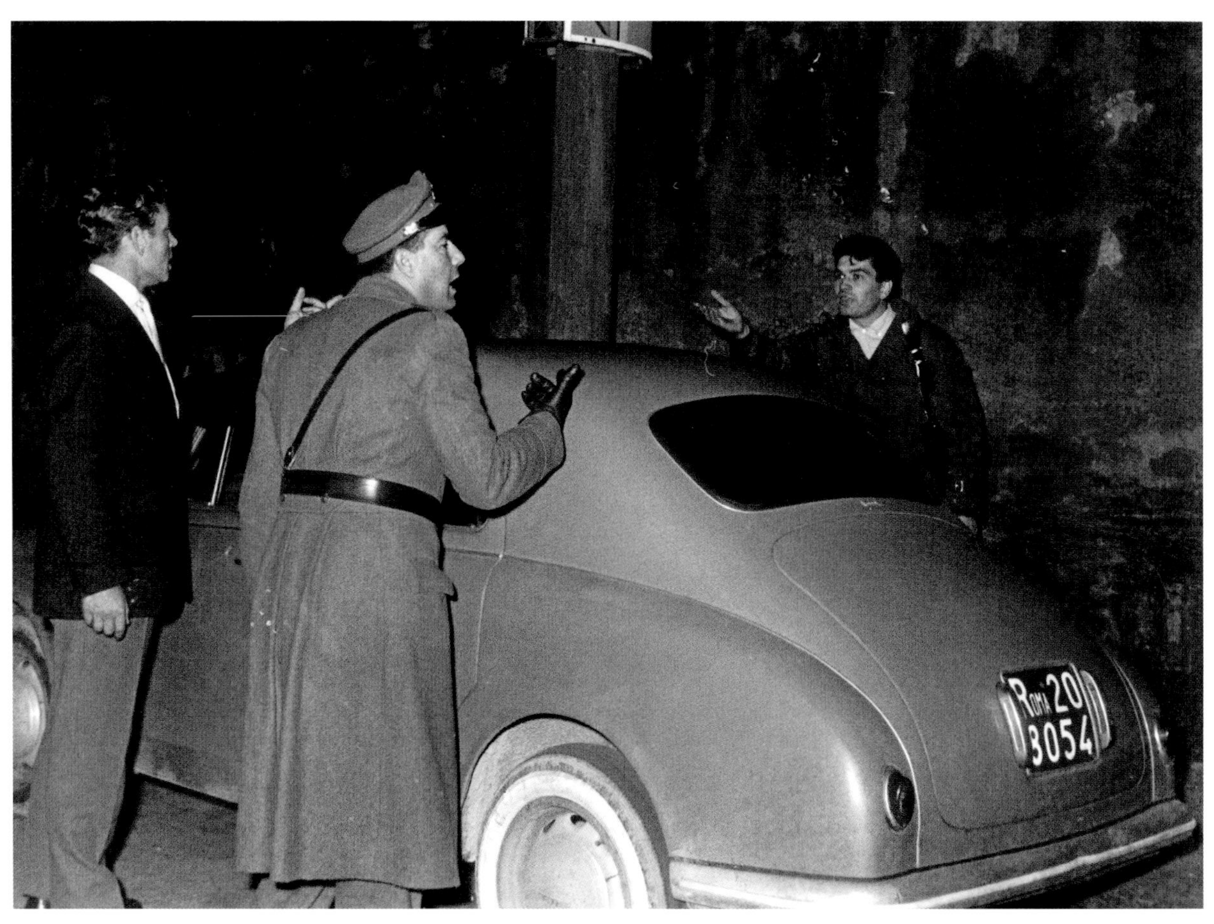

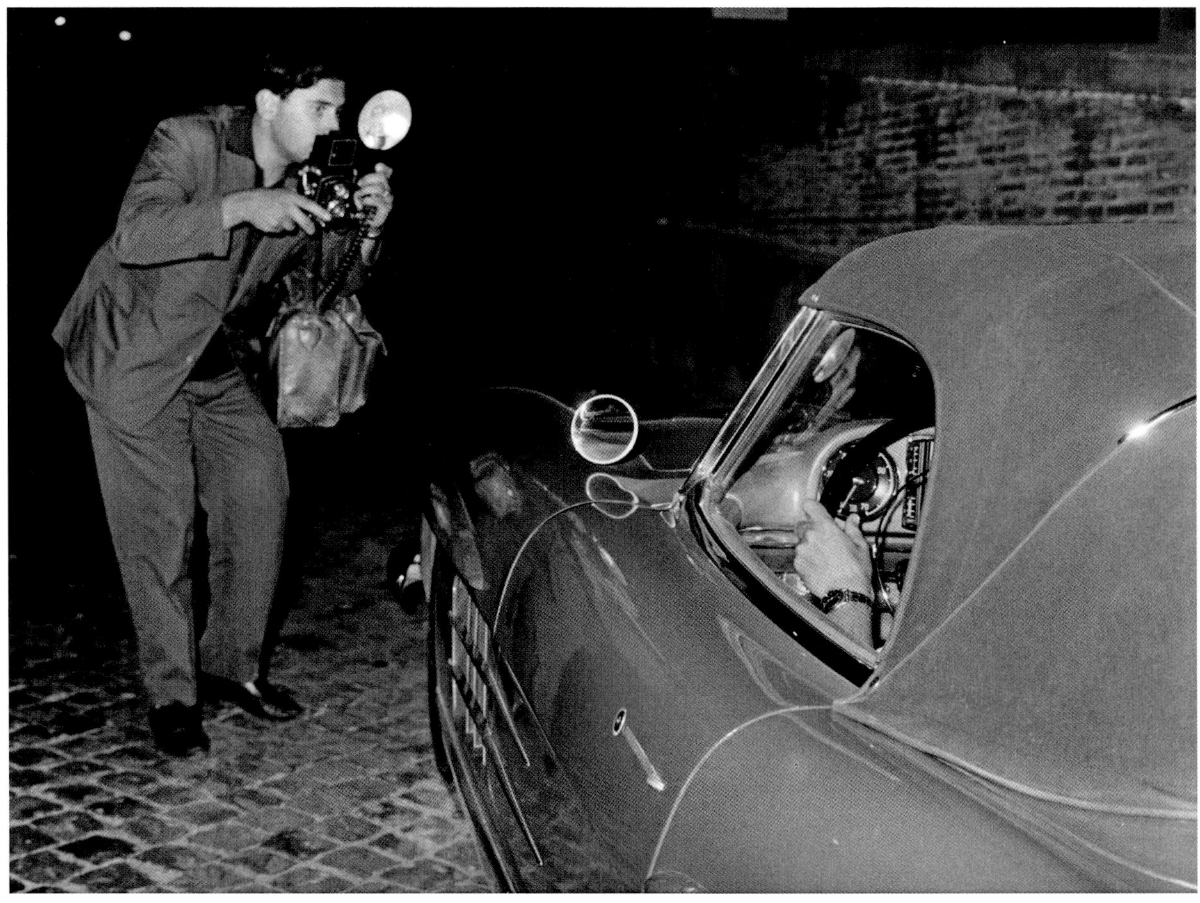

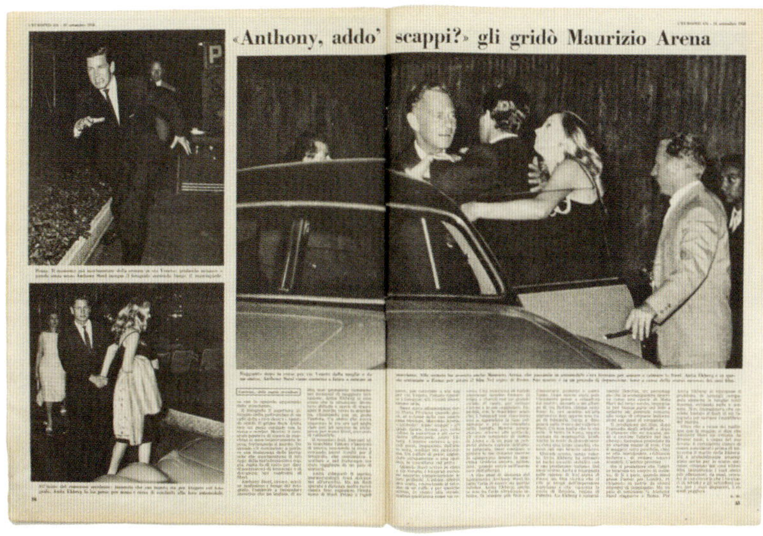

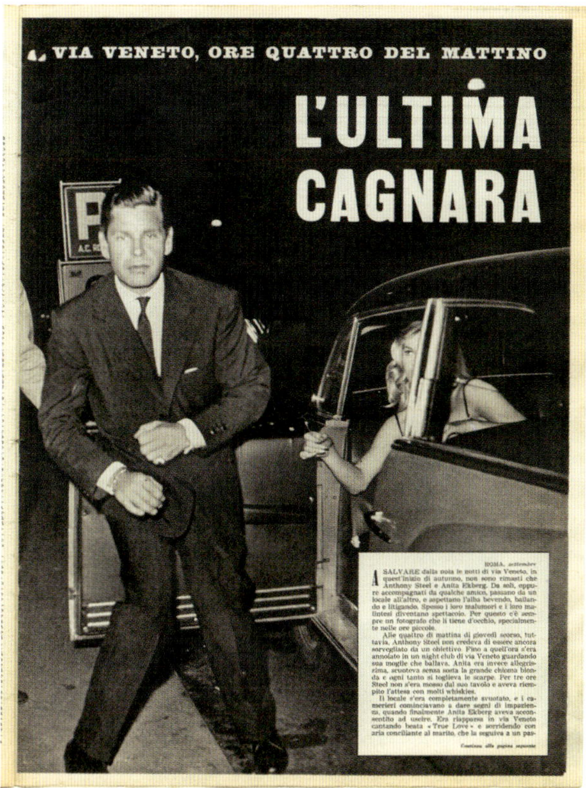

fig. 12-14.
"L'Europeo", 28 settembre / September 1958

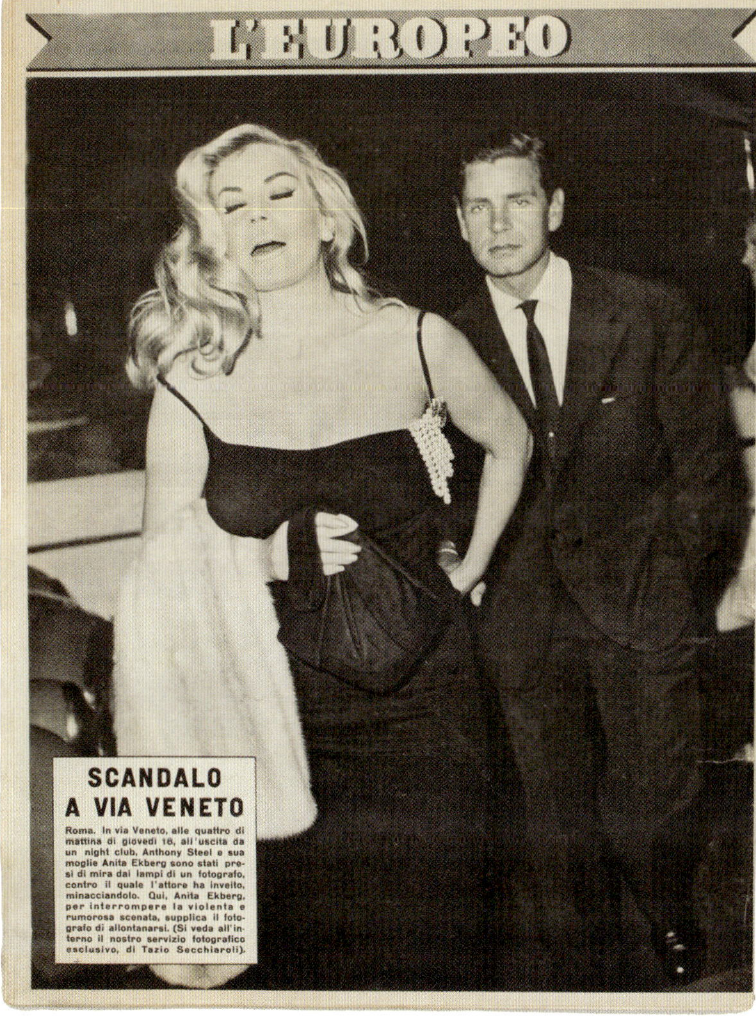

20. Agenzia Dufoto, *Anthony Steel caccia il fotografo Marcello Geppetti / Anthony Steel Sends Away the Photographer Marcello Geppetti*, 1958.

21. Agenzia Dufoto, *L'auto di Anita Ekberg / Anita Ekberg's Car*, 1958 circa.

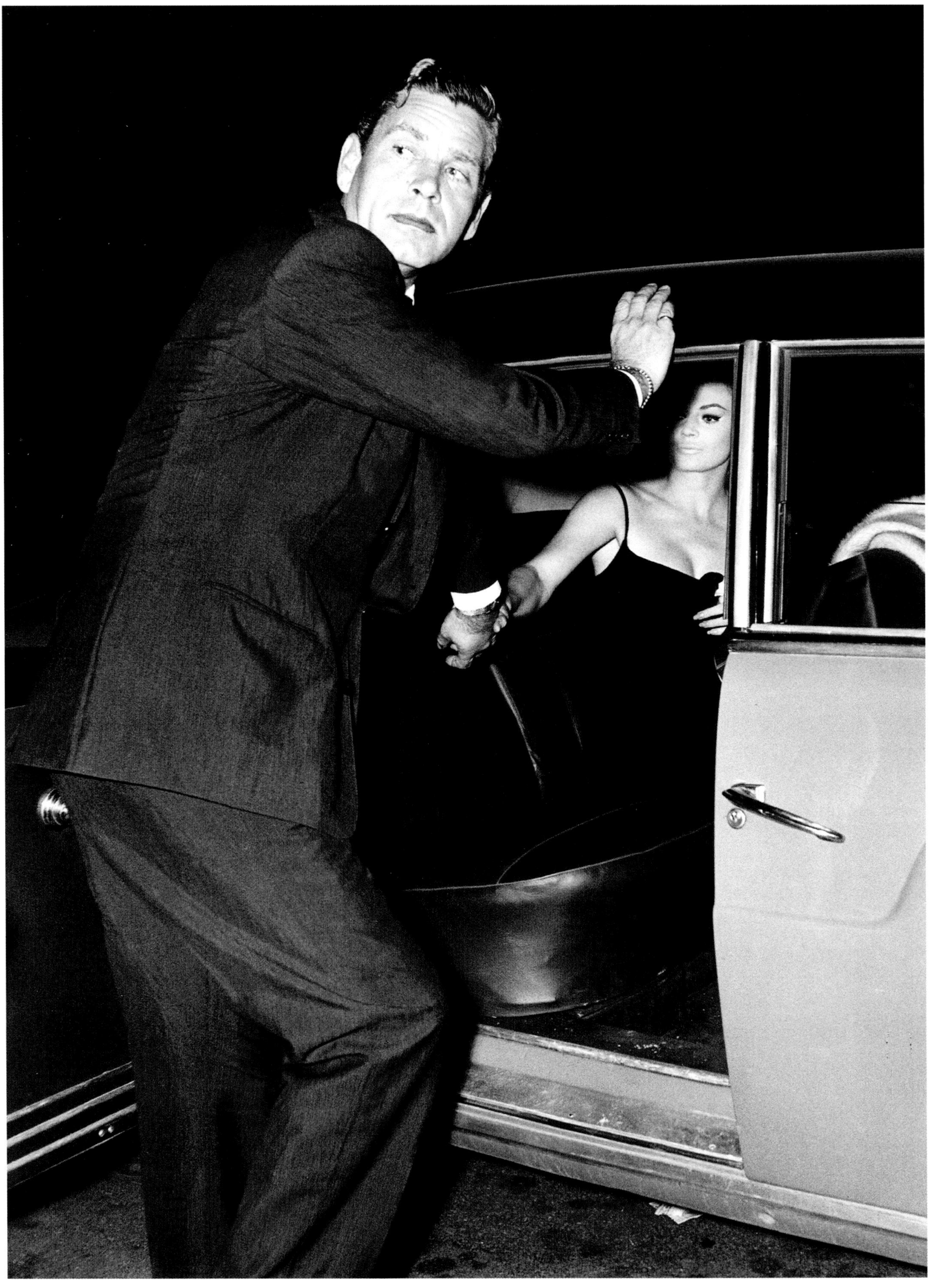

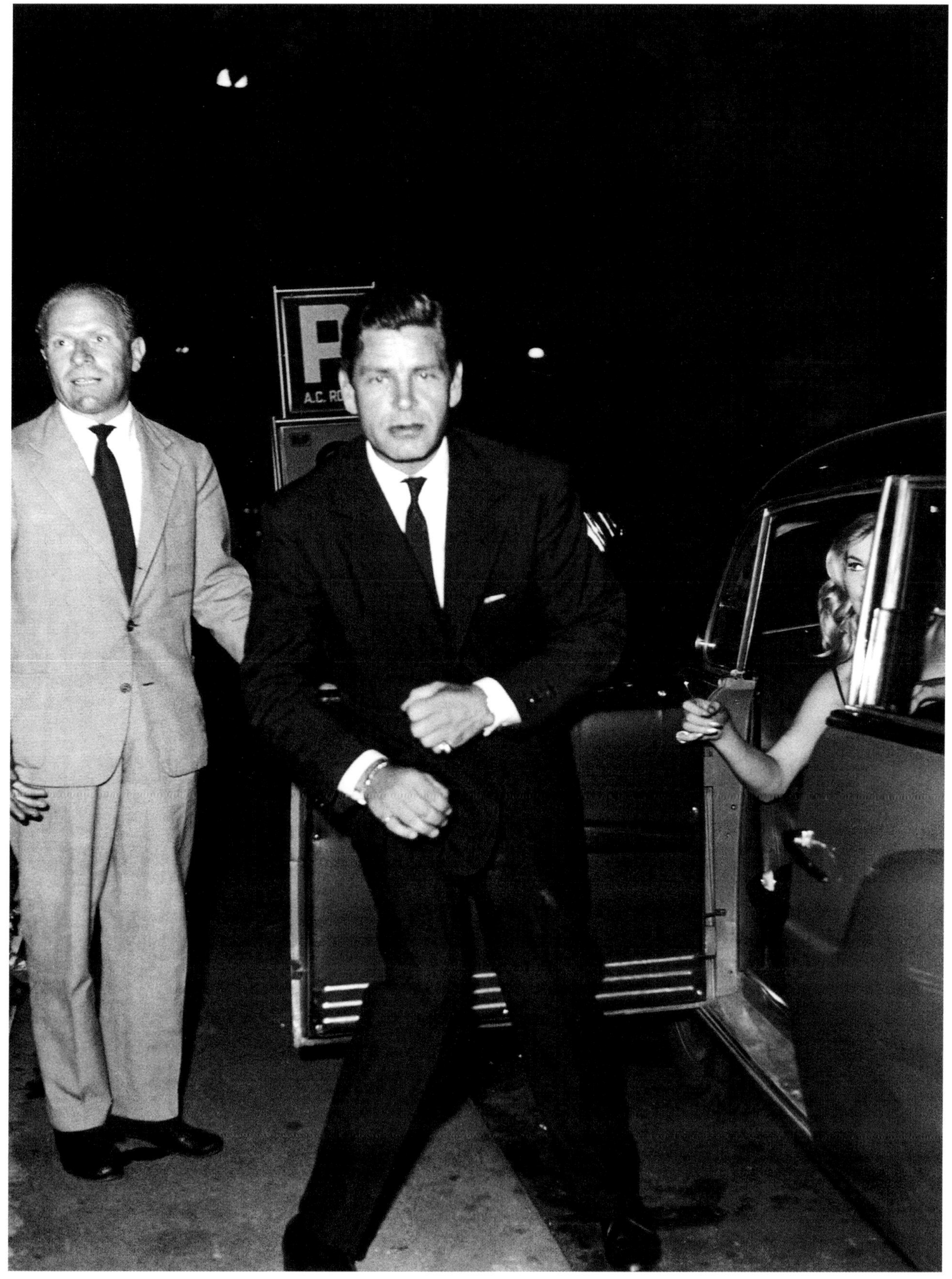

22. Tazio Secchiaroli, *Anthony Steel trattenuto da Anita Ekberg / Anthony Steel Held Back by Anita Ekberg*. Roma, 1958.

23. Tazio Secchiaroli, *Anthony Steel barcolla uscendo dall'auto in cui si trova Anita Ekberg / Anthony Steel Staggering Out of the Car Where Anita Ekberg is Sitting*. Roma, 1958.

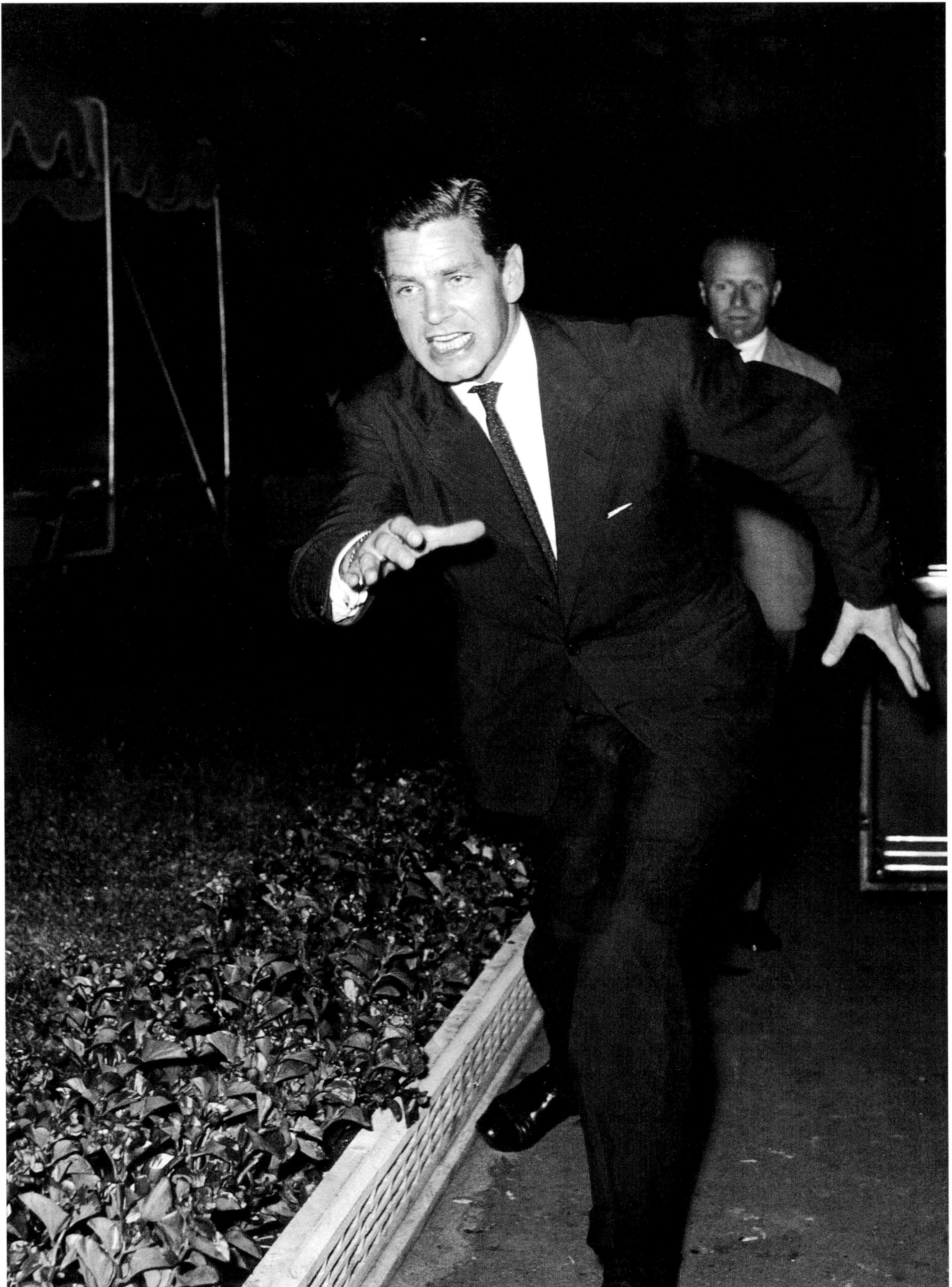

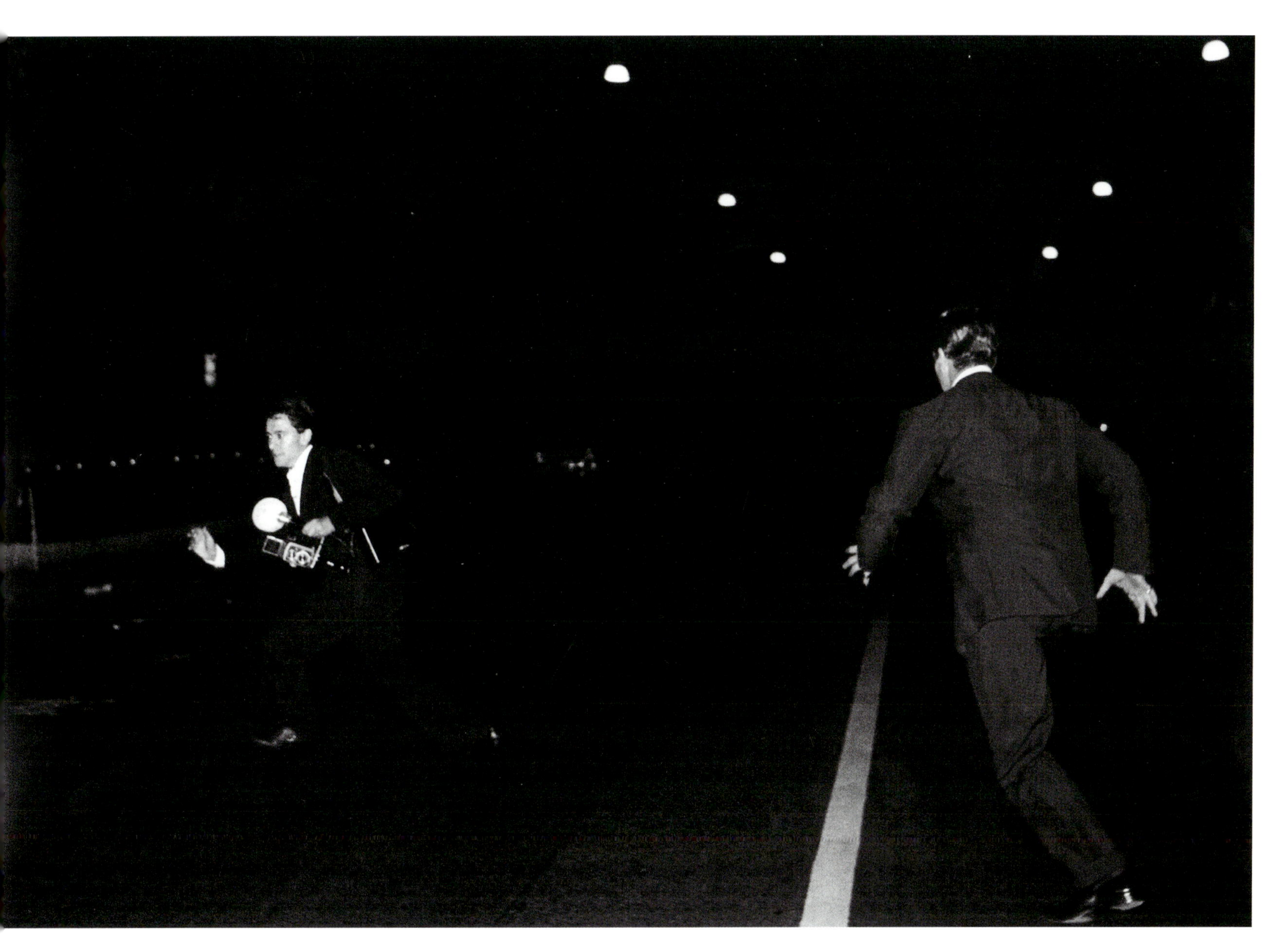

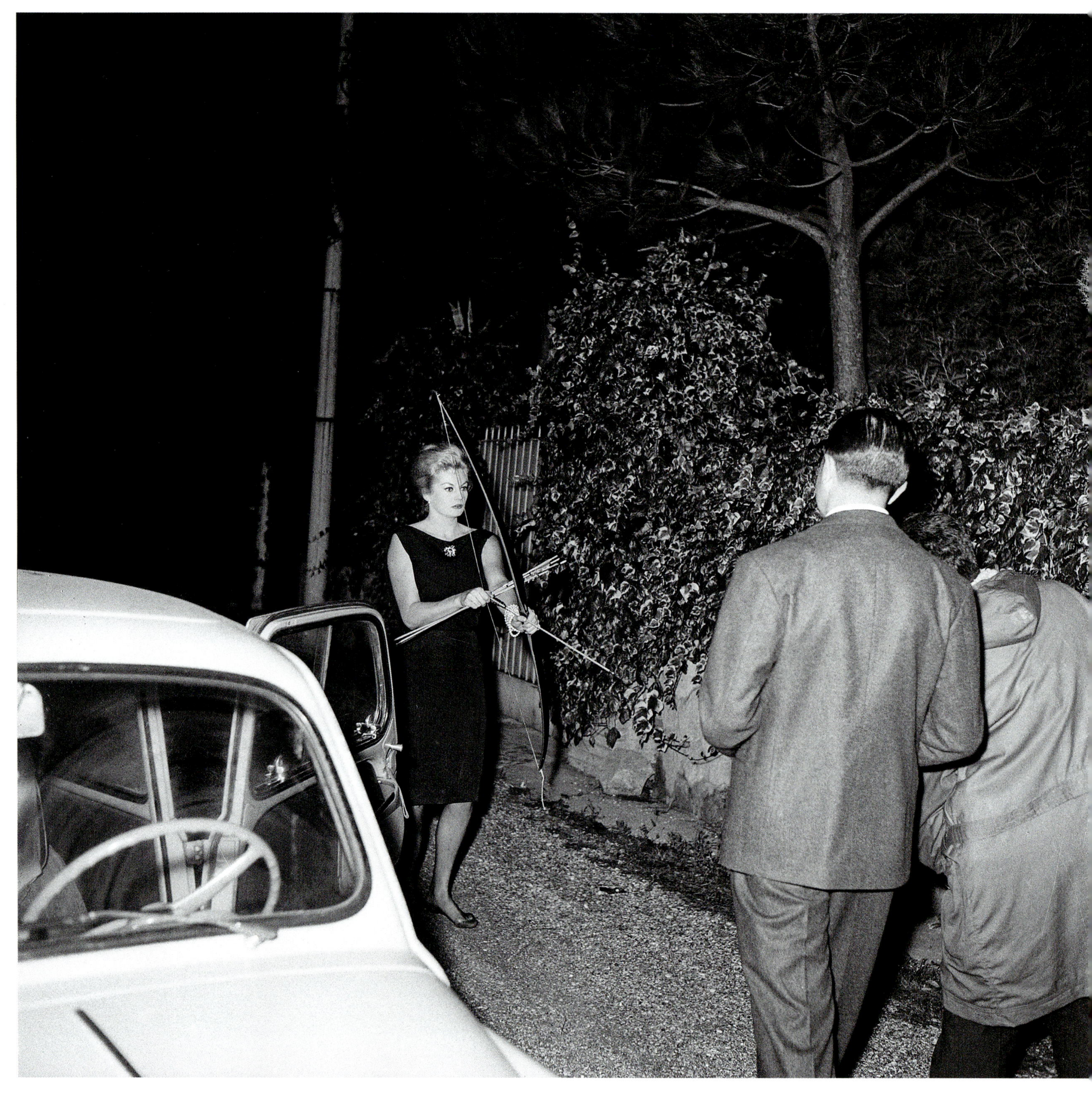

26-29. Marcello Geppetti, *Anita Ekberg fuori dalla sua villa affronta i fotografi con arco e frecce / Outside Her Villa, Anita Ekberg Faces Photographers Carrying a Bow and Arrows*. Roma, 20 ottobre / October 1960.

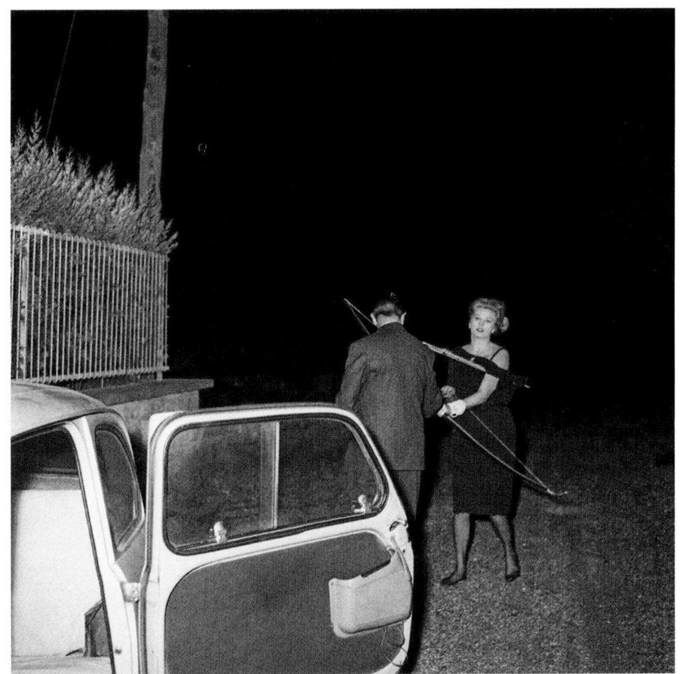

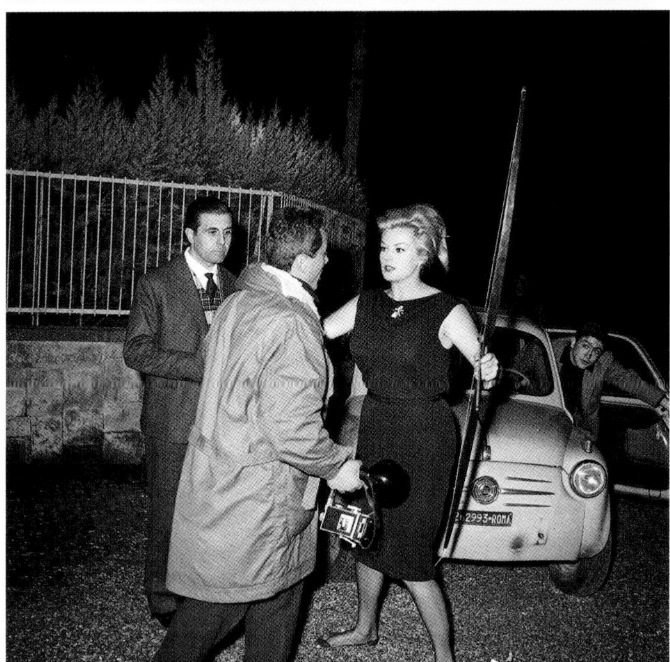

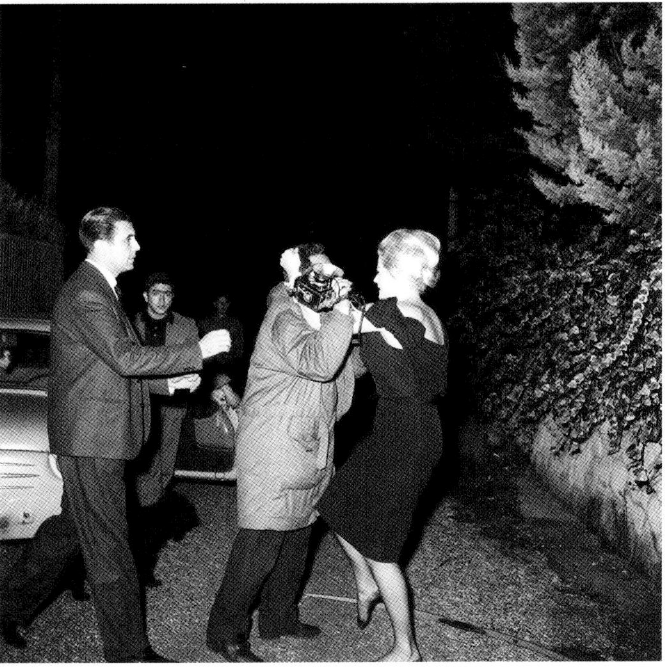

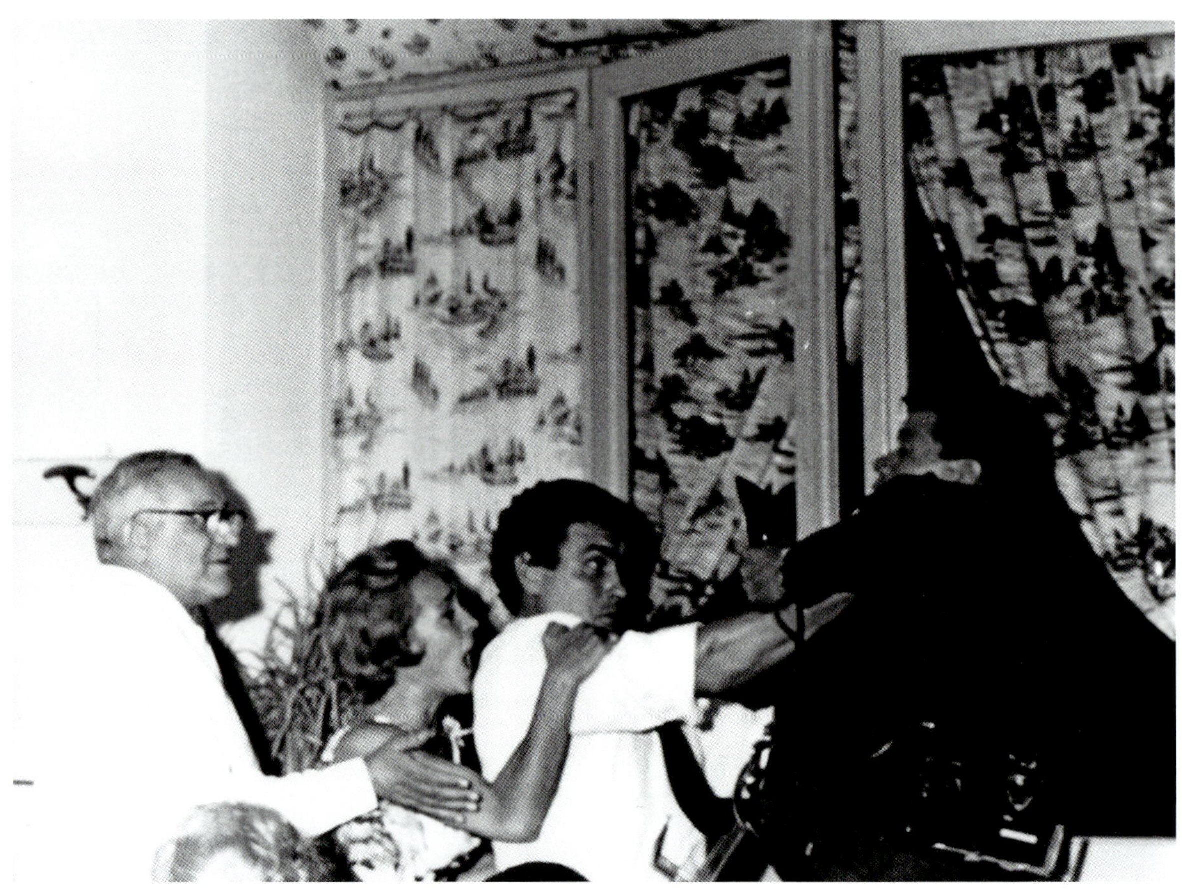

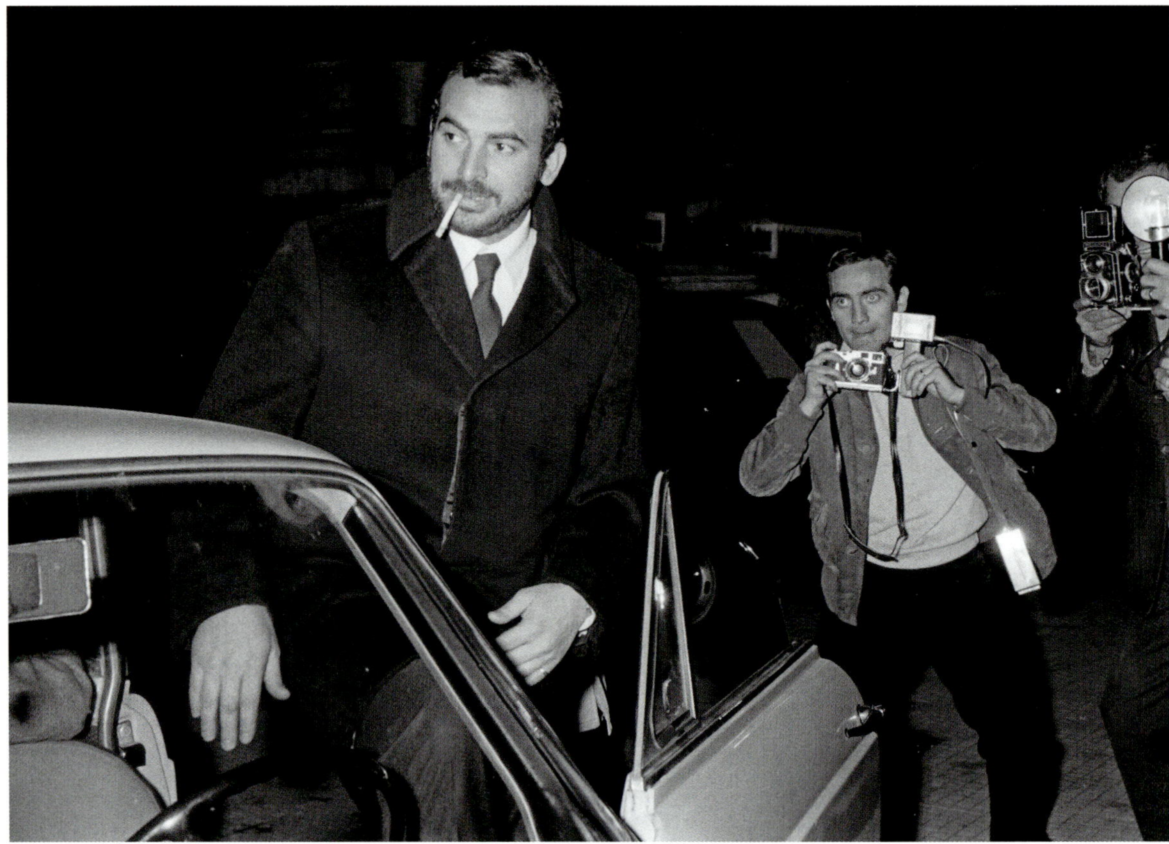

 Agenzia Dufoto, *Scontro con un fotografo durante una festa privata / Clash with a Photographer during a Private Party*, s.d./ n.d.

 Agenzia Dufoto, *Maurizio Arena*, s.d. / n.d.

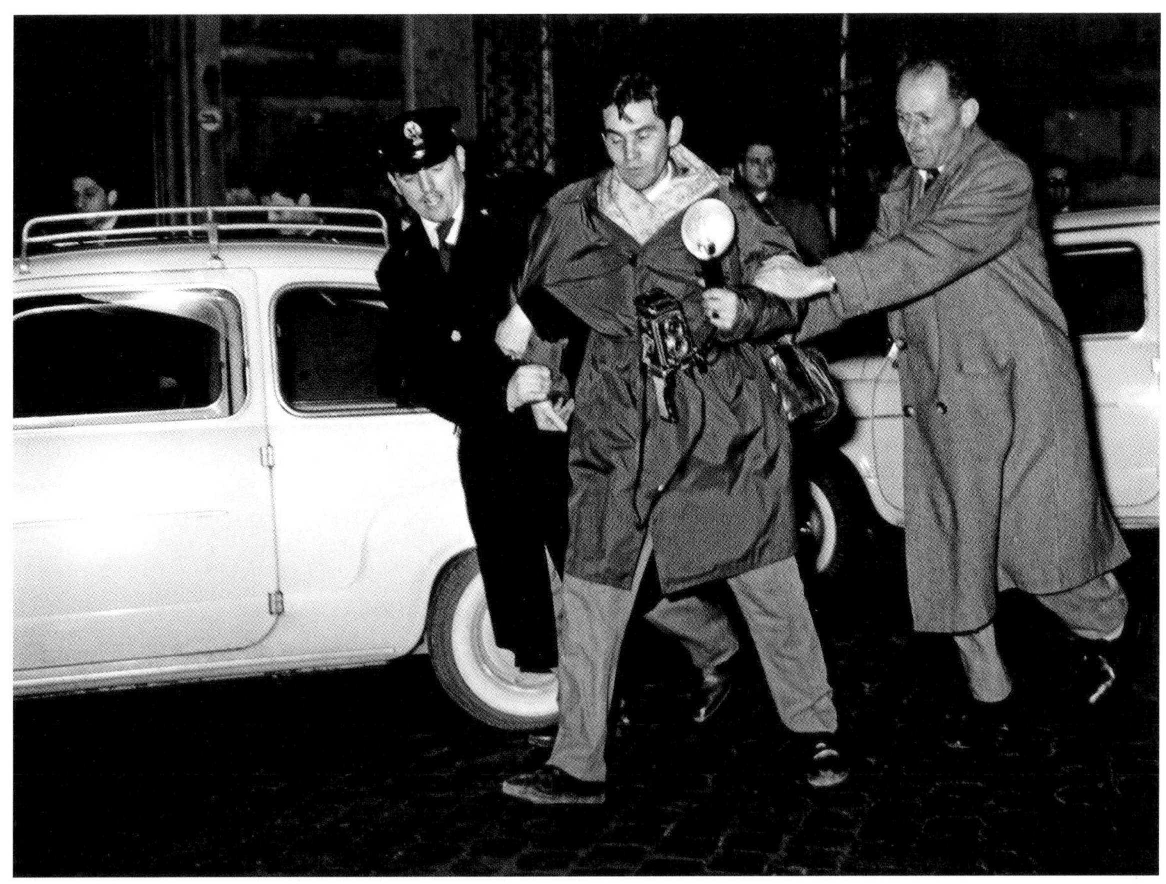

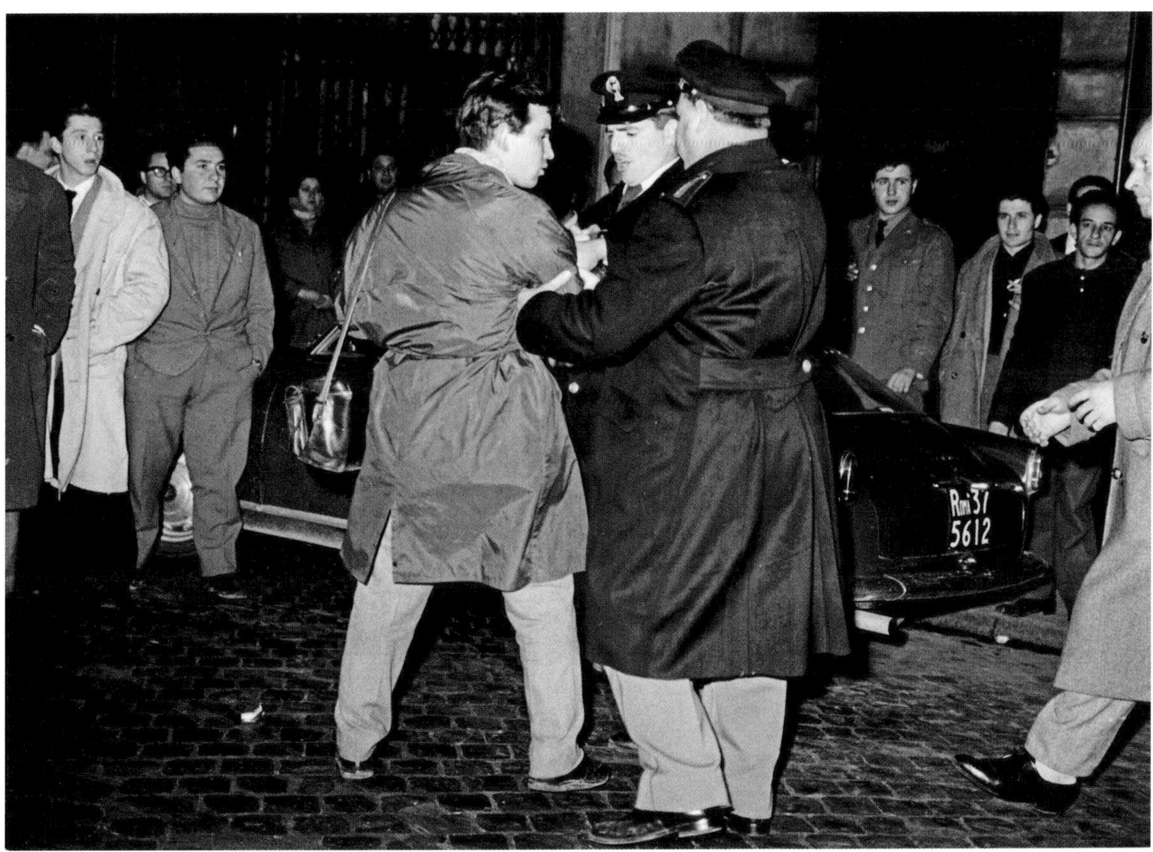

32. Agenzia Dufoto, *Fotografo allontanato dalle forze dell'ordine davanti al Cinema Quattro Fontane / Photographer Removed by Law Enforcement Officers at the Quattro Fontane Movie Theatre. Roma*, s.d. / n.d.

33. Agenzia Dufoto, *Allontanamento di un fotografo / Removal of a Photographer*, s.d. / n.d.

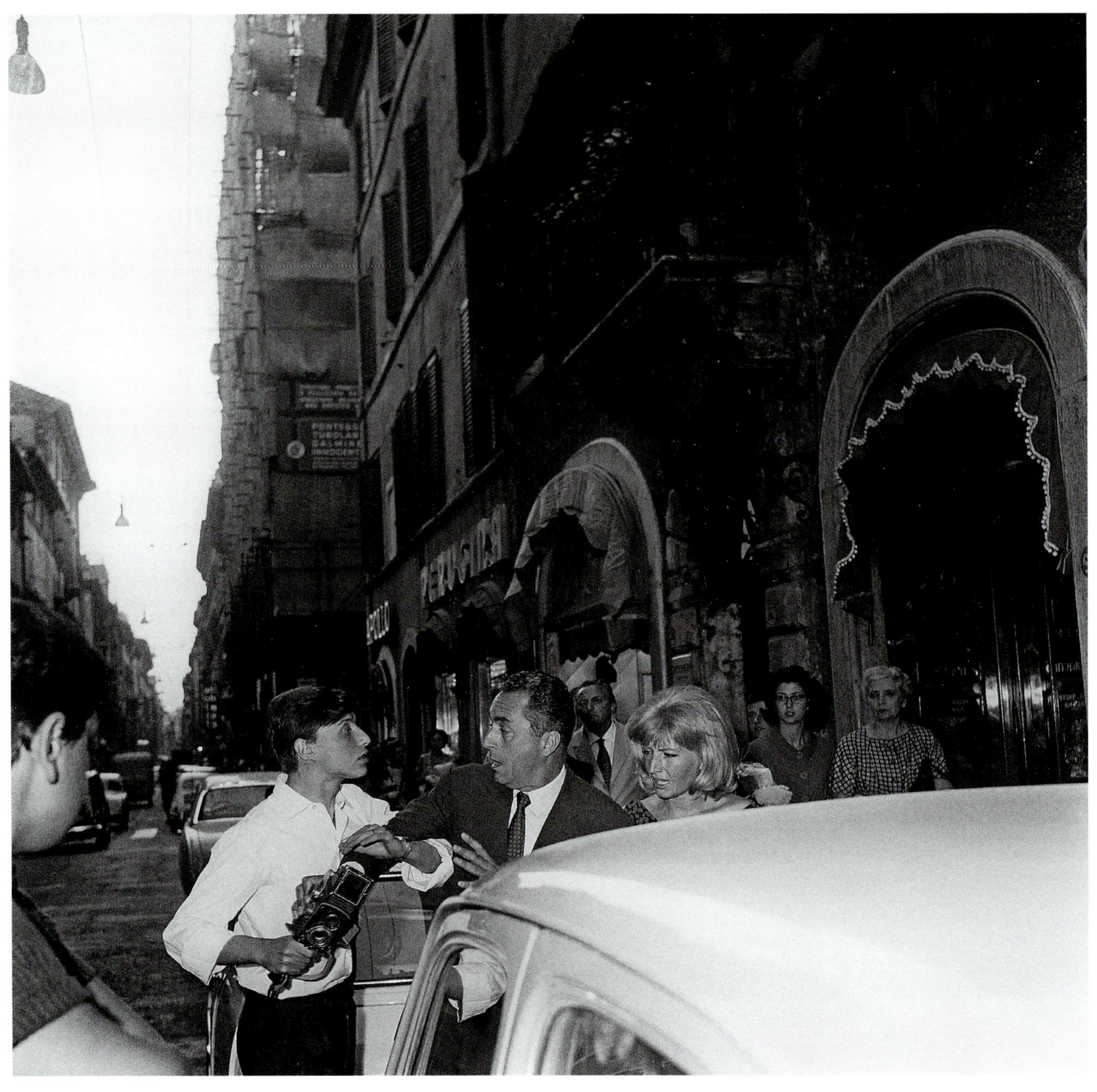

34. Marcello Geppetti, *Michelangelo Antonioni aggredisce il fotografo Tonino Ierna in via Condotti, sulla destra Monica Vitti / Michelangelo Antonioni Attacks the Photographer Tonino Ierna in via Condotti, Monica Vitti on the right.* Roma, 5 luglio / July 1962 (particolare / detail).

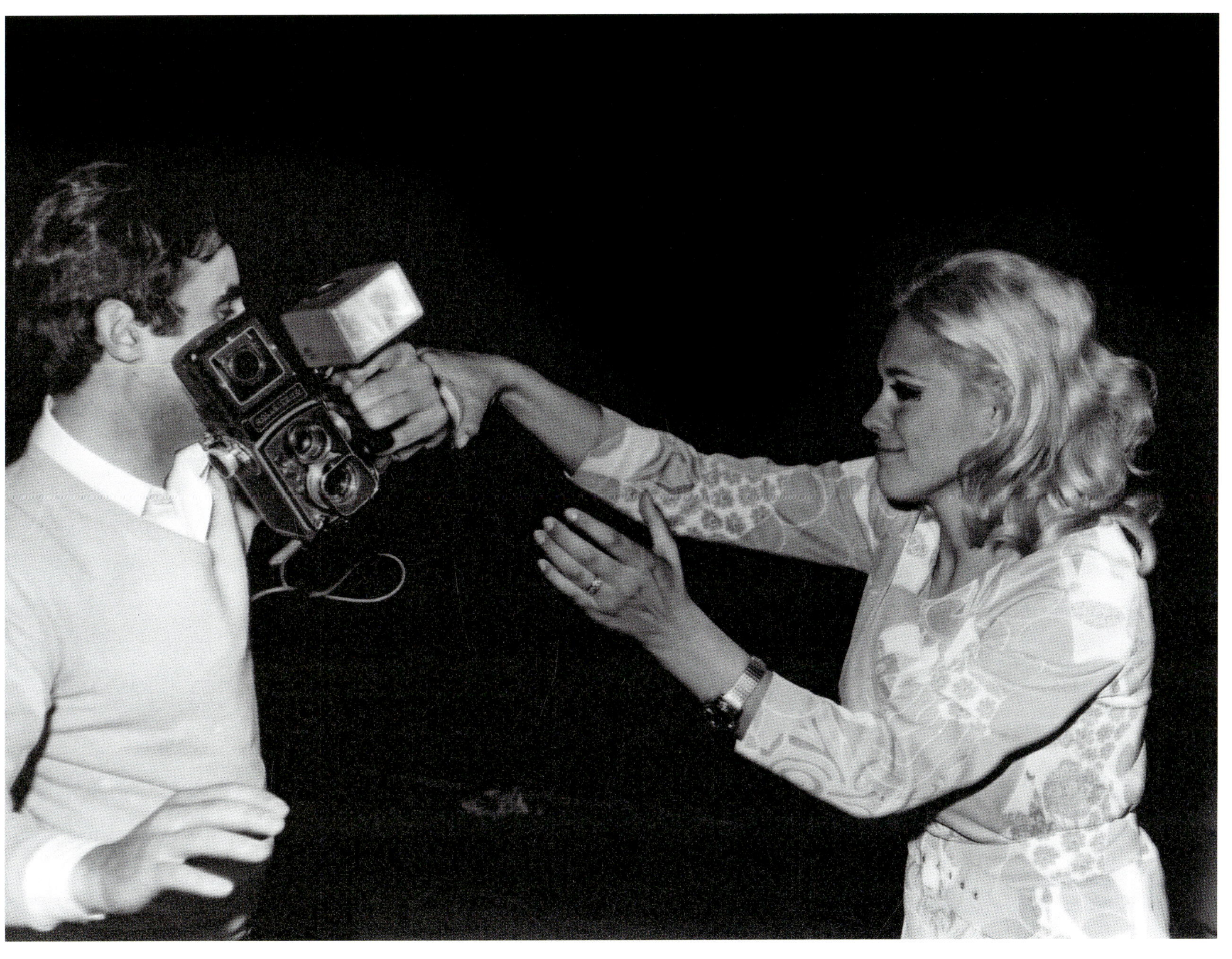

35. Vittorio La Verde, *Giovane attrice aggredisce un fotografo / Young Actress Attacks a Photographer*, s.d. / n.d.

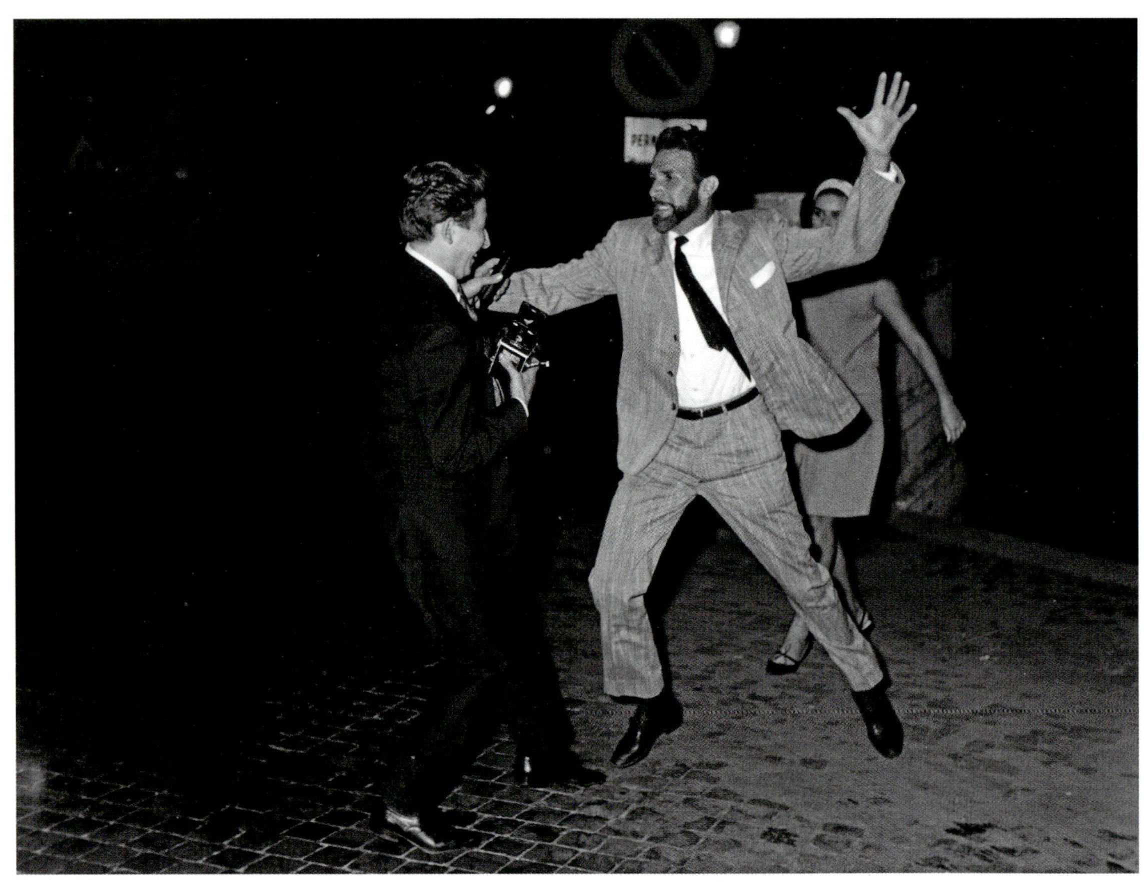

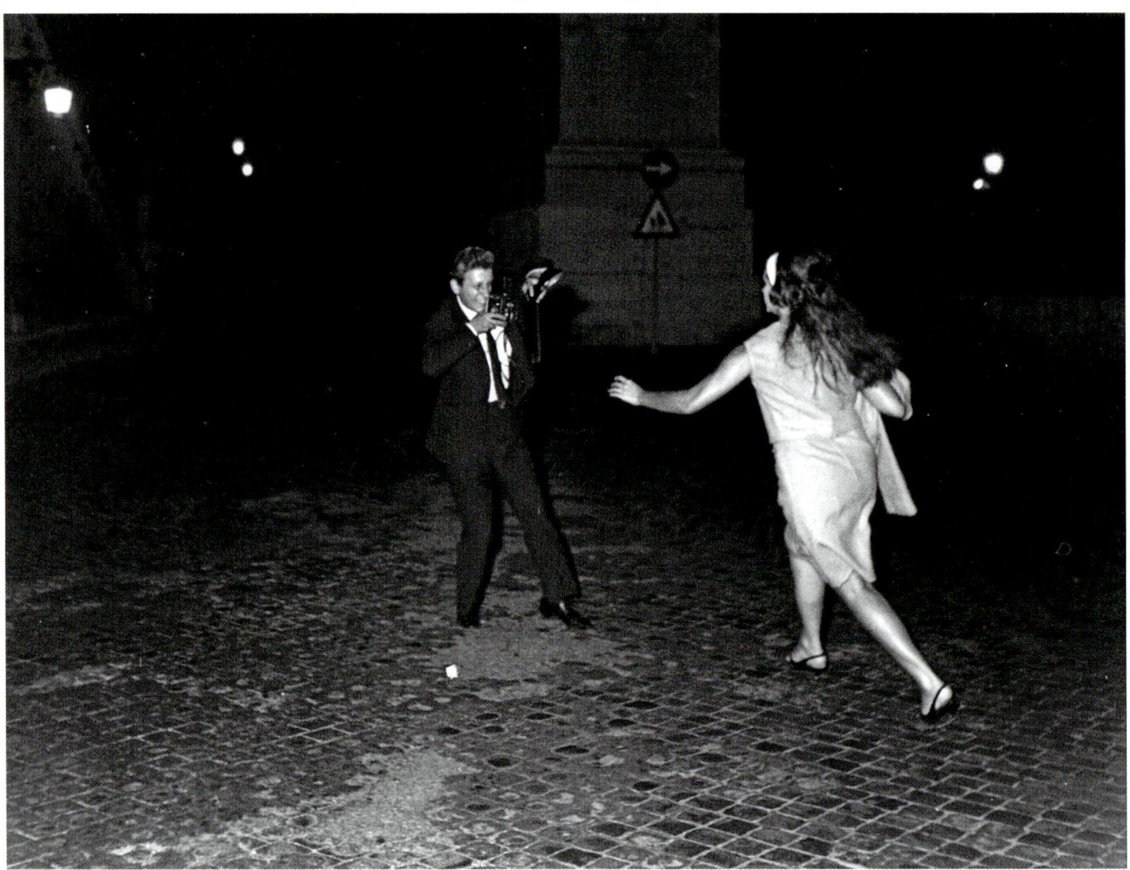

36-39. Agenzia Dufoto, *Marina Meucci e Lucien Benedetti contro il fotografo / Marina Meucci and Lucien Benedetti Clashing Against the Photographer*.
Roma, 1965 circa

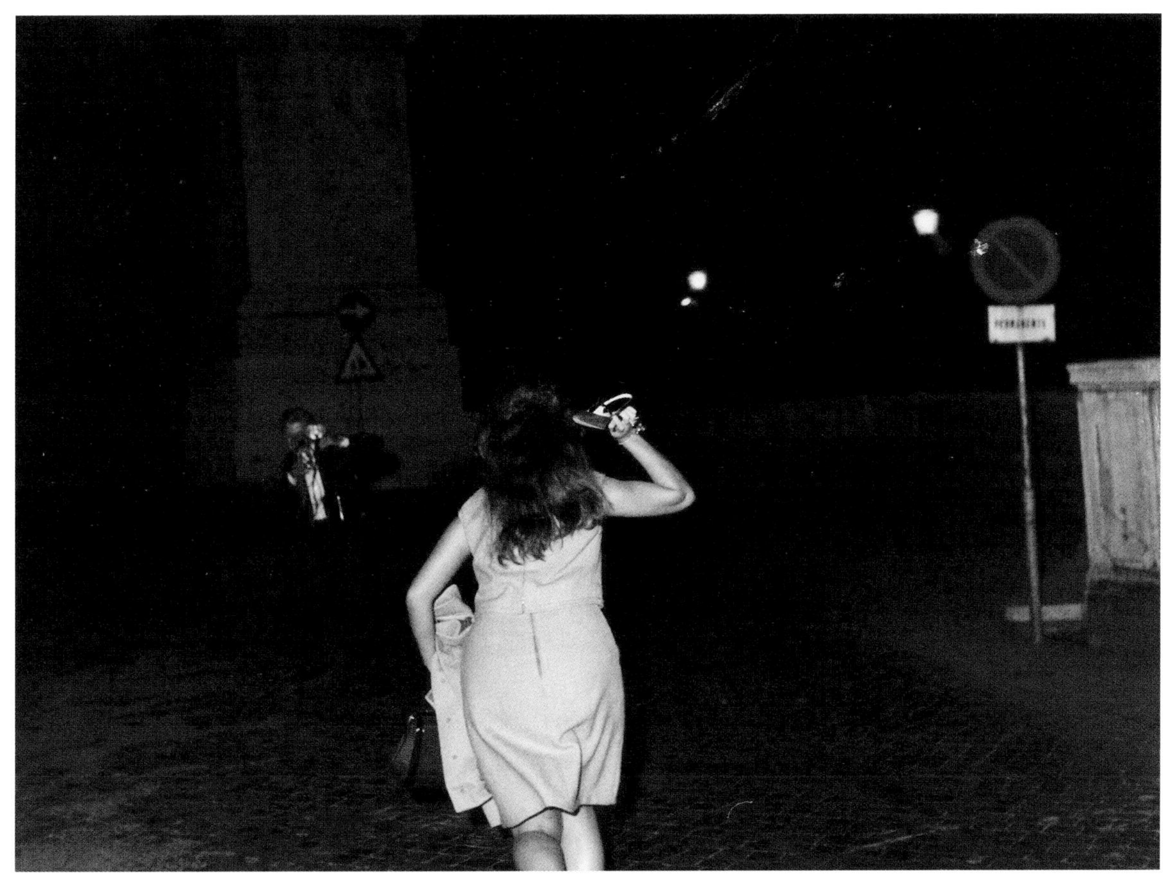

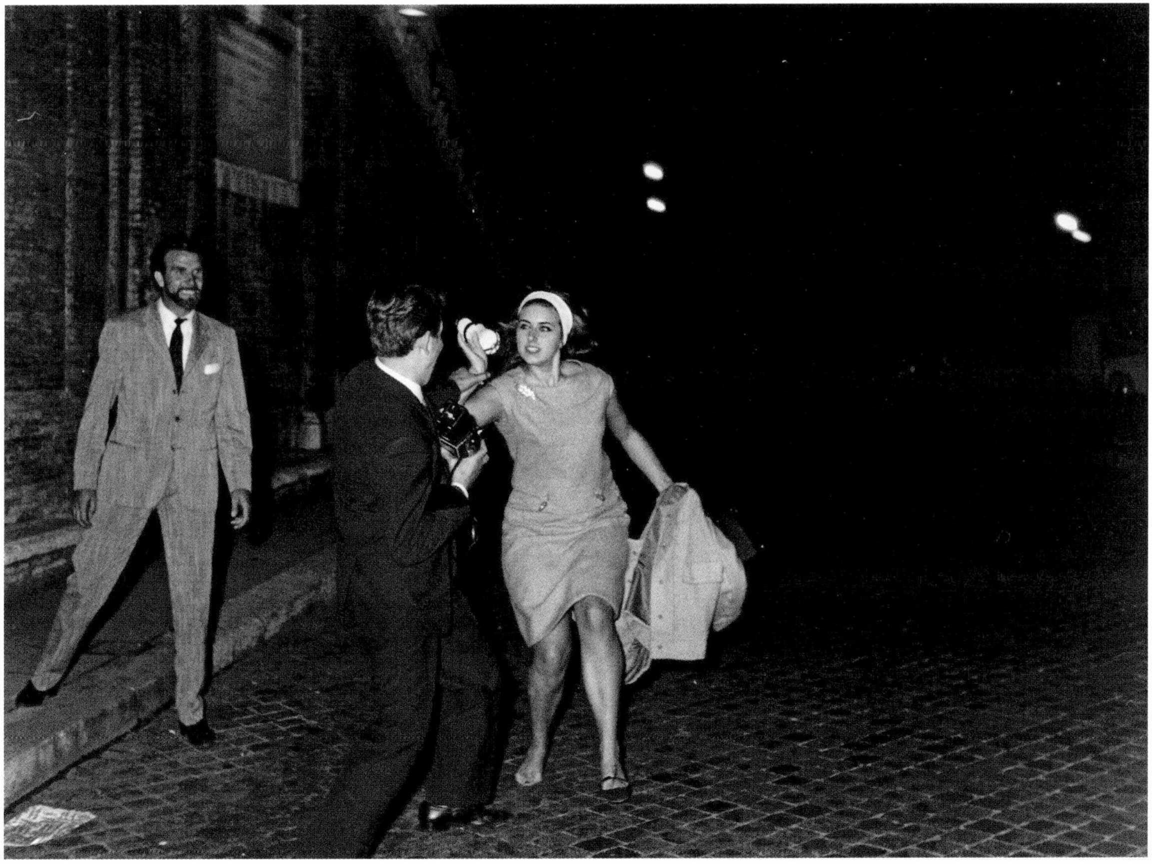

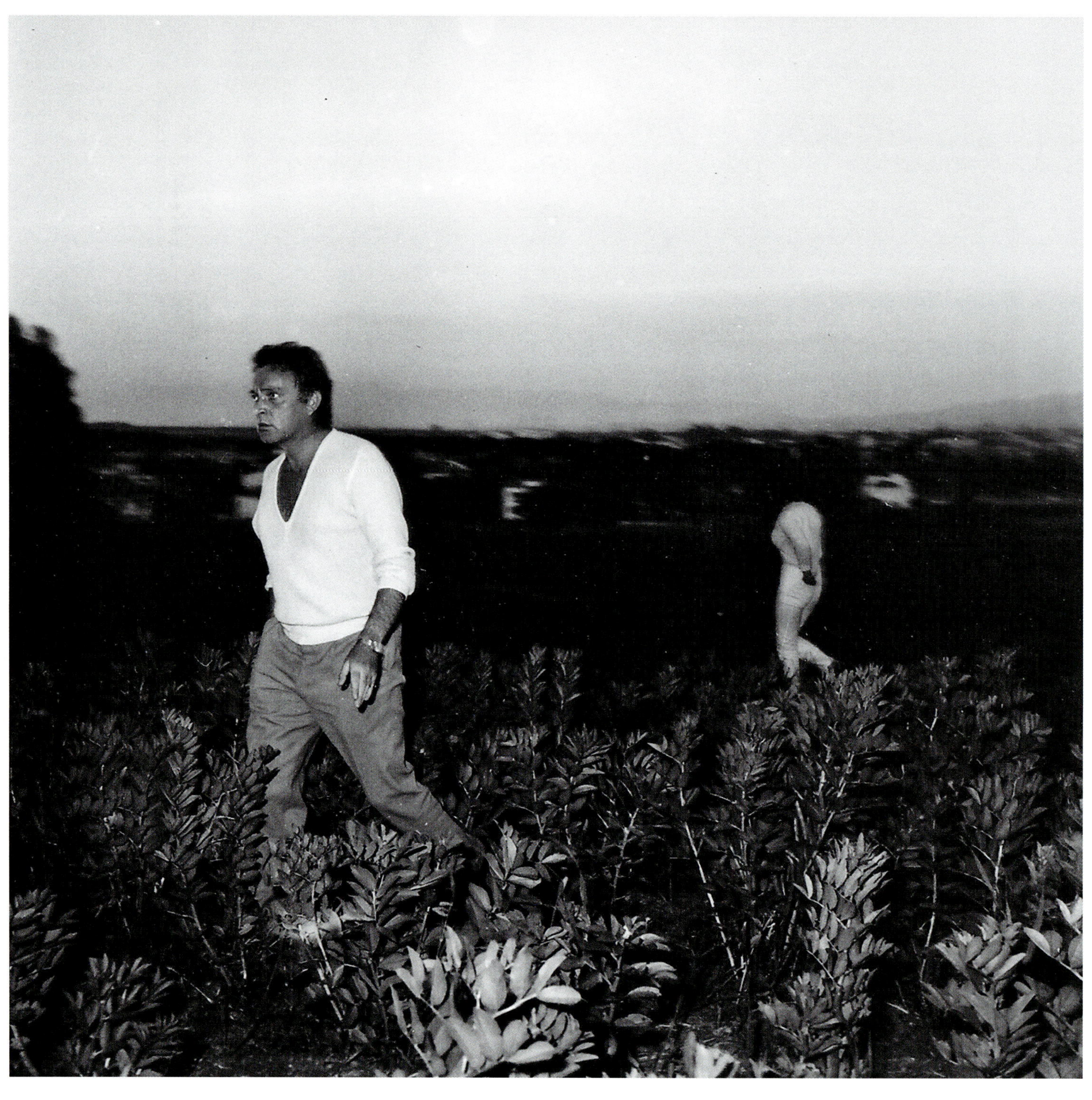

40. Marcello Geppetti, *Richard Burton e Liz Taylor sorpresi in un campo di fave / Richard Burton and Liz Taylor surprised in a Bean Field*, 1962.

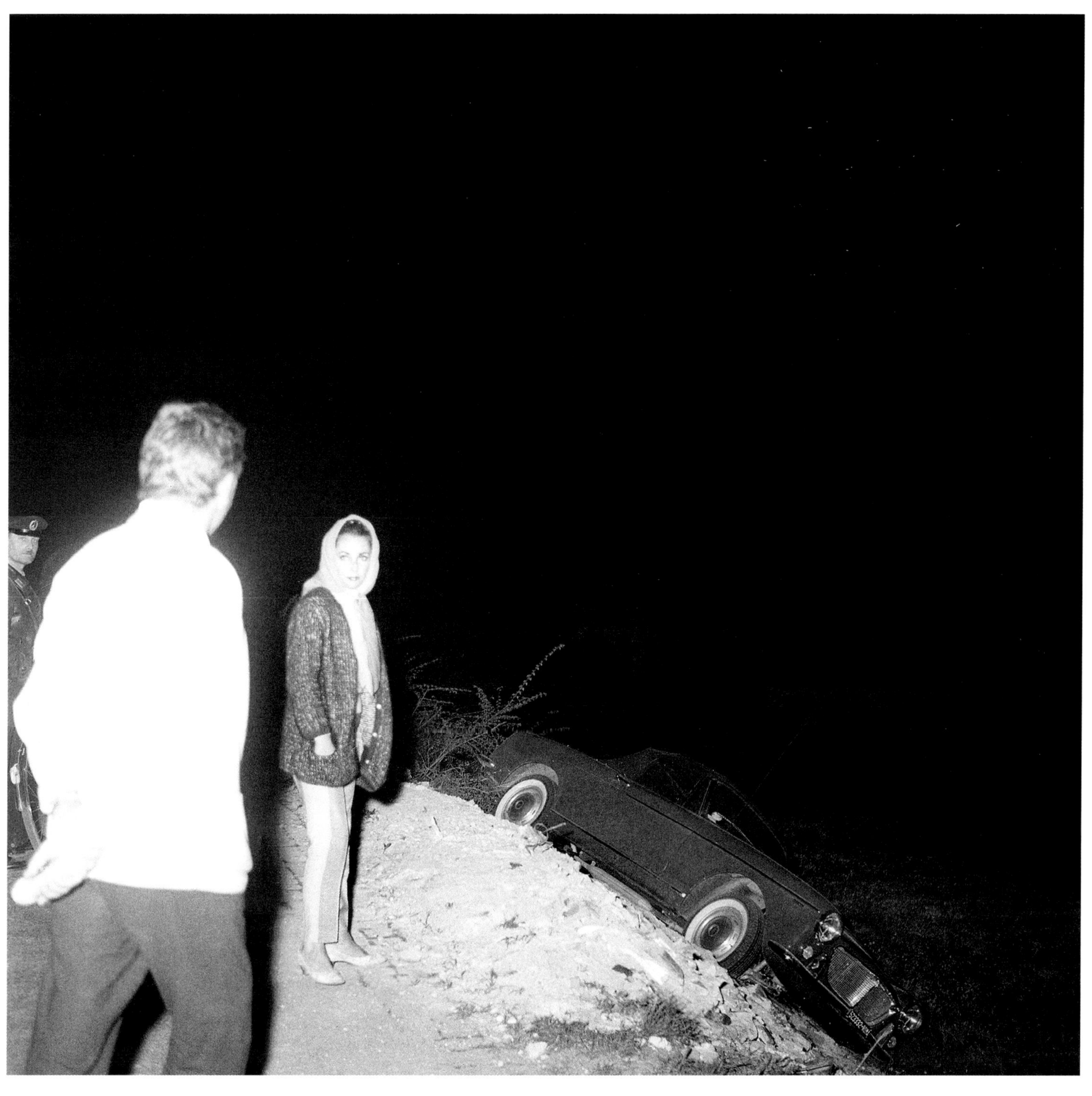

41. Marcello Geppetti, *Richard Burton e Elizabeth Taylor dopo un incidente automobilistico avvenuto a causa di un inseguimento dei fotografi /
Richard Burton and Elizabeth Taylor following a car accident caused by photographers in their pursuit*, 30 aprile / April 1962.

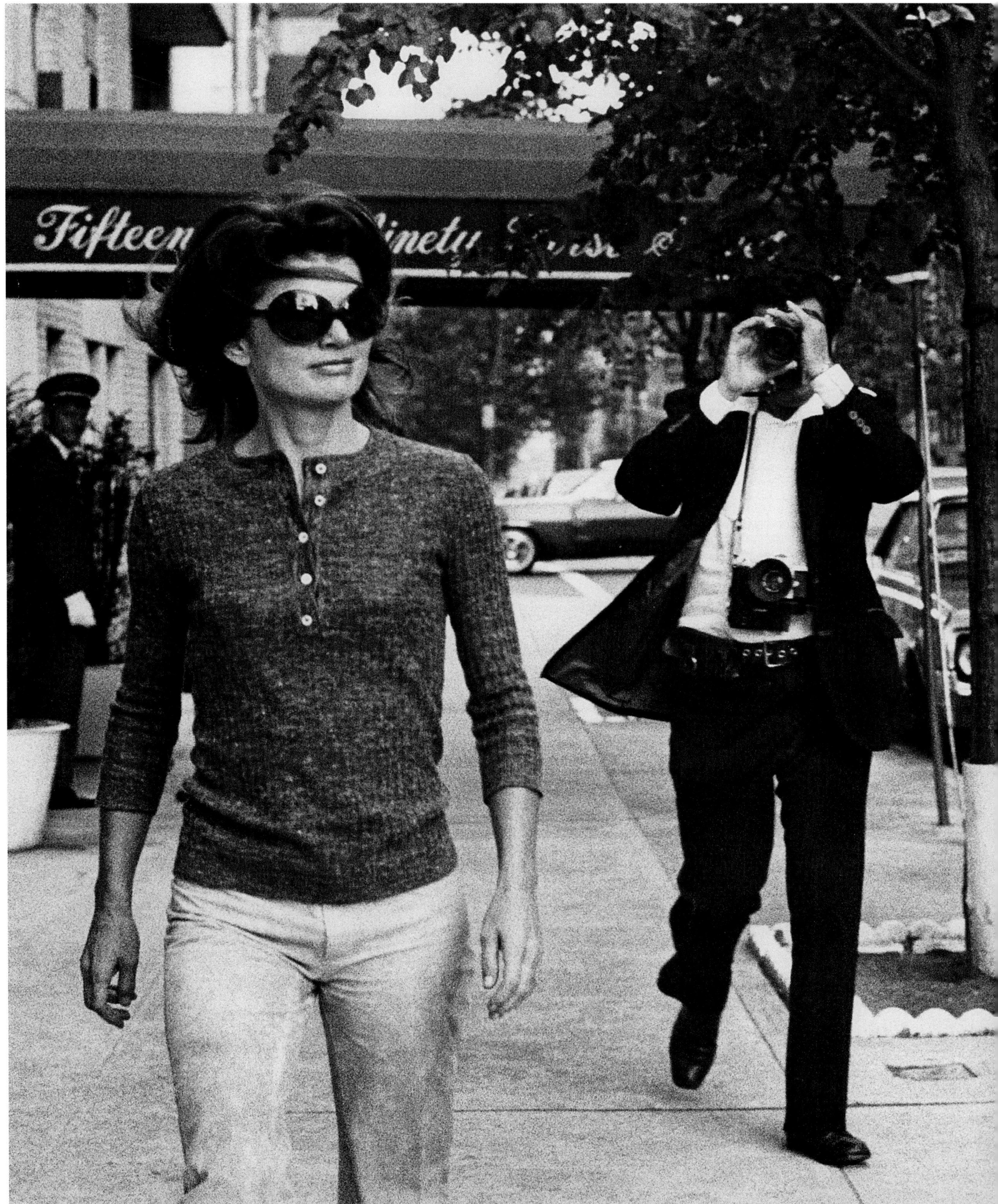
Fifteen Ninety

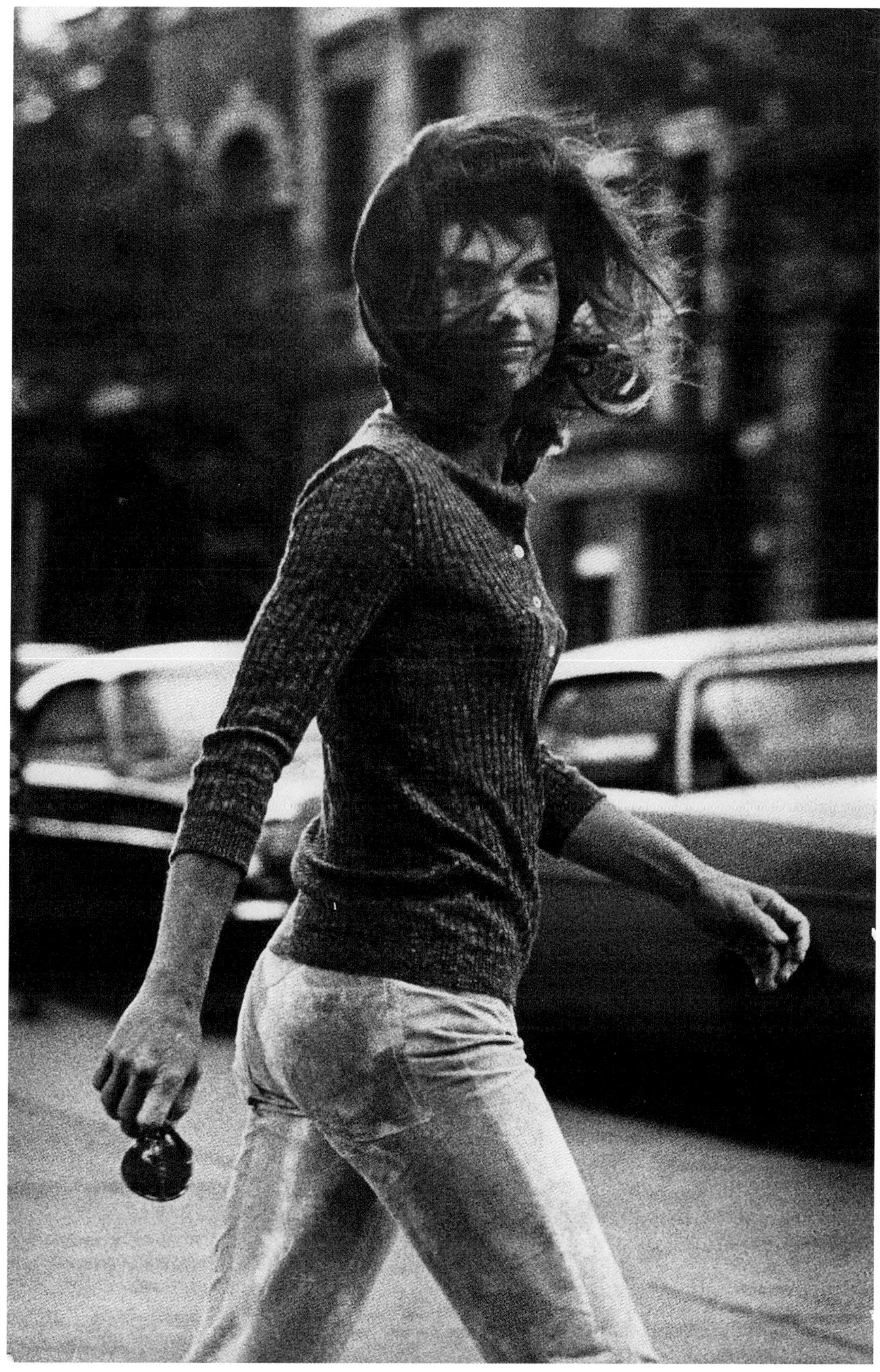

42. Anonimo / Anonymous, *Jacqueline Kennedy Onassis e Ron Galella in Madison Avenue / Jacqueline Kennedy Onassis and Ron Galella on Madison Avenue*. New York, 7 ottobre / October, 1971.

43. Ron Galella, *Jacqueline Kennedy Onassis all'angolo della 91esima con Madison Avenue / Jacqueline Kennedy Onassis, on the Corner of 91st Street and Madison Avenue*. New York, 7 ottobre / October, 1971.

CAROL SQUIERS

Il peccato originale. La nascita del paparazzo

Original Sin. The Birth of the Paparazzo

Quando Tazio Secchiaroli scattò alcune imbarazzanti fotografie dell'attrice Anita Ekberg e del marito a Roma, nel 1958, non poteva prevedere il fenomeno che stava contribuendo a creare – un'industria multimilionaria che avrebbe preso il nome di "fotografia dei paparazzi" – e i cambiamenti culturali che questo avrebbe rappresentato. Fin dall'inizio, i paparazzi capitalizzarono sui piccoli difetti, i passi falsi e a volte le oltraggiose trasgressioni dei personaggi dello spettacolo e di altre figure pubbliche, minori e di spicco. Questa frenetica forma di fotogiornalismo sulle celebrità ha continuato a prosperare a lungo dalla sua nascita nella romana Via Veneto degli anni cinquanta e vive tuttora sulla scena internazionale del XXI secolo. Secchiaroli si arrogò il titolo di "più grande paparazzo", un onore controverso che – per molti anni prima di morire nel 1998 – tentò persino di lasciarsi alle spalle.[1]

Sebbene sia considerata una figlia bastarda della fotografia editoriale, nella quale il tornaconto economico e l'oltraggio sociale prevalgono sull'estetica e il contenuto, la fotografia dei paparazzi ha sviluppato una storia e persino un canone nelle sue pacchiane descrizioni delle celebrità. Tazio Secchiaroli è uno dei padri fondatori di questo filone, che ebbe origine ancor prima del nomignolo "paparazzo".

Come la maggior parte dei paparazzi italiani, Secchiaroli era di origini umili. Nato nel 1925 alla periferia di Roma, lasciò la scuola a quindici anni, quando il padre morì e, dopo un anno di lavoro durissimo come fuochista in ferrovia, ottenne un posto da fattorino a Cinecittà, gli studi cinematografici inaugurati da Benito Mussolini nel 1937. L'ingresso di Secchiaroli nell'industria del cinema avrebbe rappresentato una svolta nella sua carriera futura. Nemmeno ventenne, nel 1944, iniziò a lavorare come *scattino* – uno dei tantissimi fotografi itineranti che scorrazzavano per Roma alla ricerca di soggetti interessanti – puntando l'obbiettivo soprattutto sui soldati americani, oltre che sulle famiglie e le giovani coppie che

When Tazio Secchiaroli shot a handful of embarrassing photographs of the actress Anita Ekberg and her husband in Rome in 1958, he couldn't have foreseen the phenomenon he was helping to create—a multibillion-dollar industry that became known as paparazzi photography—and the cultural changes it would come to represent. From the beginning, paparazzi traded on the minor flaws, perceived missteps, and sometimes outrageous transgressions of entertainers and other public figures, both major and minor. This frenetic form of celebrity photojournalism has continued long past its late-fifties flowering on Rome's Via Veneto and lives on into the twenty-first century on an international scale. Secchiaroli claimed the title "Greatest of the Paparazzi" for himself, but that is an obviously vexed honor that even he tried to leave behind many years before his death in 1998.[1]

Although paparazzi photography is considered a bastard branch of editorial photography in which pecuniary gain and social outrage outstrip any concern with aesthetics or content, there has nevertheless developed a history and even a canon of these tawdry celebrity depictions. Tazio Secchiaroli is a founding figure in that history, which begins before the moniker "paparazzo" was even coined.

Like most of the Italian paparazzi, he was from modest origins. Born in 1925 on the outskirts of Rome, he left school at fifteen when his father died. After a year of backbreaking labor on the railroad, he got a job as an errand boy at Cinecittà, the film studios that Benito Mussolini had inaugurated in 1937. Secchiaroli's introduction to the movie-making industry would shape the rest of his career. In 1944, the teenager began to work as a *scattino*—one of a legion of itinerant photographers who scoured Rome looking for paying subjects—taking American soldiers as his most common target, along with families and young couples enjoying themselves at the beach. When the war ended and the soldiers evacuated, tourists took their place. Secchiaroli photographed

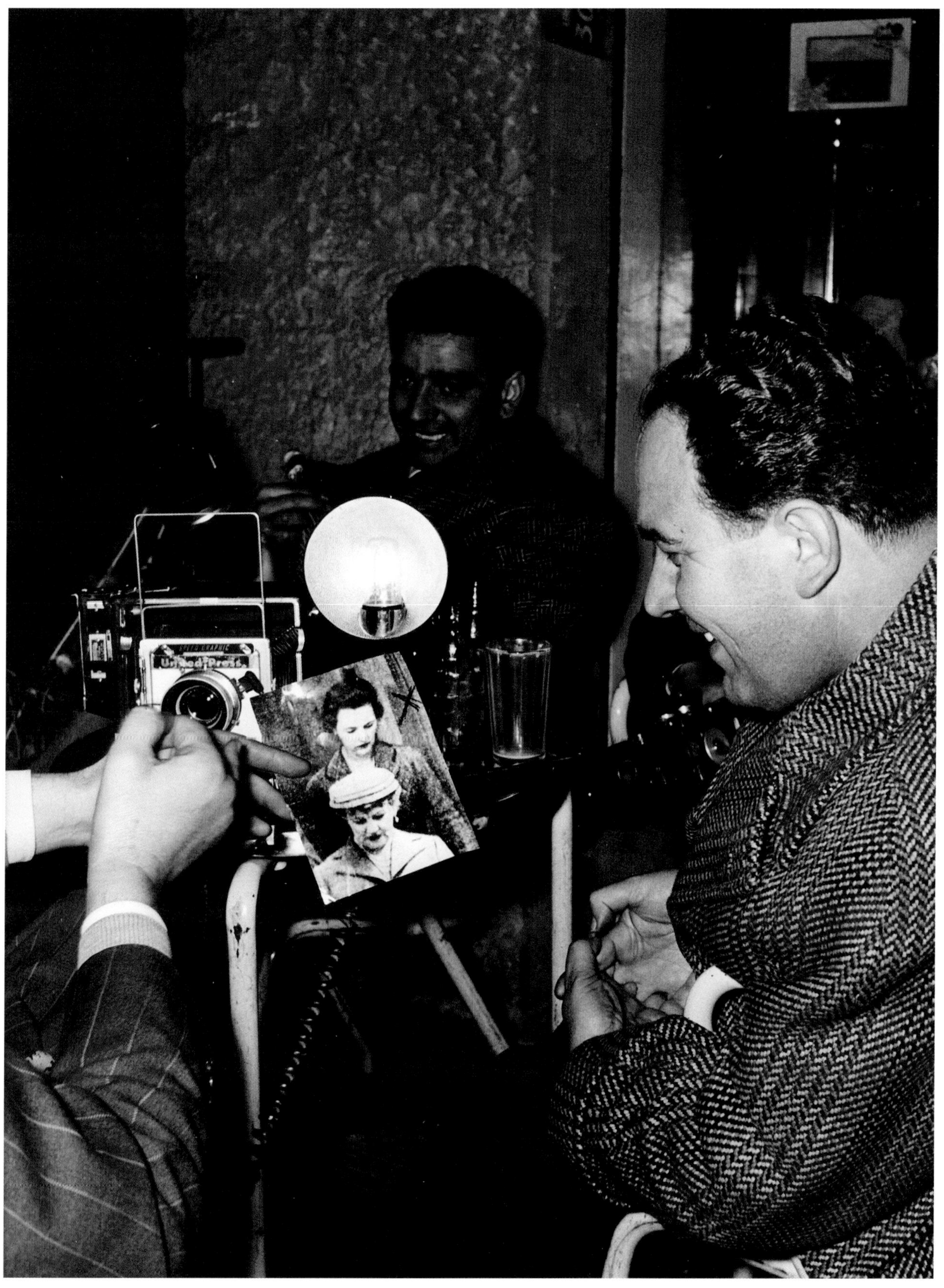

44. Ezio Vitale, *Attesa dei fotografi in via Sistina / Photographers in Waiting in via Sistina*. Roma, 1958.

si divertivano in spiaggia. Quando, al termine della guerra, i soldati se ne andarono, questi fotografi rivolsero la loro attenzione ai turisti. Secchiaroli scattò foto in questa modalità provvisoria per quasi cinque anni, a malapena sbarcando il lunario, finché nel 1951 non fu assunto come assistente di un fotografo che aveva sostanzialmente bisogno di un pilota. Una celebre fotografia lo mostra infatti alla guida di una Lambretta, intento a trasportare Luciano Mellace che sta realizzando un reportage su una manifestazione anti-americana[2]. Nel giro di qualche mese, anche Secchiaroli stava realizzando fotografia di cronaca, finalmente facendosi un nome nel 1954 con un rovinoso scoop che coinvolgeva un importante politico comunista e un bordello locale[3]. Qualche anno più tardi, Secchiaroli stesso avrebbe fatto notizia.

In particolare, una storia su Secchiaroli e una serie di vittime/soggetti al tempo celebri è stata ripetuta più e più volte negli svariati racconti di quest'arte effimera: si tratta dell'episodio in cui – nella notte tra il 14 e il 15 agosto 1958 – Secchiaroli diede il la ad alcuni conflitti che avrebbero lasciato il segno su questo tipo di fotografia. Per far luce sulla peculiare logica della storia della fotografia dei paparazzi, esamineremo il significato del gruppo di foto che ne scaturì, insieme agli episodi dai quali scaturirono la tradizione e la cattiva fama dei paparazzi.

La vigilia di Ferragosto, commemorazione dell'Assunzione della Vergine, i fotografi erano a caccia di scatti. Le strade di Roma erano per lo più deserte, ad eccezione di Via Veneto, la strada dei ristoranti e dei nightclub frequentata da personaggi dello spettacolo, artisti, politici minori e soprattutto da attori stranieri che si trovavano a Roma per girare film nell'economica Italia del dopoguerra. Queste celebrità straniere erano particolarmente allettanti e quella notte erano fuori, come sempre, a distrarsi con la solita compagnia di alcol, flirt e capricci. Quando tutto questo non era sufficiente a scattare immagini degne di nota, i fotografi sapevano come dar vita a una situazione dinamica.

La prima opportunità si presentò quando si imbatterono in Farouk I, re d'Egitto in esilio. Farouk, un omone di 150 chili, si trovava in un caffè con una sparuta scorta, quando i fotografi saltarono fuori dalla macchina e iniziarono a scattare, abbagliandolo più volte con i flash. In seguito, una delle compagne di Farouk disse che tutte quelle luci spaventarono moltissimo il re, che credette di essere vittima di un attentato, il che è difficile da credere, dato che veniva spesso fotografato in circostanze analoghe[4]. Per tutta risposta, Farouk saltò in piedi e si gettò di peso contro Secchiaroli; nella zuffa che ne seguì, le sue guardie del corpo fecero fatica a strappare il fotografo dalle mani dell'ex monarca.

Dopo quel parapiglia, i fotografi proseguirono. Secchiaroli e un altro presero di mira le stelle di Hollywood Ava Gardner e Tony Franciosa, seguendoli da Bricktop's, un famoso nightclub di proprietà di un americano. Accendendo il flash, Secchiaroli fece arrabbiare Franciosa, che probabilmente non voleva che sua moglie, Shelley Winters, vedesse le prove fotografiche delle gozzoviglie del marito

in this provisional way for nearly five years, barely scraping by, until he was hired in 1951 as a photographer's assistant, at first acting as a driver. In a much-reproduced photograph he is seen in the driver's seat of a Lambretta scooter, ferrying Luciano Mellace as he photographs an anti-American demonstration.[2] Within months Secchiaroli too was photographing local news, eventually making his name in 1954 with a ruinous photo scoop involving a prominent Communist politician and a local brothel.[3] A few years later, Secchiaroli himself would be news. One particular story about Secchiaroli and a series of then-famed victim/subjects has been repeated many times in the various accounts of this ephemeral craft: how, in the late evening and early morning hours of August 14 and 15, 1958, Secchiaroli instigated some pivotal photographic confrontations. In order to understand something about the peculiar logic of the history of paparazzi photography, we will examine the significance of the resulting group of pictures along with some of the founding incidents from which the lore and infamy of paparazzi grew.

The photographers were trolling for pictures on the eve of the Ferragosto holiday, which commemorates the Assumption of the Virgin Mary. The Roman streets were largely deserted except for the Via Veneto, the main strip of restaurants and nightspots frequented by entertainers, artists, and minor statesmen, and especially by foreign actors who were in Rome to make movies on the cheap in postwar Italy. Those foreign celebrities were especially tantalizing, and they were out that night, as always, diverting themselves with the usual complement of alcohol, romance, and flaring tempers. When even that combination didn't lead to any noteworthy images, the photographers knew how to create a dynamic scene. Their first opportunity appeared when they came upon Farouk I, the exiled former king of Egypt. The nearly three-hundred-pound Farouk was in a café with a modest retinue when the photographers jumped from their car and began snapping away, repeatedly setting off their flashes. One of Farouk's companions later claimed the king was so frightened by the chattering bursts of light that he thought he was under mortal attack, which is a bit difficult to believe as he was often photographed in similar situations.[4] In response, Farouk jumped up and flung his hefty frame at Secchiaroli; he was joined by his bodyguards, who then wrestled the displaced potentate off the photographer.

After that scrimmage, the photographers kept moving. Secchiaroli and another photographer zeroed in on Hollywood film stars Ava Gardner and Tony Franciosa, following them to Bricktop's, a famed American-owned nightclub. Setting off his flash, Secchiaroli enraged Franciosa, a married man who probably didn't want his wife, Shelley Winters, to see evidence of him with the hard-partying diva Gardner. The same night Secchiaroli also got images of a frequent paparazzi target, Anita Ekberg, as she rode with her husband and another man in a sports car on Via Veneto.

What is not normally discussed in the histories of the original paparazzi is that this allegedly important series of events yielded an incoherent bunch of lackluster, out-

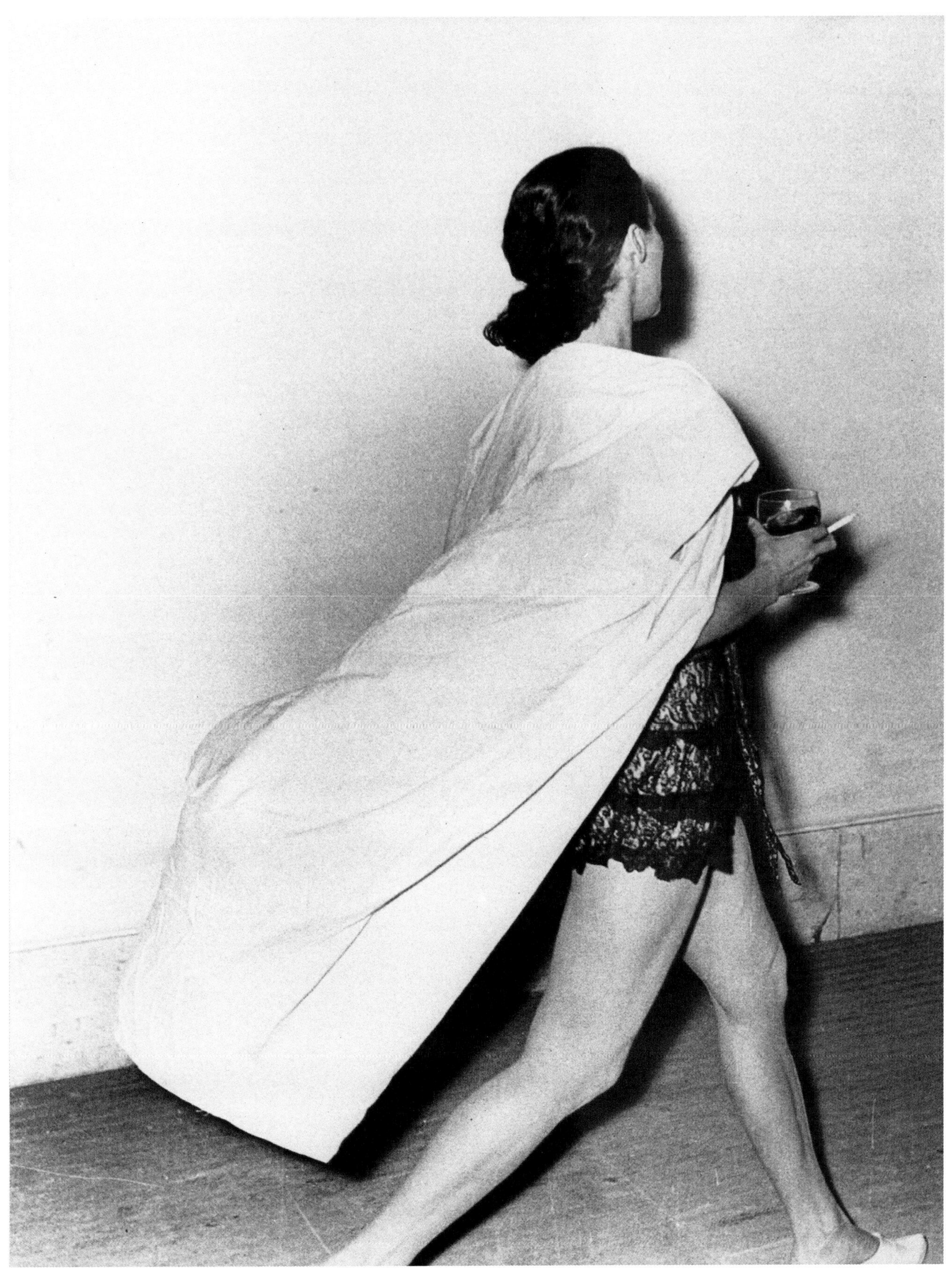

45. Tazio Secchiaroli, *Ava Gardner, backstage "La Capannina", Cinecittà.* Roma, 1958.

con la Gardner. Quella stessa notte, Secchiaroli riprese qualche fotografia anche di un altro obiettivo molto gettonato tra i paparazzi, Anita Ekberg, a bordo di una macchina sportiva che sfrecciava su Via Veneto col marito e un altro uomo.

Ciò che le storie sui paparazzi delle origini di solito non dicono è che questa serie di eventi presumibilmente importante produsse anche un'incoerente serie di foto insulse e sfocate. Lo scatto di Secchiaroli che provocò Farouk mostra solo l'ex re seduto a un caffè assieme ad altre quattro persone, schierate in fila dietro a un tavolino a mo' di tappezzeria. La famosa rissa venne immortalata da un ritardatario Umberto Guidotti che ritrasse solo le fasi finali in una immagine così scura e sfocata da non fornire pressoché alcuna descrizione visiva dei fatti. Quando Guidotti riuscì a fotografare, gli animi surriscaldati e la prorompente corpulenza di cui parlò la stampa erano svaniti, per essere sostituiti da un faccia a faccia meno energico e ancor meno fotogenico tra uomini in piedi; uno di loro è riconoscibile come Farouk per via di alcuni tratti caratteristici: la pelata, gli occhiali e i baffi. Quanto al confronto Gardner/Franciosa, la foto stampata in seguito mostra solo la Gardner che se ne va, senza evidenziare in alcun modo lo scontro fra i fotografi e Franciosa. L'episodio che aveva visto come protagonisti Anita Ekberg e i due uomini mostra semplicemente il trio pigiato nello stretto sedile anteriore della macchina con la capotta aperta. Queste tre immagini costituiscono il banale residuo iconografico della famigerata notte che diede avvio alla leggenda dei paparazzi e dello stesso Secchiaroli.

È chiaro che il mito dei paparazzi iniziò a formarsi attorno alle storie degli incontri che facevano i fotografi, e non tanto su fotografie sconvolgenti, stuzzicanti o per altri versi memorabili. Questo è bizzarro e ironico, dato che le immagini dei paparazzi dovrebbero fungere da prova visiva per placare la fame di un pubblico avido di dimostrazioni della vulnerabilità, del cattivo comportamento o del vero e proprio adulterio delle star. Pur in mancanza di fotografie interessanti, il quotidiano milanese "Il Giorno" pubblicò un trafiletto in prima pagina sulle baruffe di Secchiaroli "Un fotografo assalito da Farouk e Franciosa", che lo storico della fotografia Diego Mormorio identifica con il pezzo che diede origine alla fama di Secchiaroli.[5] Poi, il settimanale "L'Espresso" pubblicò una storia su tre colonne con le tre foto descritte sopra e titolò: "Ferragosto a Roma: La terribile notte di Via Veneto"[6].

Fu l'atto stesso dell'attacco – i fotografi che aggredivano le celebrità con la macchina fotografica e l'intrusione dei flash, e le celebrità che prendevano i fotografi a pugni – a cristallizzare il personaggio e il ruolo del fotografo delle star nelle buie strade di Roma. Quando iniziarono esattamente questi attacchi non è dato sapere, ma quella notte di agosto rappresentò un momento di svolta per

of-focus photographs. The shot taken by Secchiaroli that provoked Farouk shows the ex-king merely sitting at a café with four other people, arrayed in a single line behind a tiny table looking like wallflowers at a school dance. The famed clash was captured by a tardy Umberto Guidotti only as it was winding down in a photograph so dark and blurry it provides virtually no visual description of any part of the event. By the time he snapped his frame, the heated tempers and flailing corpulence reported in the press had fizzled, replaced by a less energetic and much less photogenic face-off between three standing men; one of them is recognizable as Farouk because of his distinctive baldpate, glasses, and moustache. As for the Gardner/Franciosa confrontation, the picture later reproduced merely shows Gardner leaving the scene, with no depiction of the fight between the photographers and Franciosa. The situation involving Anita Ekberg with the two men simply depicts the trio jammed into the tiny front seat of a convertible with the top down. These three images constitute the unexceptional pictorial residue of the now-infamous night that began the legend of the paparazzi and of Secchiaroli himself.

Clearly, the paparazzi myth began to form around the stories of the photographers' encounters, rather than any shocking, titillating, or otherwise remarkable photographs. This is weirdly ironic in that paparazzi images ostensibly serve as visual evidence for a public hungry to see verification of the vulnerability, bad judgment, or outright adultery of the stars. Despite the absence of compelling photos, the Milanese daily *Il Giorno* featured a small front-page item on Secchiaroli's skirmishes, "Photographer Attacked by Farouk and Franciosa," which photography historian Diego Mormorio identifies as the item that initiated Secchiaroli's rise to fame.[5] Then the weekly newspaper *L'Espresso* ran a three-column story illustrated with three of the photographs described above, headlined "Ferragosto in Rome: That Terrible Night on the Via Veneto."[6]

It was the act of attacking—photographers attacking celebrities with their cameras and intrusive flashes, and celebrities attacking photographers with their fists— that crystallized the persona and role of the celebrity photographer on Rome's dark streets. Exactly when the attacks began is unknown, but that August night was a "eureka" moment for the photographers and the press outlets that bought their pictures.[7] Suddenly the news coverage was about the photographers, their tenacity, their belligerence, and their professionalism. The magazine *Epoca* in September 1958 quoted Secchiaroli's battle cry about the crusading photographers:

Nothing will stop us, even if it means overturning tables and waiters, or raising shrieks from an old lady … even if the police intervene or we chase the subject all night long, we won't let go, we'll fight with flashes, we'll help

46. Tazio Secchiaroli, *Ava Gardner con / with David Niven, backstage "La Capannina", Cinecittà. Roma, 1958.*

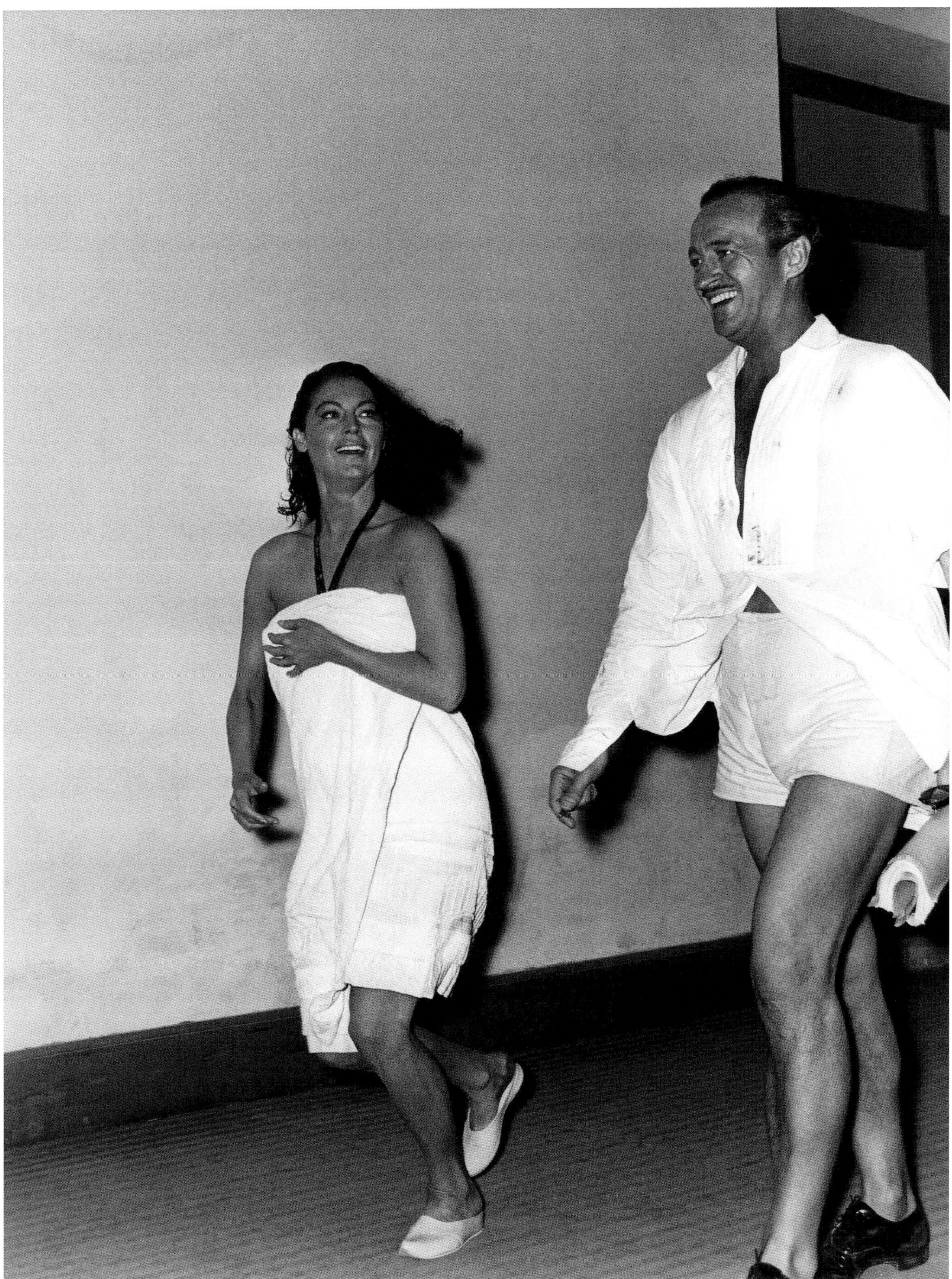

i fotografi e gli organi di stampa che acquistavano le loro foto[7]. All'improvviso, la copertura mediatica era incentrata sui fotografi, sulla loro tenacia, la loro belligeranza e la loro professionalità. Nel settembre 1958, la rivista "Epoca" citava il grido di battaglia di Secchiaroli sulla crociata dei fotografi:

... nulla potrà fermarci: a costo di rovesciare tavoli e camerieri, di fare strillare la vecchia signora... a costo di provocare l'intervento della polizia, e di continuare l'inseguimento al "soggetto" tutta la notte, noi non molleremo la presa, e combatteremo a colpi di flash, aiutandoci l'un l'altro ... La concorrenza, sempre più spietata, non ci consente di essere delicati; i nostri doveri, le nostre abitudini di cacciatori di immagini, perennemente all'erta, braccati a nostra volta da tutte le parti, ci impediscono di comportarci in maniera diversa. Certo, piacerebbe anche a noi di... considerare Via Veneto un bellissimo passeggio internazionale, invece che un vasto campo di lavoro o addirittura un teatro di guerra[8].

Parlando di "doveri" e "abitudini" dei "cacciatori di immagini" in questo "teatro di guerra", Secchiaroli dipinge i fotografi come riformatori che mettono a nudo le ingiustizie sociali o culturali, o l'agonia sul campo di battaglia, qualcosa che deve essere sradicato ed esposto per l'orrore che è. Sebbene questa possa apparire esagerata e risibile retorica da parte di un paparazzo, parte dell'opinione pubblica italiana riteneva che l'influenza straniera, specie quella americana, stesse avendo un impatto negativo sulla società italiana. Un primo esempio di questo sentimento lo si ritrova nel film neorealista del 1948 di Giuseppe De Santis, *Riso amaro*, nel quale il regista intendeva "condannare le influenze corruttrici della cultura popolare americana sui valori della classe operaia"[9]. Non è un volo pindarico vedere nelle aggressioni dei paparazzi, specie contro le star straniere, un'espressione quantomeno indiretta di questa critica. Al netto di tutto, c'era comunque il denaro. Secondo Secchiaroli: "Scoprimmo che con questi piccoli episodi creati apposta potevamo guadagnare 200.000 lire, mentre prima ne prendevamo 3.000"[10]. I fotografi iniziarono a lavorare in gruppo alla ricerca di opportunità. "Un fotografo scattava la fotografia e l'altro fotografava il collega che si azzuffava per realizzare lo scatto."[11]

I racconti della famosa notte di Ferragosto del 1958 includono sempre la celebre serie di foto scattate da Secchiaroli alla Ekberg e al marito Anthony Steel che abbiamo visto qui[12]. Eppure queste foto non comparvero tra le immagini riprodotte nel racconto de "L'Espresso" della "terribile notte" e il libro di Mormorio del 1999 su Secchiaroli non le colloca in quella notte, sebbene siano state scattate nel 1958[13]. Si tratta, in questo caso, di una revisione storica della vicenda dei paparazzi, in cui il giudizio sulle fotografie è dato nei peculiari termini del canone dei paparazzi stessi, basandosi sul quoziente di oltraggio, ironia, scandalo e tempismo delle immagini, anziché su più convenzionali concetti di accuratezza

each other out.... The increasingly ruthless competition means we can't afford to be delicate; our duties, or responsibilities as picture-hunters, always on the lookout, and pursued ourselves on every side, make it impossible for us to behave otherwise. Of course, we, too, would like to ... see via Veneto as a splendid international promenade, rather than one big workplace, or even a theater of war.[8]

In speaking about the "duties" and "responsibilities" of the "picture-hunters" in this "theater of war," Secchiaroli creates the impression that the photographers are reformers exposing social or cultural injustice, or the agonies of the battlefield, something that needs to be rooted out and shown for the evil that it is. Although that may seem laugh-ably inflated rhetoric for a paparazzo, there was a sentiment in Italian culture that foreign influence, especially American popular culture, was having a negative impact on Italian society. An early example of this feeling is found in Giuseppe De Santis's neorealist film of 1948 *Bitter Rice*, in which he intended "to condemn the corruptive influences of American popular culture upon working-class values."[9] It is not too much of a stretch to see the aggressions of the paparazzi, especially against foreign stars, as at least obliquely participating in this critique. And all else aside, there was the money. According to Secchiaroli, "We found that with small events created on purpose we could earn 200,000 lira, while before we got 3,000."[10] The photographers began going out together to search for opportunities. "One photographer would take the pictures and the other takes pictures of the other photographer fighting to take the picture."[11] Accounts of the famed Ferragosto eve in 1958 have always included the well-known series of pictures by Secchiaroli of Ekberg and her husband Anthony Steel seen here.[12] Yet they didn't appear among the pictures reproduced in *L'Espresso*'s account of the "terrible night," nor does Mormorio's 1999 book on Secchiaroli date them to that night, although they were taken in 1958.[13] This constitutes a historical revision of the ongoing history of paparazzi. In it, judgments about photographs are made within the peculiar terms of the paparazzi canon, based on the images quotient of outrage, humor, scandal, and timing, rather than on more conventional notions of historical accuracy, not to mention canonic qualities of originality, composition, or pictorial description.
The Ekberg/Steel images seem to constitute the longest sustained series of photographs of celebrities confronting and fighting with photographers in that era. They are not as aggressive as some of the other famous attack images, including those of the Italian actor Walter Chiari going after a camera-wielding, nimble-footed Secchiaroli. They are, rather, kind of dreamy and indeterminate. Secchiaroli later said that the three a.m. scene "practically looked like something out of De Chirico: just one policeman, the driver, another photographer, and me."[14] Rome was a somewhat provincial city in 1958, the year that marked the real beginning of Italy's economic recovery from World War II, and the Via Veneto had some of the only bright lights around. In the Ekberg/Steel photographs the two are seen leaving Vecchia Roma,

storica, per non parlare delle canoniche qualità di originalità, composizione o descrizione pittorica.

Le immagini di Ekberg/Steel sembrano costituire la serie più a lungo conservata di foto di celebrità che si confrontano e lottano contro i fotografi dell'epoca. Non sono aggressive come altre famose immagini analoghe, come quella di Walter Chiari che si scaglia addosso al lesto Secchiaroli armato di macchina fotografica. Hanno, al contrario, un'aura sognante e indefinita. In seguito, Secchiaroli dichiarò che la scena alle 3 del mattino aveva "un'aria quasi dechirichiana, solo una guardia notturna, l'autista, io e un altro fotografo"[14]. Nel 1958 – l'anno che segnò il vero inizio della ripresa economica nel secondo dopoguerra – Roma era per certi versi una città provinciale e Via Veneto esibiva alcune delle poche luci disponibili. Nelle fotografie di Ekberg/Steel, si vedono i due uscire dal Vecchia Roma, un locale notturno molto frequentato, mentre i flash dei fotografi illuminano il pallido incarnato, la chioma bionda e la stola di visone bianco della Ekberg sullo sfondo della notte scura. Rispetto alla maggior parte delle immagini dei paparazzi, queste colgono ad arte le fuggevoli reazioni umane con una chiarezza inconsueta. I gesti delle mani, le espressioni del viso e le posture del corpo sono particolarmente eloquenti in questa storiella di imboscate e rabbia.

Sebbene una rivista avesse definito la scena "l'ennesima rumorosa zuffa" riferendosi alle tante manifestazioni pubbliche delle intemperanze della coppia, Ekberg appare protettiva nei confronti del marito arrabbiato[15]. Lo conduce verso la macchina, poi cerca di tirarlo sul sedile posteriore tenendolo per mano, mentre lui oppone resistenza tenendosi al tettuccio dell'auto con l'altra: lui però rivolge uno sguardo furioso alle fotocamere e si libera dalla stretta della moglie, la quale cerca di prendere aria. Oscillando in una ridicola posizione con le gambe a X e con lo sguardo offuscato dall'alcol, Steel si prepara ad affrontare i fotografi. Nel tentativo di concentrarsi, solleva i pugni e fa un goffo affondo verso le fotocamere, con il viso contratto in una smorfia rabbiosa. Nell'ultima immagine lo si vede da dietro, che insegue un fotografo in fuga. Ovviamente, queste espressioni esagerate e queste dure reazioni erano manna dal cielo per i fotografi che aspettavano bramosi.

Forse per via del lungo apprendistato da fotografo, durante il quale aveva documentato anche partite di calcio, Secchiaroli era capace di realizzare serie di foto che coglievano con precisione singoli istanti di azioni dettate da pessime decisioni. Le fotografie soddisfacevano anche i dettami del suo mentore ed ex datore di lavoro, Adolfo Porry-Pastorel, che gli aveva insegnato che "un'immagine è perfetta quando non ha bisogno di didascalie"[16]. Sebbene Anthony Steel sia ormai finito nel dimenticatoio come attore cinematografico, in questo caso fa una performance memorabile, che vive negli annali dei paparazzi, e Secchiaroli crea persino un'elegante composizione nell'immagine finale: Steel è ritratto mentre corre lungo una linea di mezzeria sulla strada, che si perde nel buio, con quattro luci dei lampioni che si stagliano nel cielo nero

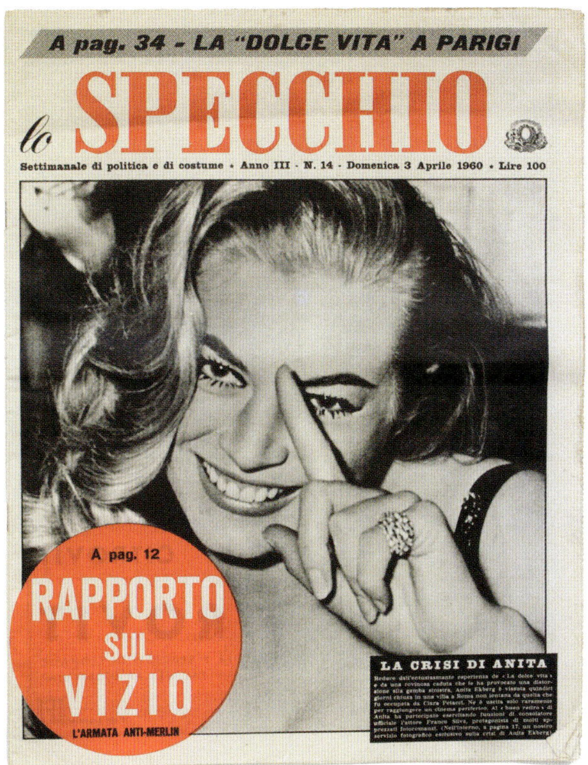

fig. 15.
"Lo Specchio", 3 aprile / April 1960

a popular nightspot, the photographers' flashes lighting up Ekberg's white skin, blonde mane, and pale mink stole against the inky night. Compared to most paparazzi images, these artfully capture fleeting human reactions with an unusual clarity of description. Hand gestures, facial expressions, and body postures are especially telling in this little tale of ambush and anger.

Although one magazine termed the scene "the last noisy squabble," referring to the couple's many public displays of temper, Ekberg seems protective of her unhappy spouse.[15] She leads him toward their car and tries to guide him into the backseat as he steadies himself with one hand. But he foolishly turns to glare at the cameras and lets go of her hand, leaving her reaching for air. Pivoting into a laughable knock-kneed stance and wearing a dull, alcohol-dazed look on his face, he prepares to chase the photographers. As he struggles to focus, he balls up his fists and then lunges clumsily toward the cameras, his face stretched into an angry howl. In the final image he is seen from the back, sprinting after a fleeing photographer. Of course, these exaggerated expressions and rubbery reactions were a gift to the hungry photographers lying in wait.

Perhaps because of his long apprenticeship in photography, which included covering soccer matches, Secchiaroli was able to make a series of pictures that precisely captured the individual moments of ill-advised action. The photos also fulfilled the dictum of his mentor and onetime boss, Adolfo Porry-Pastorel, who taught him "a picture is perfect when it doesn't need to have anything

sulla testa dell'attore, conferendo alla scena un'aura di astrazione, mentre Steel corre verso un paparazzo. È questa la scena che Secchiaroli potrebbe aver considerato degna di de Chirico, per via dei pochi indicatori di uno spazio e di una direzione celeste disposti come in uno schizzo vagamente surreale.

Immagini come queste, insieme alla copertura mediatica di cui godevano i fotografi, attrassero l'attenzione del regista Federico Fellini, che iniziò a osservare i fotografi al lavoro e poi chiese a un agente di stampa di organizzargli un incontro a cena con alcuni di loro. In quell'occasione, fece domande sui loro metodi e scoprì che Secchiaroli aveva scattato le foto che lo interessavano maggiormente[17]. Sebbene il personaggio del paparazzo nella *Dolce Vita* sia quasi sicuramente il ritratto di diverse persone, si ritiene che Secchiaroli sia la principale fonte di ispirazione per il ritratto dell'intrepido fotografo.[18] In ogni caso, il termine divenne un nome comune e, da quel momento in poi, i più invadenti fotografi delle celebrità vennero chiamati "paparazzi".[19]

È facile capire perché le immagini di Ekberg e Steel siano entrate nella storia della famosa e terribile notte di Secchiaroli, giacché ritraggono celebrità straniere che, ubriache, mettono da parte la dignità e si mostrano all'obbiettivo in una caricatura di se stesse. Durante il loro matrimonio, durato tre anni, la coppia fu fotografata spesso, e una delle loro specialità erano le esibizioni da sbronzi, che sarebbero terminate con il loro divorzio, nel 1959, l'anno in cui Ekberg divenne famosa per *La Dolce Vita*.

Le immagini di Ekberg/Steel sono un esempio di una serie di fotografie da paparazzi, una sorta di dispiegamento degli eventi di stampo cinematografico, in cui decisioni imprudenti e gesti goffi vengono immortalati in svariate immagini. Secchiaroli realizzò altre serie molto note, tra cui quella dello spogliarello improvvisato in un nightclub romano, che venne utilizzato da Fellini come base per una lunga scena dalla *Dolce Vita*. In ogni caso, la Ekberg era un soggetto particolarmente ambito dai fotografi e, una notte del 1960, fornì loro immagini indimenticabili quando uscì scalza dalla sua villa a Roma armata di arco e frecce per minacciarli[20]. Quelle immagini furono scattate da un paparazzo più giovane, Marcello Geppetti (1933-1998), che lavorò anche per Roma Press Photo, l'agenzia fondata da Secchiaroli ed Elio Sorci nel 1955.

Come Secchiaroli, Geppetti iniziò a lavorare come fotografo di cronaca. Nato a Rieti, lasciò la scuola dopo il diploma, per diventare fotografo. Si fece un nome su Via Veneto, documentando le tra-

written under it".[16] Although Anthony Steel is long forgotten as a movie actor, he gives a memorable performance that lives on in the annals of the paparazzi. And Secchiaroli even creates an elegant composition in the final image: Steel is pictured racing toward a painted stripe on the street that extends off into the darkness, with two dotted lines of lights hanging in the black sky above the actor's head, anchoring him in a neat bit of abstraction as he bounds toward a paparazzo. This is the scene that Secchiaroli might have considered *De Chiricoesque*, with those few indicators of indeterminate space and celestial direction arrayed as if in a vaguely surreal sketch. Pictures like these, along with the news coverage of the photographers, drew film director Federico Fellini's attention. He began watching the photographers at work and then asked a local press agent to arrange a dinner with a group of them. There he questioned them about their methods and discovered that Secchiaroli had taken a number of the pictures that were most compelling to him.[17] Although the character of Paparazzo in *La Dolce Vita* is most likely a composite portrait, it is commonly believed that Secchiaroli was the major influence on the portrayal of the intrepid photographer.[18] In any event, the name became a noun and forever after the most intrusive celebrity photographers were referred to as "paparazzi".[19]

It is easy to see why the images of Ekberg and Steel have been claimed as part of Secchiaroli's famous terrible night, as they include inebriated foreign celebrities abandoning all dignity and creating caricatures of themselves for the cameras. The duo was often photographed during their three-year marriage, and one of their specialties was drunken displays, which would come to an end with their divorce in 1959—the year Ekberg rose to fame in *La Dolce Vita*.

The Ekberg/Steel pictures are one example of the series in paparazzi photography, a kind of cinematic unfolding in which imprudent decisions and ungainly gestures are sketched out over a number of images. Secchiaroli took other well-known series, including one of a scandalous impromptu striptease in a Roman nightclub that was used by Fellini as the basis for a long scene in *La Dolce Vita*. Still, Ekberg was a particular favorite of the photographers and she provided unforgettable images when, one night in 1960, she emerged from her Rome villa in her stocking feet to threaten photographers with a bow and arrow.[20] Those photos were taken by a younger paparazzo, Marcello Geppetti (1933–98), who worked at one point for Roma Press Photo, the agency that Secchiaroli and Elio Sorci founded in 1955.

47-48. Agenzia Dufoto, *Paparazzi in Vespa seguono l'auto di Soraya / Paparazzi on Board Vespa Scooters in Pursuit of Soraya's Car*. Roma, s.d. / n.d.

49. Agenzia Dufoto, *Fotografi alla stazione Termini assaltano l'auto di Soraya / Photographers at Termini Station Assaulting Soraya's Car*. Roma, s.d. / n.d.

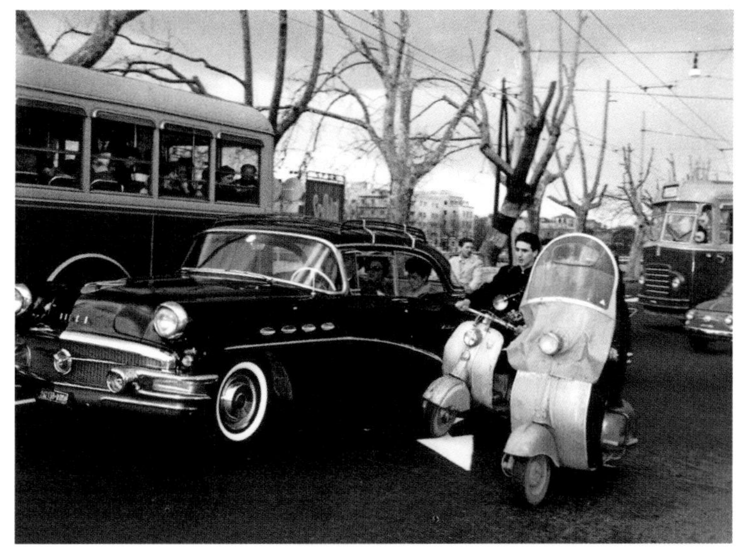

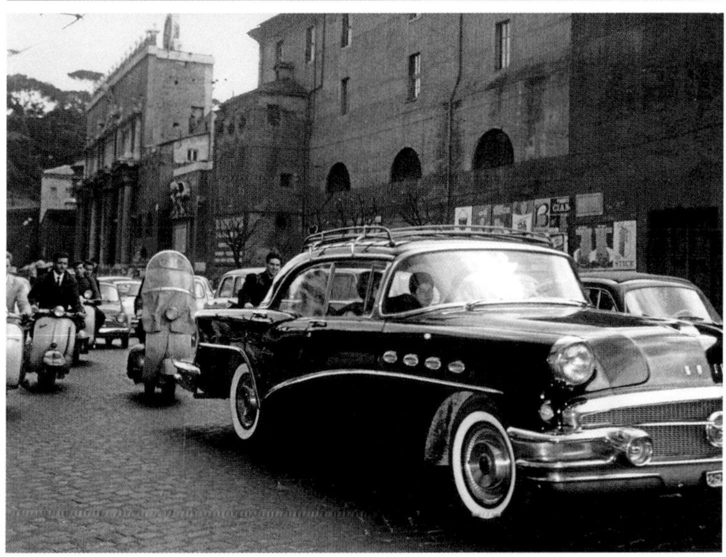

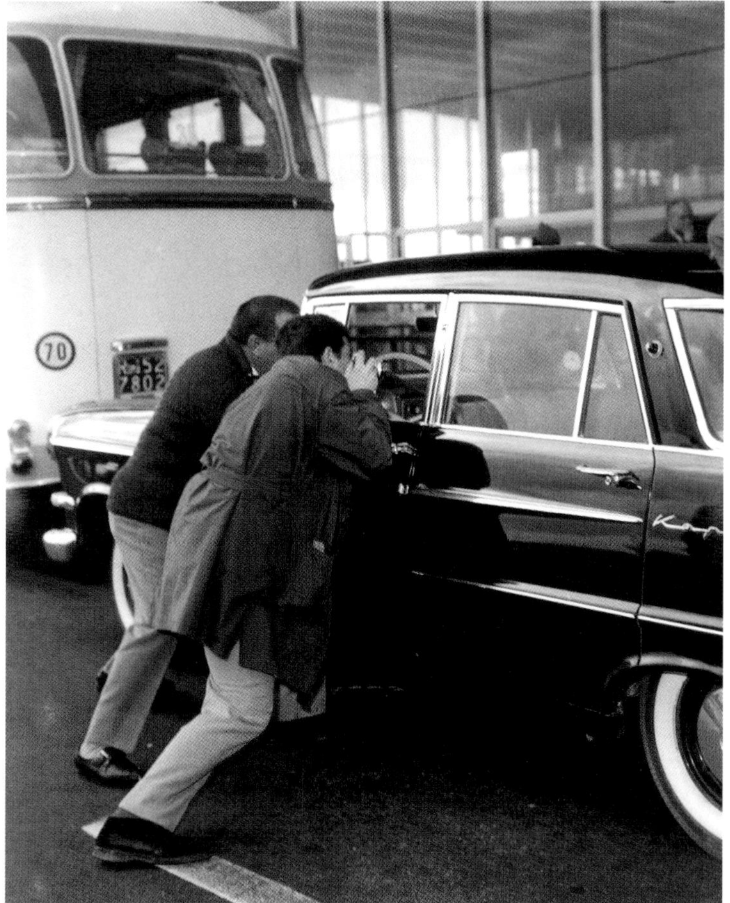

gedie, non le farse: fotografò donne che morirono saltando dalle finestre dell'Hotel Ambassador per fuggire da un rogo scoppiato nel ristorante dell'albergo[21]. Furono però le attività da paparazzo che gli avrebbero portato fama e profitto. L'episodio del 1960 con la Ekberg che, furente, brandiva arco e frecce, sfociò in una colluttazione e il fotografo Felice Quinto minacciò di chiamare la polizia. Per tutta risposta, la Ekberg lo afferrò per la testa e gli sferrò una ginocchiata nel basso ventre. Geppetti vendette queste fotografie in tutto il mondo. La rivista "Life" non perse l'occasione di stamparle in un articolo di tre pagine, in cui l'attrice veniva definita "una ragazza selvaggia" e citando il fotografo secondo il quale "diceva le peggiori parolacce in perfetto italiano"[22].

A questo punto, la concorrenza tra paparazzi si stava facendo spietata, dato che sempre più fotografi intravvedevano le possibilità di profitto. Per realizzare grandi scoop, occorrevano molta abilità e pazienza, come accadde per la scandalosa serie di foto in cui Geppetti colse Elizabeth Taylor e Richard Burton sdraiati su un motoscafo, intenti a scambiarsi tenere effusioni, dirimendo così ogni possibile dubbio circa la relazione clandestina di cui da tempo si parlava.

I due attori erano in Italia nel 1962 per girare *Cleopatra*, uno dei kolossal più costosi mai realizzati fino a quel momento. Le riprese erano iniziate – senza Burton – negli studi londinesi di Pinewood quasi due anni prima, ma i lavori avevano patito un mix letale di incompetenza, arroganza e malasorte. Nel giro di qualche mese, Taylor si era ammalata più volte e dovette essere ricoverata in ospedale in diverse occasioni, addirittura per una tracheotomia a seguito di una grave crisi respiratoria. Sullo stato di salute dell'attrice furono scritti fiumi di parole e alcuni giornali arrivarono persino a ipotizzare che la star potesse morire, suscitando così la simpatia dell'opinione pubblica per lei. La produzione londinese del film fu chiusa dopo che ebbe portato la Twentieth Century-Fox sull'orlo della bancarotta. Tuttavia, grazie all'Oscar vinto dall'attrice per *Venere in visone* nel 1961, la Fox riprese i lavori a *Cleopatra*, aumentò il cachet della Taylor, e spostò *Cleopatra II* negli studi di Cinecittà . Burton fu scritturato per il ruolo di Marco Antonio. Le riprese iniziarono nel settembre 1961, e ancora una volta degenerarono nel caos. (Il regista Joseph L. Mankiewicz riassunse la situazione dicendo che il film era stato "concepito in uno stato d'emergenza, girato nella più completa confusione e chiuso nel panico totale.")[23] Taylor e Burton non avrebbero fatto altro che contribuire al disastro. I due fecero conoscenza nei primi mesi di prove e in occasione degli eventi mondani e, quando nel gennaio 1962 girarono la loro prima scena insieme, Mankiewicz e gli altri sapevano già che avevano sviluppato un legame potenzialmente esplosivo.

Di per sé, la portata e la stravaganza della produzione, oltre che il denaro investito per resuscitarla, indussero i paparazzi a mettersi alle calcagna delle celebrità impegnate nella lavorazione. Stormi di fotografi da Europa, Regno Unito e Stati Uniti si riversarono in Italia per seguire ogni mossa delle star, specie nel momento in cui

Like Secchiaroli, Geppetti got his start as a general news photographer. Born in the town of Rieti, he left school at eighteen to become a photographer. He made a name for himself on the Via Veneto, depicting tragedy, not farce: he photographed women jumping to their deaths to avoid a fire that started in the restaurant of the Hotel Ambassador.[21] But it was his paparazzo pictures that would bring him the greatest notoriety and profit. The 1960 incident with a grim-faced Ekberg wielding an archer's weapon escalated into hand-to-hand combat, and photographer Felice Quinto threatened to call the police. In response, Ekberg grabbed him by the head and jabbed one knee into his groin. Geppetti sold those photographs around the world. *Life* magazine gleefully spread them out over three pages, calling Ekberg "a primitive girl" and quoting a photographer saying that "she speaks the worst words in good Italian."[22]

By this time the competition among paparazzi was growing fierce, as more and more photographers realized the money that could be made. It took increasing ingenuity and patience to land big pictorial scoops. One of the biggest was Geppetti's series of images of Elizabeth Taylor and Richard Burton lying on the deck of a boat tenderly kissing, which confirmed in no uncertain terms their rumored adulterous affair.

The two stars were in Italy in 1962 to film *Cleopatra*, one of the most expensive movies made up until that time. Filming had begun, without Burton, at London's Pinewood Studios nearly two years earlier. There it was plagued by a lethal mix of incompetence, arrogance, and bad luck. Within a few months Taylor developed a series of illnesses and had to be rushed to a hospital several times, once for respiratory failure and an emergency tracheotomy. Her illness garnered reams of press coverage, some of it speculating that the star might die, and engendered widespread public sympathy for her. The London production of the movie was shut down after leading Twentieth Century-Fox to the verge of bankruptcy. But following Taylor's Oscar for *Butterfield 8* in 1961, Fox revived *Cleopatra*, threw more money at Taylor, and moved "Cleopatra II" to the Cinecittà studios outside Rome. Burton was brought in to play Marc Antony. Filming started again in September 1961, and again degenerated into a sprawling mess. (Director Joseph L. Mankiewicz summed up the film by saying that it was "conceived in a state of emergency, shot in confusion, and wound up in a blind panic.")[23] Taylor and Burton would only contribute to the unfolding disaster. They became acquainted during the early months of rehearsals and social events. By the time they filmed their first scene together in January 1962, Mankiewicz and others already knew that the two had developed a possibly explosive bond.

The sheer size and folly of the production and the money that was being spent to resurrect it ensured that paparazzi would dog the film's stars. Scores of photographers from Europe, the United Kingdom, and the United States were in Italy following their every move, especially once Taylor and Burton began having the affair. Celebrity adultery was big news in those conservative postwar years, especially where Taylor was involved.[24] According

Taylor e Burton iniziarono ad avere una relazione. L'adulterio delle celebrità era una notizia-bomba nei conservatori anni del dopoguerra, soprattutto se era coinvolta la Taylor[24]. Secondo Geppetti, era prevedibilmente difficile realizzare fotografie che non solo dimostrassero la relazione tra i due attori, ma che lo facessero in modo convincente e chiaro. Altri fotografi avevano ottenuto immagini in cui si sbaciucchiavano e cenavano insieme, ma gli attori e gli addetti stampa di Cinecittà erano stati abili nello sminuirne l'importanza[25].

I pettegolezzi e le congetture sulla relazione incitarono i paparazzi a mettersi a caccia di prove fotografiche. In aprile, i due amanti – appena riconciliatisi dopo una tumultuosa separazione – si rifugiarono a Porto Santo Stefano, una rinomata località di mare in provincia di Grosseto. Geppetti scattò delle foto alla sfortunata coppia intenta a ispezionare la propria auto dopo che un gruppo di fotografi aggressivi li aveva spinti fuori strada. In quello stesso mese, il settimanale vaticano "L'Osservatore della Domenica" pubblicò una lettera aperta intestata in forma anonima a una "Cara signora", chiaramente la Taylor, mettendola in guardia dal finire per cadere in un "vagabondaggio erotico"[26]. Quella primavera, la Taylor dovette essere condotta in ospedale per un'overdose di farmaci, e non per la prima volta.

I dirigenti della Fox, intenzionati a reprimere quelle assurde intemperanze, spostarono la produzione a Ischia, per girare alcune delle scene finali sull'acqua. Geppetti e la ciurma di fotografi seguirono i due attori – ormai costantemente sotto assedio – sull'isola e, un giorno – mentre gli altri erano appostati fuori dal set – Geppetti si nascose nell'albergo dove i due alloggiavano. In qualche modo, fu l'unico a riuscire a immortalarli mentre si baciavano e si accarezzavano: una serie di foto che testimoniava senza dubbio la loro intimità e che fece il giro del mondo.[27] L'accoppiamento che le star definivano *le scandale* era stato impresso su pellicola in modo del tutto convincente.

Un aspetto intrigante di quelle fotografie di Geppetti è la loro somiglianza con una serie di scatti realizzata da Bert Stern quando era fotografo di scena sul set di *Cleopatra*. Per le foto di Stern, chiaramente posate, Taylor esibisce un bikini sgualcito anziché il più pudico costume intero degli scatti di Geppetti; in una foto la si vede nuotare verso il fotografo, che inquadra con un'angolazione volta a mostrarla in primo piano, mentre fende le onde sulle quali si riflette la luce. In un'altra immagine, è seduta sul bordo del motoscafo e inarca il busto per enfatizzare il petto, mentre guarda intensamente Burton, in piedi, con le spalle all'obiettivo. È la classica pubblicità hollywoodiana, quella in cui la donna si pavoneggia per la macchina fotografica e per il suo uomo e – per via del contesto e dell'aspetto – questa immagine potrebbe essere tranquillamente confusa con uno degli scatti realizzati da Stem sul set, ma qui le due star sono ovviamente rilassate, intente a chiacchierare e a coccolarsi infischiandosene di ciò che li circonda.[28]

Ironicamente, le fotografie pubblicitarie sono sessualmente più

to Geppetti, it was predictably difficult to get the pictures that finally not only proved the romance between the actors, but that visualized it in a convincingly graphic manner. Other photographers had obtained isolated images of them that showed them smooching and dining out together, but the actors and the studio flacks had been successful at brushing off their importance.[25]

The gossip and speculation about the affair fueled the paparazzi in their quest to supply photographic evidence. In April, the lovers, newly reconciled following a tempestuous split, fled to the resort town of Porto Santo Stefano, north of Rome. Geppetti got photographs of the hapless couple inspecting their car after aggressive photographers had run it off the road. The same month the Vatican City weekly *L'Osservatore della Domenica* published an "open letter" to "Dear Madam" clearly aimed at Taylor, warning that she would end in "erotic vagrancy."[26] Taylor was rushed to the hospital for a drug overdose that spring, not for the first time.

Fox executives moved to shut down the misbegotten extravaganza, and production moved to the Italian island of Ischia, near Naples, to shoot some final scenes on the water. Geppetti and a gang of photographers pursued the two harried actors to the island. One day, while the other photographers staked out the set of the movie, Geppetti hid in the hotel where the stars were staying. Somehow, he alone was able to catch them kissing and caressing in the sun in a series that unmistak-ably showed their intimacy, photographs that went around the world.[27] The coupling the stars referred to as le *scandale* had been convincingly captured on film.

One intriguing aspect of those Geppetti photographs is their resemblance to a series that Bert Stern took of the two actors when he was the set photographer on *Cleopatra*. For Stern's obviously posed images, Taylor dons a ruffled bikini instead of the more modest one-piece suit she wears in the Geppetti shots. In one image they swim toward the photographer, who angles the camera down to capture her in the lead, cutting through the light-dappled water. For another she arrays herself on the edge of the boat, arching her upper body to emphasize her bust as she intently gazes up at Burton, who stands with his back to the camera. It is undiluted Hollywood publicity, the female preening for both the camera and her leading man. This image could easily be confused with Geppetti's candid shots simply because of the setting and attire. But in Geppetti's photos the two stars are obviously relaxed, talking and snuggling with little regard for their surroundings.[28]

Ironically, the publicity pictures are more obviously sexually provocative than the paparazzi images that caused a storm. Perhaps the most revealing scene in Geppetti's photos is one in which Taylor is lying on her stomach with the top of her swimsuit pulled down. Although nothing but her bare back is visible, the sight of her partially unclothed and displaying herself in public next to a married man suggests their carnal familiarity even more than the images of them kissing do. This is one of the pleasures provided by paparazzi photographs—a libidinal excitation that teases and arouses the imagination, stoking the fantasy that the viewer has glimpsed some

provocanti di quelle dei paparazzi che causarono lo scandalo. Forse la scena più rivelatrice delle fotografie di Geppetti è quella in cui la Taylor giace prona, con la parte superiore del costume abbassata . Sebbene la foto non mostri altro che la schiena nuda dell'attrice, la vista di lei parzialmente svestita, che si mostra in pubblico accanto a un uomo sposato, suggerisce la loro intimità fisica in maniera ancora più efficace di quanto non faccia la fotografia del bacio. Questo è uno dei piaceri offerti dalle foto dei paparazzi: un'eccitazione libidinosa che solletica e scatena l'immaginazione, alimentando nell'osservatore la fantasia di aver colto una fuggevole verità e un momento privato nella vita di una celebrità. Per una frazione di secondo, questa presa di coscienza sembra colmare l'impossibile distanza tra la routine quotidiana dell'osservatore e la vita da sogno del personaggio famoso, garantendo una conoscenza immaginaria e viscerale impossibile da ottenere in altri modi.

La Dolce Vita di Fellini, con tutta la sua critica alla borghesia corrotta della società italiana, consolidò l'idea e la pratica della fotografia dei paparazzi, dandole un nome e una certa notorietà. Quando il film uscì nelle sale, i fotografi si riversarono in questo indocile settore della professione. Secchiaroli fece risalire la nascita dei paparazzi di Via Veneto al 1956 circa, ma osservò: "Dopo circa dieci anni che tutti lo facevano, era finita. Le provocazioni erano continue, ma non erano vere, erano orchestrate. A metà degli anni sessanta c'erano cento fotografi che andavano in giro imitando il film".[29] Ovviamente non era finita, ma l'*affaire* Taylor/Burton sancì il momento in cui la fotografia dei paparazzi superò i confini di Via Veneto e si diffuse come una metastasi nell'implacabile mondo dei paparazzi globali, in cui giovani uomini (e a volte donne) dai mezzi modesti potevano farsi una carriera con tutte le aggressioni, le assurdità e le intrusioni di cui è capace una fotocamera. A posteriori, l'infinita dialettica di rivelazione, degrado e voyeurismo che avviene continuamente su Internet è una logica conseguenza della fotografia dei paparazzi delle origini. Con l'arrivo di MySpace e Facebook, i consumatori di questo tipo di giornalismo hanno rivolto la fotocamera verso se stessi, nell'intento disperato di rivelare le proprie passioni e la propria desiderabilità nella perpetua seduzione di un pubblico ignoto ma vorace.

Questo testo è stato originariamente pubblicato in S. Phillips (a cura di), Exposed. Voyeurism, Surveillance and The Camera, *catalogo della mostra Tate Modern, Londra, 2010. Si ringrazia l'autrice per la disponibilità.*

1 Un importante libro su Secchiaroli era in stampa quando il fotografo morì: Diego Mormorio, *Tazio Secchiaroli. Dalla Dolce Vita ai miti del set*, Federico Motta editore, Milano 1998. Secchiaroli abbandonò la carriera da paparazzo per dedicarsi alla foto di scena sui set cinematografici e diventare fotografo delle star dopo che *La Dolce Vita* di Fellini uscì nelle sale nel 1959.

2 L'immagine del 1952, di Franco Pinna, viene normalmente riprodotta con un taglio: l'uomo che stanno fotografando – un dimostrante che viene arrestato – è escluso dalla foto, il soggetto della quale diventano i fotografi, originariamente sullo sfondo. Per la storia di questa foto, si veda *ibidem*, pp. 8-9.

fleetingly true and private moment in the life of a celebrity. For a split second, that recognition seems to bridge the impossible distance between the routine life of the viewer and the charmed life of the famed, providing an imaginary visceral knowledge that is obtainable in no other way.

Fellini's *La Dolce Vita*, for all its critique of corrupt bourgeois Italian society, solidified the idea and practice of paparazzi photography, giving it a name and a certain respectability. Photographers flooded into this wayward wing of the profession after the movie came out. Secchiaroli dated the emergence of paparazzi on the Via Veneto to about 1956, but noted, "After ten years everyone was doing it and it was over. The provocations were happening all over the place, but they weren't real—they were set up. By the mid-1960s there were a hundred photographers around doing an imitation of the movie."[29] Of course, it wasn't over. But the Taylor/Burton affair was the moment when paparazzi photography outgrew the Via Veneto and began its long metastasis into today's ruthless, global business where young men (and sometimes women) of modest means can make a career out of all the aggression, absurdity, and intrusion a camera can buy. In retrospect, the endless permutations of revelation, degradation, and voyeurism that are played out daily on the internet are a logical outgrowth of that early paparazzi photography. With the coming of MySpace and Facebook, the consumers of this kind of journalism have turned the camera on themselves, desperate to reveal their own longings and desirability in a perpetual seduction of an unknown but voracious audience.

This text was originally published in S. Phillips (edited by), Exposed. Voyeurism, Surveillance and The Camera, *exhibition catalogue Tate Modern, London, 2010. We would like to thank the author for her willingness.*

1 A substantial book on Secchiaroli was on press when the photographer died: Diego Mormorio, *Tazio Secchiaroli: Greatest of the Paparazzi*, trans. Alexandra Bonfante-Warren (New York: Harry N. Abrams, Inc., 1999). Secchiaroli gave up paparazzi photography and became a photographer on film sets and for film stars after Federico Fellini's *La Dolce Vita* was released in 1959.

2 The 1952 image by Franco Pinna is usually reproduced with the man they are photographing—a demonstrator being arrested—cropped out of the picture, making the subject the photographers who were originally in the background. For the story of the photo see ibid., pp. 8–9.

3 The story is recounted in ibid., pp. 14–16.

4 According to Secchiaroli, Farouk simply didn't like being photographed. Interview with the author, Rome, May 8, 1994, translation by David Secchiaroli.

5 Mormorio (*Tazio Secchiaroli*, 23) indicates that the item was dated August 29, 1958.

6 This article, "Ferragosto a Roma: La terribile notte di via Veneto," is reproduced in Andrea Nemiz, *Vita, Dolce Vita* (Network Edizioni: Rome, 1983), 20. See also Mormorio's extended description in *Tazio Secchiaroli*, pp. 23–24.

7 For Mormorio, "The most poignant era of clashes between photographers and celebrities began in 1949." He goes on to discuss the affair between the director Roberto Rossellini and the actress Ingrid Bergman, which split families and caused interna-

3 La storia è raccontata *ibidem*, pp. 14-16.

4 Secondo Secchiaroli, Farouk non gradiva essere fotografato. Intervista con l'autrice, Roma, 8 maggio 1994, traduzione di David Secchiaroli.

5 Mormorio (*Tazio Secchiaroli*, p. 23) indica che il pezzo era datato 19 agosto 1958.

6 Questo articolo, "Ferragosto a Roma: La terribile notte di via Veneto", è riprodotto in Andrea Nemiz, *Vita, Dolce Vita*, Network Edizioni, Roma, 1983, p. 20. Si veda anche l'ampia descrizione resa da Mormorio in *Tazio Secchiaroli*, pp. 23-24.

7 Per Mormorio, "La stagione degli scontri tra fotografi e personaggi famosi era cominciata nel 1949". L'autore prosegue poi raccontando la relazione tra il regista Roberto Rossellini e l'attrice Ingrid Bergman, che rovinò delle famiglie e causò la riprovazione del pubblico internazionale. Mormorio, *Tazio Secchiaroli*, pp. 25-26. La maggior parte di queste foto, tuttavia, è datata tra il 1954 e il 1962.

8 *Ibidem*, pp. 22-23.

9 Citato in Peter Bondanella, *Italian Cinema: From Neorealism to the Present*, New York Continuum, 1990, rist. 1983, p. 83.

10 Citato in David Schonauer, *The Great Chase, Then and Now*, «American Photo», luglio-agosto 1992, p. 50.

11 Tazio Secchiaroli, intervista con l'autrice, Roma, 8 maggio 1994.

12 La miglior selezione di queste immagini è riprodotta in Paolo Costantini, Silvio Fuso, Sandro Mescola, Italo Zannier (a cura di), *Paparazzi: fotografie di Velio Cioni, 1953-1964*, Firenze, Fratelli Alinari, 1988, pp. 44-49. La storia è raccontata anche nel mio, *Class Struggle: The Invention of Paparazzi Photography and the Death of Diana, Princess of Wales*, in *OverExposed: Essays on Contemporary Photography*, a cura di Carol Squiers, New York, New Press, 1999, p. 279.

13 Mormorio, *Tazio Secchiaroli*, p. 26. Mormorio dice solo che furono scattate "più avanti" nel 1958.

14 Citato *ibidem*, p. 26.

15 Nemiz, *Vita, Dolce Vita*, p. 21, riproduce una delle immagini e un testo dal titolo "L'Ultima Canara".

16 Tazio Secchiaroli, intervista con l'autrice, Roma, 8 maggio 1994.

17 *Ibidem*. Le storie dei paparazzi vengono raccontate in diverse varianti; questa è la versione raccontata dal fotografo all'autrice.

18 Costantini et al. (a cura di), *Paparazzi: fotografie*, p. 143. Jennifer Blessing, *Paparazzi on the Prowl: Representations of Italy circa 1960, Italian Metamorphosis, 1943 1968*, catalogo della mostra organizzata da Germano Celant al Guggenheim Museum, 7 ottobre 1994 - 22 gennaio 1995, prefazione di Umberto Eco, New York, Guggenheim Museum Publications, 1994, p. 325. Hollis Alpert, *Fellini*, New York, Atheneum, 1986, p. 123.

19 Si è detto molto sull'origine del termine "paparazzo". Si veda Squiers, *Class Struggle*, p. 278; Italo Zannier, *Naked Italy*, in Costantini et al. (a cura di), *Paparazzi: fotografie*, pp. 10-11; Alpert, *Fellini*, p. 125; "French Photo", marzo 1973, p. 63; Blessing, *Paparazzi on the Prowl*, p. 325.

20 Questo episodio è raccontato in Squiers, *Class Struggle*, pp. 285-288. Le foto sono riprodotte in Costantini et al. (a cura di), *Paparazzi: fotografie*, pp. 62-65.

21 Marcello Geppetti, intervista con l'autrice, Roma, 20 maggio 1994.

22 *Swings and Arrows of Outraged Ekberg*, "Life", 23 ottobre 1960, pp. 28-30.

23 Citato in David Kamp, *When Liz Met Dick*, "Vanity Fair", aprile 1998, p. 386.

24 Taylor era già stata dipinta come una rovina famiglie e una poco di buono a causa della relazione adulterina con Eddie Fisher, che avrebbe finito per sposare dopo la morte del marito Mike Todd in un incidente aereo nel 1958.

25 Per una breve descrizione di queste altre foto, si veda Squiers, *Class Struggle*, p. 289.

26 Dick Sheppard, *Elizabeth: The Life and Career of Elizabeth Taylor*, New York, Doubleday, 1974, p. 304.

27 Geppetti, intervista con l'autrice, Roma, 20 maggio 1994.

28 Questa confusione la si ritrova in C. David Heymann, *Liz: An Intimate Biography of Elizabeth Taylor*, New York, Birch Lane Press, 1995, p. 250. Heymann cita Stem, che affermò, "Ho scattato quella famosa serie di foto di loro due in costume da bagno mentre si rilassavano sul ponte del motoscafo". Questo sembra collegare le foto di Stem e quelle di Geppetti e implicare che Stem abbia verificato l'esistenza della relazione.

29 Secchiaroli, intervista con l'autrice, Roma, 8 maggio 1994.

tional condemnation. Mormorio, *Tazio Secchiaroli*, 25-26. Most of the photos of such interactions that are now reproduced, however, date between 1954 and 1962.

8 Ibid., pp. 22–23.

9 Quoted in Peter Bondanella, *Italian Cinema: From Neorealism to the Present* (New York Continuum, 1990, reprint of 1983), p. 83.

10 Quoted in David Schonauer, "The Great Chase, Then and Now," *American Photo*, July/August 1992, p. 50.

11 Tazio Secchiaroli, interview with the author, Rome, May 8, 1994.

12 The best selection of these images is reproduced in Paolo Costantini, Silvio Fuso, Sandro Mescola, and Italo Zannier, *Paparazzi Photografie*, 1953-104 (Florence: Fratelli Alinari, 1988), 44-49. The story is also included in my own "Class Struggle: The Invention of Paparazzi Photography and the Death of Diana, Princess of Wales," in *OverExposed: Essays on Contemporary Photography*, ed. Carol Squiers (New York: New Press, 1999), p. 279.

13 Mormorio, *Tazio Secchiaroli*, 26. Mormorio only ys they were taken "later" in 1958.

14 Quoted in ibid., p. 26.

15 Nemiz, *Vita, Dolce Vita*, 21, reproduces one of the images and a text headlined "L'Ultima Canara."

16 Secchiaroli, interview with the author, Rome, May 8, 1994.

17 Ibid. There are many variations on paparazzi stories. This is the one the photographer told the author.

18 Costantini et al., *Paparazzi Photografie*, p. 143. Jennifer Blessing, "Paparazzi on the Prowl: Representations of Italy circa 1960," *Italian Metamorphosis, 1943-1968*, organized by Germano Celant, preface by Umberto Eco (New York: Guggenheim Museum Publications, 1994), p. 325. Hollis Alpert, Fellini (New York: Atheneum, 1986), p. 123.

19 There has been much speculation about the origin of the name Paparazzo. See Squiers, "Class Struggle," 278; Italo Zannier, "Naked Italy," in Costantini et al., *Paparazzi Fotografie*, 10-11; Alpert, Fellini, 125; French Photo, March 1973, p. 63; Blessing, "Paparazzi on the Prowl," p. 325.

20 This situation is discussed in Squiers, "Class Struggle," 285-88. The photographs are reproduced in Costantini et al., *Paparazzi Fotografie*, pp. 62–65.

21 Marcello Geppetti, interview with the author, Rome, May 20, 1994.

22 "Swings and Arrows of Outraged Ekberg," *Life*, October 32, 1960, pp. 28–30.

23 Quoted in David Kamp, "When Liz Met Dick," *Vanity Fair*, April 1998, p. 386.

24 Taylor had already been painted as a homewrecker and tramp because of her adulterous affair with and subsequent marriage to Eddie Fisher after the death of her husband, Mike Todd, in a 1958 plane crash.

25 For a brief description of these other photos see Squiers, "Class Struggle," p. 289.

26 Dick Sheppard, *Elizabeth: The Life and Career of Elizabeth Taylor*, Doubleday, New York 1974, p. 304.

27 Geppetti, interview with the author, Rome, May 20, 1994.

28 This confusion can be seen in C. David Heymann, *Liz: An Intimate Biography of Elizabeth Taylor* (New York Birch Lane Press, 1995), 250. Heymann quotes Stem as saying, "I took that notorious photographic series of them in their bathing suits while they smoothed on the deck of a boat." This seems to conflate his pho-tographs and Geppetti's and implies that Stem verified the affair.

29 Secchiaroli, interview with the author, Rome, May 8, 1994.

SAM STOURDZÉ

La comparsa del paparazzo

When the First Paparazzo Made a Scene

Negli anni cinquanta, l'Italia – in ripresa dall'umiliazione della guerra – abbracciava con entusiasmo lo spirito spensierato della modernità. Roma scopriva il rock 'n' roll e ne era trascinata dal ritmo selvaggio. Tutto ciò che il Novecento stava producendo in termini di immagini e frivolezza si trovava qui, nella culla dell'antichità. Roma – che aveva già occupato il centro della scena qualche millennio prima, con le storie delle sue bravate e della sua decadenza che facevano il giro d'Europa – si trovò di nuovo sotto i riflettori. Come un set cinematografico all'aperto, offriva uno spettacolo degno del miglior film del XX secolo: pieno di intrighi e suspense, avventure e romanticismo, con una sfilza di star del cinema americano e, nel ruolo dei protagonisti, questi nuovi fotografi che portarono con sé lo scandalo e che ben presto sarebbero diventati noti con il nome di "paparazzi".

Hollywood sul Tevere

Per capire cosa stesse succedendo a Roma all'epoca, diamo prima un'occhiata a Los Angeles. Alla fine degli anni quaranta, l'industria cinematografica americana affrontava la prima grande crisi della sua storia. Da quel momento in poi, la nuova legge *antitrust* avrebbe imposto ai principali produttori cinematografici la separazione tra l'attività di produzione e quella di distribuzione. Inoltre, gli agenti rinegoziarono un aumento dei contratti degli attori che rappresentavano, mentre il progresso tecnologico – dalle immagini parlanti al colore, dal CinemaScope al Technicolor – fece lievitare i costi di produzione, determinando una significativa erosione dei profitti. A Hollywood non restava che

In the 1950s, Italy was recovering from the humiliations of war. It enthusiastically embraced the carefree spirit of the modern age. Rome discovered rock 'n' roll, and was carried away by its wild rhythms. Everything the century was producing in terms of images and frivolity could be found here, in the very cradle of antiquity. Rome—which had already taken center stage a few millennia previously, with tales of its escapades and decadence being told throughout the Empire—found itself in the spotlight once again. Like an open-air film set, it offered a show worthy of the greatest twentieth-century movie—full of intrigue and suspense, adventure and romance, with a long string of American film stars and, in the main role, these new photographers who brought scandal with them, and who would soon be known as paparazzi.

Hollywood on the Tiber

In order to understand what was happening in Rome at this time, we first have to look at Los Angeles. At the end of the 1940s, the American cinematographic industry faced the first great crisis of its history. Henceforth, the new antitrust law imposed upon major film producers the separation of their production activity from their distribution activity. Agents renegotiated an increase in the contracts of the actors they represented; and the technological developments—from talking pictures to color, and from CinemaScope to Technicolor—raised the price of productions, which struggled to make a profit. With no choice but to reinvent its model, Hollywood attempted to lower its expenses by all possible means in order to maintain its margins.

Six thousand miles (ten thousand kilometers) from

50. Vittorio La Verde, *Brigitte Bardot esce dall'Hotel Forum / Brigitte Bardot Leaving the Forum Hotel*. Roma, 1965.

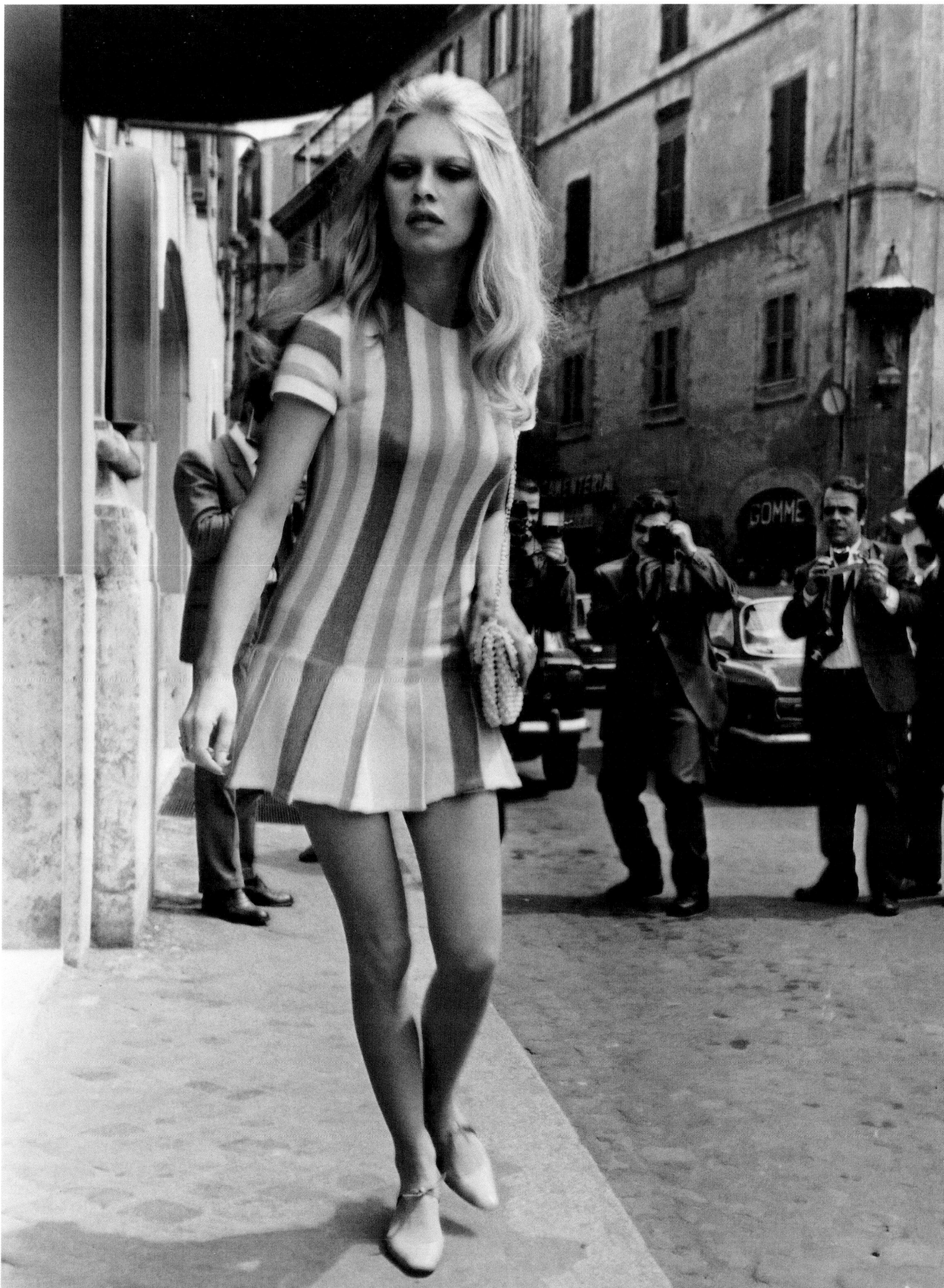

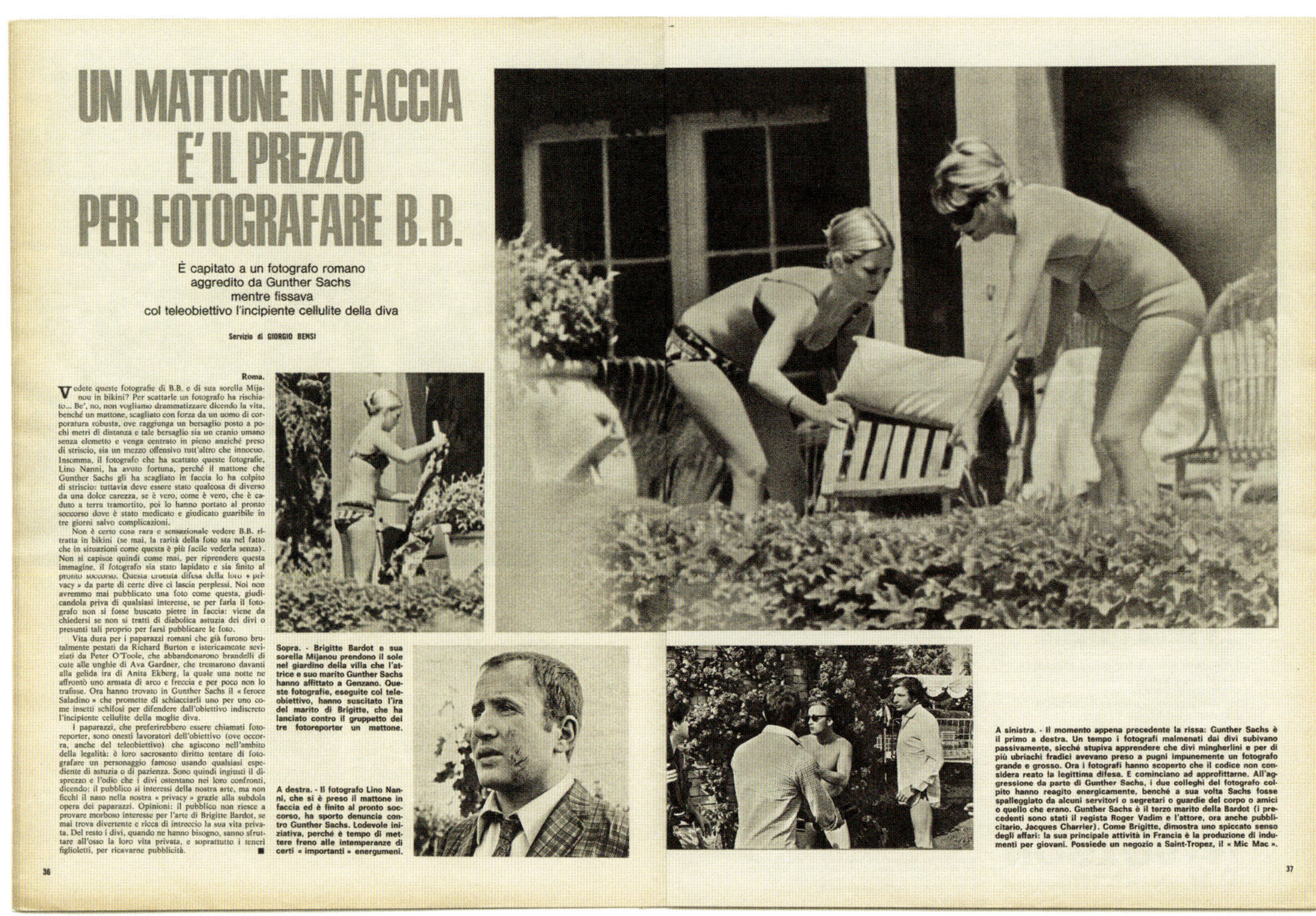

fig. 16.
"La Domenica del Corriere", 4 giugno / June 1968.

reinventare il proprio modello, tentando di abbassare le spese con ogni mezzo per mantenere i propri margini.

A diecimila chilometri dalla costa del Pacifico, Roma stava vivendo una relazione appassionata con il cinema. La guerra non aveva mai impedito lo sviluppo della settima arte: al contrario, nell'Italia degli anni trenta e quaranta, tutte le tendenze cinematografiche convivevano fianco a fianco, dal Neorealismo che preferiva il contatto diretto con la vita quotidiana senza artifici, al cinema di propaganda fascista. Sotto il regime di Mussolini, l'Italia si dotò di studi ultramoderni. Inaugurata nel 1937, Cinecittà venne costruita in appena quindici mesi. Situata poco fuori Roma, si estendeva su 60 ettari, comprendeva tutti i settori dell'industria del cinema e vantava infrastrutture sofisticate. Il trionfo dei suoi esordi, con quasi trecento film girati in meno di sei anni, confermò la sua dichiarata ambizione di competere con Hollywood, imponendosi come il centro di produzione cinematografica in Europa. Lo scoppio della guerra ne smorzò gli entusiasmi e fu solo alla fine degli anni quaranta che i produttori californiani iniziarono a guardare all'Italia. I primi film americani girati a Cinecittà furono

the Pacific coast, Rome was enjoying a passionate relationship with cinema. The war had never prevented the development of the seventh art quite the contrary. In the Italy of the 1930s and 1940s, all cinematographic trends coexisted side by side, from the neorealists who favored a direct contact with everyday life, without any artifice, to fascist propaganda cinema. Under Mussolini, Italy equipped itself with ultramodern studios. Inaugurated in 1937, Cinecittà, the city of cinema, was built in only fifteen months. Situated just outside Rome, it stretched across 150 acres (60 hectares), included all the trades of the industry, and boasted sophisticated infrastructures. The triumph of its first years, with close to three hundred films shot in less than six years, confirmed its clearly asserted ambition to compete with Hollywood by imposing itself as the venue for European cinematographic production. The war cooled this enthusiasm. It was not until the end of the 1940s that Californian producers started to look to Italy. The first American films shot at Cinecittà were epic films where the geographic setting apparently justified the delocalization. The real reasons were more pecuniary. In Rome, producers found high-quality in-

pellicole epiche, in cui l'ambientazione geografica giustificava la delocalizzazione. Le vere ragioni erano in realtà molto più veniali: a Roma, i produttori trovavano infrastrutture di alta qualità e manodopera specializzata a un prezzo imbattibile.

Nel corso di oltre quindici anni, diverse centinaia di film americani furono girati a Roma: *Quo Vadis*, *Vacanze romane*, *Guerra e pace*, *Cleopatra* e *Ben Hur*, per citarne solo alcuni. Mentre giravano a Cinecittà, gli americani si trinceravano negli studi, che erano inaccessibili come Fort Knox. Solo le persone con le giuste credenziali potevano entrarci, mentre i curiosi venivano respinti e le informazioni sulle riprese in corso erano coperte dal più assoluto riserbo. A pochissimi fotografi accreditati era concesso il prezioso pass per entrare e gli attori si concedevano all'obbiettivo solo in questo contesto: sul set, con luci ottimali, trucco e abiti di scena. Recitavano le scene importanti dei film a uso dei fotografi, accertandosi di essere immortalati proprio come accadeva con la cinepresa. I fotografi lavoravano come avevano sempre fatto: documentavano le riprese o scattavano foto delle star su uno sfondo neutro. I negativi venivano poi mandati alla produzione, che sceglieva l'immagine che sarebbe stata mostrata al pubblico. Battezzata la "Hollywood sul Tevere", la capitale italiana – già scossa dai venti del cambiamento – accolse con calore i suoi ospiti di passaggio. Durante il giorno, le troupe lavoravano a Cinecittà e la notte si riversavano nelle strade di Roma. Nel giro di pochi anni, la grande carovana del cinema prese la residenza nella Città Eterna.

Lì, tutto doveva essere inventato: le celebrità e le loro bravate, i paparazzi e le loro foto straordinarie, la stampa illustrata e le sue storie scandalose. Nel caldo del Mediterraneo e in quell'atmosfera elettrica, giovani spensierati, aristocratici decadenti e star del cinema americano si tenevano gioiosamente compagnia allo sfrenato ritmo della nuova musica, a bordo delle cabriolet o delle coupé, mostrandosi sulle terrazze dei caffè o nei nightclub alla moda. L'atmosfera era festosa e leggera. Come il resto del mondo avrebbe scoperto di lì a poco, Roma ballava, beveva e si divertiva.

I fotografi d'assalto

Diventando star del cinema, gli attori iniziarono a perdere il controllo della propria immagine. La loro trasformazione in celebrità coincise con la nascita della stampa illustrata. È difficile dire quale delle due nacque per prima, ma affinché potesse verificarsi un incontro era necessario un intruso che si insinuasse tra la star e la sua immagine, come un messaggero dello scandalo. Roma offriva un terreno fertile per coltivare ogni sorta di indiscrezione, pettegolezzo e rivelazione. I bellissimi uomini italiani non facevano niente per nascondere il loro fascino alle attrici che cadevano ai loro piedi, mentre le sensuali donne italiane non restavano mai a corto di parole. La vita si consumava a velocità vorticosa, in una celebrazio-

frastructures and skilled labor at an unbeatable price. Several hundred American films were made in Rome over fifteen years. Films such as *Quo Vadis, Roman Holiday, War and Peace, Cleopatra*, and *Ben Hur*, among others. While shooting in Cinecittà, the Americans locked themselves away, and the studios were as inaccessible as Fort Knox. Only people with the right credentials could gain access. The curious were driven back and any information about the shooting underway was a closely guarded secret. Only a few official, accredited photographers were provided with a precious pass. The actors allowed themselves to be photographed within this framework: on the set, with good lighting, makeup, and in costume. They replayed the film's important scenes for the photographers, making sure they were immortalized in the same way as with the film camera. The photographers worked as they always had done: they documented the shooting or took portraits of the film stars against a neutral background. The negatives were sent to the production, which then chose the image that would be shown to the public. Rebaptized "Hollywood on the Tiber," the Italian capital, already shaken by the winds of change, gave its passing guests a warm welcome. During the day, the film crew worked at Cinecittà; at nightfall they flowed into the streets of Rome. In just a few years, the great cinema convoy took up residence in the Eternal City.

Everything was to be invented here: the celebrities and their escapades, the paparazzi and their knockout photos, the illustrated press and its scandalous stories. In the Mediterranean heat and an electric atmosphere, golden youths, decadent aristocracy, and American film stars kept joyful company to the wild rhythms of new music, at the wheel of convertibles or coupes, on view on café terraces or in fashionable nightclubs. The atmosphere was festive and lighthearted. Rome danced, drank, had fun, as the rest of the world was soon to discover.

The Assailant Photographers

By becoming film stars, actors began to lose control of their image. Their transformation into celebrities was indeed concomitant with the rise of the illustrated press. It is difficult to say which came first, but for the encounter to take place there was necessarily an intruder who slipped between the star and his image as a messenger of scandal. Rome offered a breeding ground for cultivating all kinds of indiscretions, rumors, and revelations. The handsome Italian males did nothing to hide their charms from the succumbing actresses, while the voluptuous Italian women never ran out of arguments. Life was consumed at high speed, in a consecration of immediacy. Roberto Rossellini left Anna Magnani for Ingrid Bergman, Ava Gardner cheated on Frank Sinatra with Walter Chiari, Anita Ekberg flaunted herself with Anthony Steel. Street photographers filled the magazine pages with pictures. As soon as they brought in a picture with a whiff of scandal, it was in the newspaper headlines. The strong demand from the press and easy money incited them to depart from

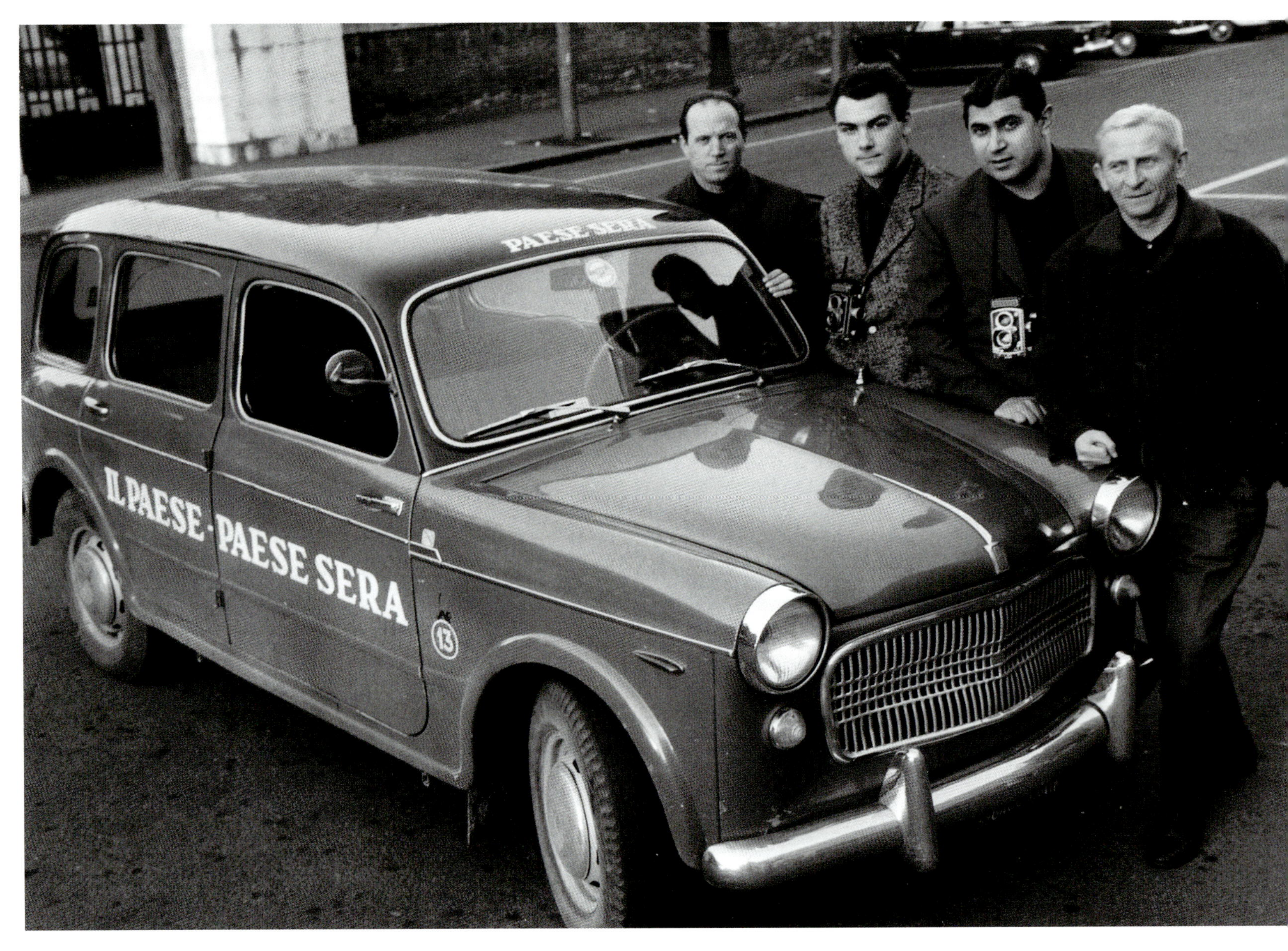

51. Rodrigo Pais, *Paparazzi in posa / Paparazzi in Pose*, s.d. / n.d.

ne dell'immediatezza. Roberto Rossellini lasciò Anna Magnani per Ingrid Bergman; Ava Gardner tradì Frank Sinatra con Walter Chiari, Anita Ekberg si pavoneggiò con Anthony Steel. I fotografi di strada riempivano di foto le pagine delle riviste. Non appena portavano in redazione una foto anche solo in odore di scandalo, finiva subito in prima pagina. La forte domanda da parte della stampa e il denaro facile li inducevano a lasciare le città di provincia per trasferirsi a Roma. Lasciandosi alle spalle una professione da imbianchino o da muratore, divennero fotografi. Senza alcuna formazione e digiuni di inglese, giravano da una redazione all'altra per vendere le loro foto, e quando ci riuscivano guadagnavano molti soldi.

L'Italia viveva al ritmo delle pubblicazioni settimanali delle sue riviste. "L'Espresso", "Il Tempo", "Le Ore", "L'Europeo", "Settimo Giorno" e "Lo Specchio" ammaliavano i loro lettori, li informavano su quanto accadeva nel mondo o in un certo paese, sulle nuove scoperte dell'umanità o sulla conquista dello spazio. Da quel momento in poi, erano le vite delle celebrità a campeggiare sulle pagine patinate. Il mercato di queste notizie era fiorente, si stampavano centinaia di migliaia di copie, seducendo il pubblico con l'accattivante grafica del "fototesto": immagini a tutta pagina accompagnate da una breve didascalia che lasciavano alle foto il posto d'onore.

Nei decenni precedenti, la fotografia stessa era cambiata molto. La democratizzazione delle macchine fotografiche leggere e facili da maneggiare, associata alla diffusione del flash, che permetteva di scattare foto di notte con brevi tempi di esposizione, stimolò la nascita di un nuovo stile documentaristico.

Robert Capa spianò la strada con la sua famosa espressione, "Se le tue fotografie non sono buone, vuole dire che non eri abbastanza vicino"[1] che incoraggiava la fotografia di guerra ad applicare un'insostenibile prossimità ai suoi soggetti.

Weegee spinse il limite ancor oltre, sintonizzandosi sulle frequenze radio della polizia: informato in tempo reale di tutti gli omicidi perpetrati in città, a volte arrivava sulla scena del crimine prima della polizia stessa. Incidenti, assassinii e notizie sulla società divennero presto il suo marchio di fabbrica, e il fotografo non esitava a mettersi faccia a faccia con il soggetto.

In poche parole, il terreno era pronto perché i fotografi riservassero lo stesso trattamento alle star cinematografiche degli anni cinquanta, che forse fino a quel momento erano state risparmiate per questioni di rispettabilità. Solo i tabloid, infatti, osavano infrangere la tacita regola del rispetto della privacy.

La guerra, però, dissolse le ultime resistenze: il mondo era cambiato e la morale si era fatta più libera. La stampa illustrata, e gli attori, adesso dovevano vedersela con una concorrenza spietata, dovevano spiccare e farsi notare.

Il pubblico era il giudice di gara, e stampa e attori avevano il compito di catturarne l'attenzione e di sedurlo. In quest'epoca di consumismo di massa, il pubblico – diventato ormai lettore e spetta-

their villages for Rome. Leaving behind them a probable life as painter or mason, they became photographers. With no training and rarely speaking English, they canvassed magazines to sell their photos, and when they succeeded they earned a lot of money.

Italy lived to the rhythm of the weekly publication of its magazines. *L'Espresso, Il Tempo, Le Ore, L'Europeo, Settimo Giorno,* and *Lo Specchio* had their readers spellbound. They informed them of the state of the world or of a country, of new discoveries or the conquest of space. Henceforth, it was the lives of celebrities that were spread across the glossy pages. In a flourishing market, they printed several hundreds of thousands of copies, seducing the public with the effective graphics of the *fototesto*: full-page photos accompanied by a short caption that left the pictures pride of place.

Photography itself had changed a lot over the previous decades. The democratization of light, easy-to-handle cameras, associated with the spread of flash use, which meant photographs could be taken at night with short pictures exposure times, encouraged the emergence of a new documentary style. Robert Capa paved the way with his famous expression, "If your photos aren't good enough, you're not close enough,"[1] and encouraged war photography to develop an unbearable proximity to its subject. Weegee took things further by tuning his radio to the police frequency. Informed in real time of all the murders perpetrated in the city, he sometimes arrived at the crime scene before the police themselves. Accident, murder, or society news items became his trademark. He also positioned himself in a close face-to-face with his subject. In short, everything was ready for photographers to give film stars the same treatment in the 1950s. They had probably been spared thus far due to a concern for respectability. Indeed, only the tabloids dared to transgress the unspoken rule of respecting privacy.

The war, however, blew away any lasting resistance: the world changed and morals became freer. The illustrated press, as well as the actors, now had to contend with ruthless competition. They had to stand out from the rest, make themselves noticed.

The public was positioned as umpire. The press and the actors embarked upon the task of gaining the public's attention, united by the need to seduce. Adopting the two roles of reader viewer, the public became, in this era of mass consumerism, a target that had to be reached and an audience whose support needed to be obtained. Forming a link between the press and the film stars, the photographers echoed the escapades of those who wished to maintain or to gain the ranks of celebrity; the press took on the responsibility of relaying the information. In a Faustian foursome, the stars, the photographers, the press, and the public sealed their fate by creating a vast, interdependent network.

The desire for knowledge is a form of demand. Certainly, things have come a long way since the beginning of the twentieth century, a period when producers refused to reveal actors' names for fear of having to answer their demands. It took their relentless persuasion, along with the public's desire to know who its

tore – era il bersaglio da centrare, l'ascoltatore da sedurre. Creando un collegamento tra stampa e stelle del cinema, i fotografi facevano da cassa di risonanza alle imprese di quanti desideravano mantenere o raggiungere il rango di celebrità, e la stampa si assunse la responsabilità di ritrasmettere le informazioni. In una quadriglia faustiana, star, fotografi, stampa e pubblico suggellavano il loro destino creando una vasta rete interdipendente.

Il desiderio di conoscenza è una forma di domanda economica. Di certo le cose sono cambiate molto dall'inizio del XX secolo, un'epoca in cui i produttori rifiutavano di svelare i nomi degli attori per paura di dover soddisfare il desiderio del pubblico che richiedeva i suoi beniamini. Fu necessaria un'incessante opera di persuasione, unitamente al desiderio del pubblico di sapere chi fossero i suoi eroi, perché i loro nomi venissero finalmente svelati. Scontenti per l'elevato grado di controllo esercitato sulle notizie, gli spettatori – acquistando queste riviste – adesso incoraggiavano quanti davano loro libero accesso alla vita privata delle star. Svelare sé stessi era il prezzo da pagare per entrare nello star system, il riscatto per il successo. La frattura culturale andò di pari passo con quella estetica: questi nuovi fotografi ribaltarono i codici di una pratica fotografica diventata ormai troppo accademica[2]. Alla luce degli standard consolidati, la fotografia si era impoverita. Divenne caotica e disordinata, l'inquadratura era casuale, l'immagine sfuocata e il primo piano costantemente occupato da una mano o persino dal riflesso del finestrino di un'auto. Ci fu un cambiamento di paradigma, in cui due categorie si scontravano in quella che era una virtuale lotta di classe: gli aristocratici del mestiere – i fotografi accreditati cui era autorizzato l'accesso ai set cinematografici – e gli altri, i proletari della fotografia che attendevano l'arrivo di una stella del cinema finché non riuscivano a rubarne un'immagine. Questa allegra combriccola di romani comprendeva Velio Cioni, Marcello Geppetti, Franco Pinna, Pierluigi Praturlon, Tazio Secchiaroli, Sergio Spinelli, Elio Sorci, Sandro Vespasiani e Arturo Zavattini. Si trattava di fotografi d'assalto, selvaggi e combattivi; non avevano alcuna cultura fotografica né il reale di bisogno di farsene una. Tutti loro avevano assimilato le aspettative delle riviste e nella maggior parte dei casi dovevano limitarsi a catturare lo spettacolo che si offriva spontaneamente ai loro obiettivi. Se poi dovevano incoraggiare un po' le situazioni, non c'era problema. Erano rapidi, agili e scaltri; fotografavano in branco, come altri vanno a caccia. Conoscevano i *concierge* dei grandi alberghi, i camerieri dei ristoranti più eleganti, i buttafuori dei nightclub e i tassisti, e alla minima indiscrezione saltavano sulla Vespa, inforcavano la Lambretta o si mettevano al volante della Fiat 500 e attraversavano la città come saette per non perdersi nulla. Uscivano e aspettavano per ore: una volta, per riuscire a fotografare David Niven e Ava Gardner semi-svestiti, Tazio Secchiaroli restò nascosto per cinque ore in un armadio in un corridoio di Cinecittà! Erano diventati veri maestri dell'arte della sorpresa.

heroes were before their name could at last be credited. Dissatisfied with the extent to which news was being controlled, the public, by buying these papers, now encouraged those who gave them access to the stars' private lives. Revealing yourself was the price to be paid for entering the star system; it was the ransom of success. The cultural break was coupled with an aesthetic break. These new photographers upset the codes of a photographic practice that had become too academic.[2] In the light of established standards, the photo grew poorer. It became chaotic and disorderly, its framing was random, its precision was blurred, and the foreground was regularly barred by an opposing hand or even hindered by the reflection of a car window. There was a change of paradigm, where two categories clashed in what was virtually a class struggle: the profession's aristocrats —accredited photographers with authorized access to the film sets—and the others, the proletarians of photography who awaited the arrival of a film star down until they succeeded in snatching his or her picture. This merry band of Romans included Velio Cioni, Marcello Geppetti, Franco Pinna, Pierluigi Praturlon, Tazio Secchiaroli, Sergio Spinelli, Elio Sorci, Sandro Vespasiani, and Arturo Zavattini. They were wild, combative, assailant photographers. They had no photographic culture and had no real need for it. All of them had assimilated the magazines expectations, and more often than not simply had to capture the spectacle that offered itself to them. And if they had to encourage things a little, that was no problem. They were quick, agile, and shrewd. They photographed in packs, like others hunt. Friendly with the concierges of big hotels, the waiters of chic restaurants, nightclub bouncers, and taxi drivers, at the slightest indiscretion they jumped onto their Vespas, straddled their Lambrettas, or took to the wheel of their Fiat 500s, and crossed the city like lightning so as not to miss anything. They did out and waited for hours: in order to capture David Niven and Ava Gardner scantily clad, Tazio Secchiaroli chose to hide for five hours in a corridor cupboard in the Cinecittà! They had become true masters of surprise.

The Via Veneto served as a meeting point. Bars and clubs lined Rome's chic main street. Film stars and their entourages, High society people, other prominent figures-everyone crowded there to party and have fun for most of the night. In the early hours, they reappeared with weary faces, reeling with the effects of alcohol and fatigue. The photographers, posted on the opposite sidewalk, finally saw their patience rewarded. They went crazy, flashes popping, buzzing like mosquitoes around their prey. If an illegitimate couple had formed overnight, it was a jackpot. The photographers often worked in pairs and their routine was well rehearsed. If a bachelor appeared with a new conquest, they would try to provoke him; action was needed for a film star to fly off the handle. One of them would shout out, "Have you seen the ugly dog you picked up last night!" The reaction was immediate: the film star would chase impertinent heckler. The second photographer, off to one side, would then rush to follow them and immortalize

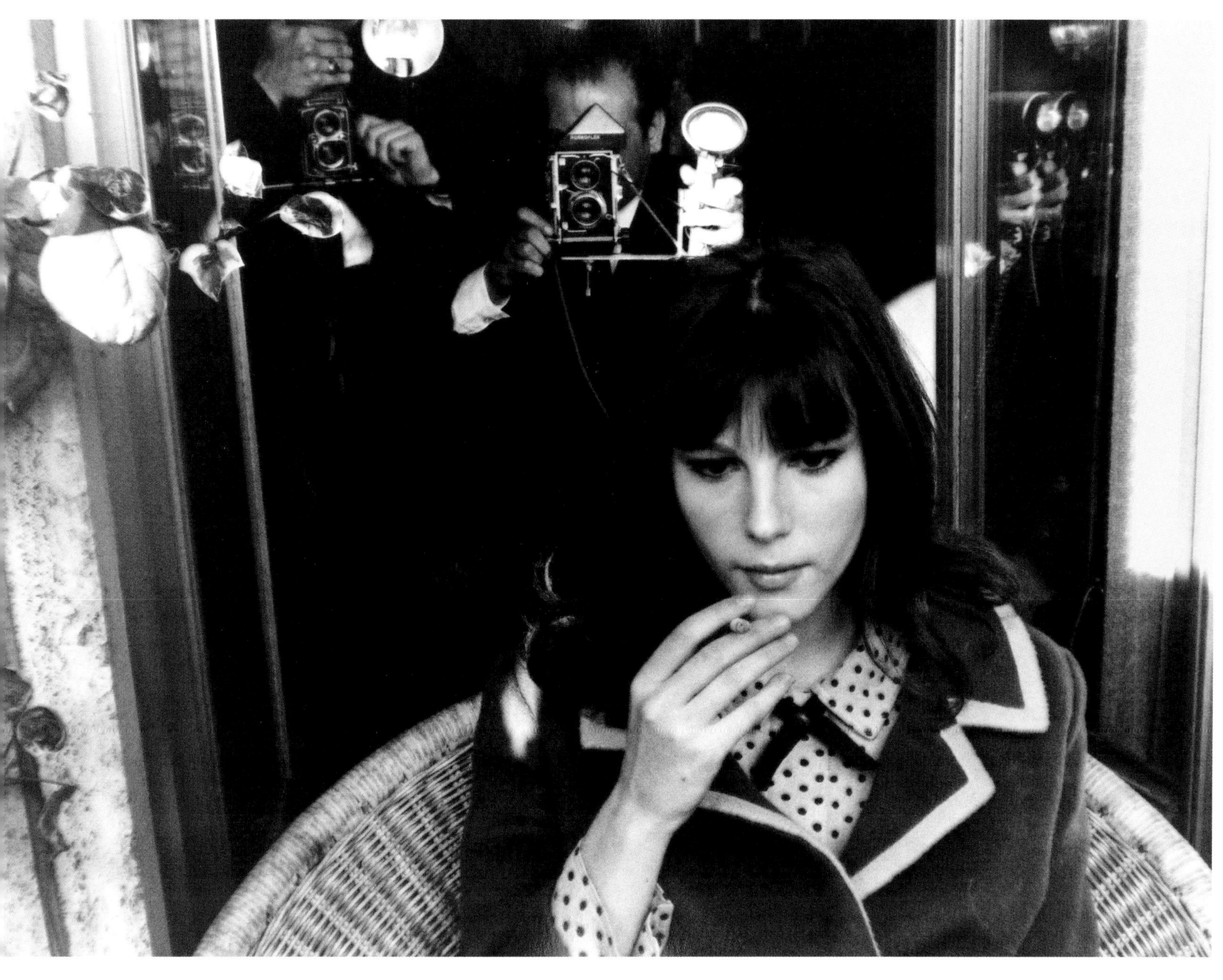

52. Agenzia Dufoto, *Stefania Sandrelli*. Roma, primi anni '60 / early 1960s.

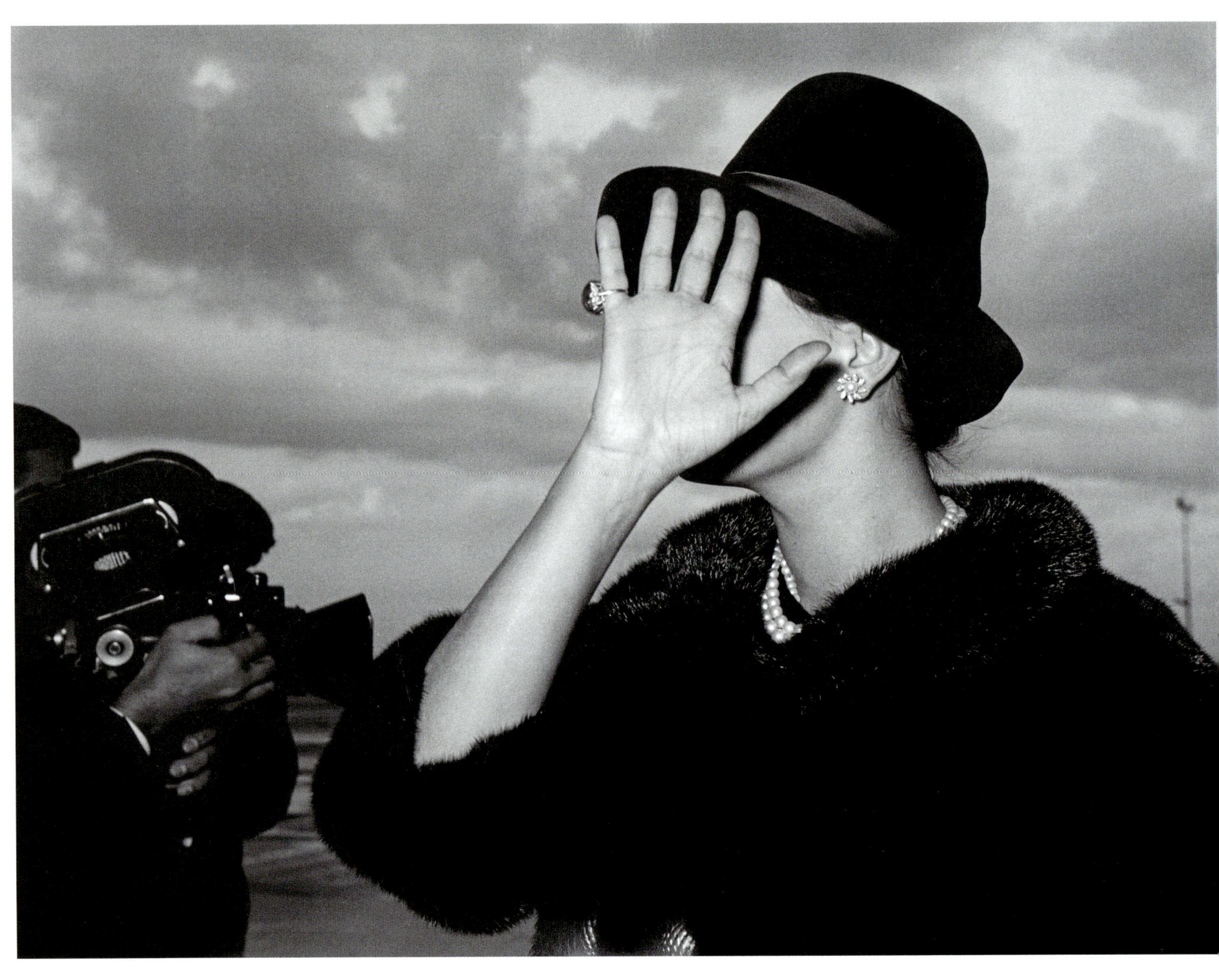

53. Agenzia Dufoto, *Sophia Loren all'aeroporto di Ciampino di ritorno dagli Stati Uniti / Sophia Loren at the Ciampino Airport Upon Her Return from the United States.* 14 novembre / November 1961.

Con i bar e i locali che la costeggiavano, l'elegante Via Veneto fungeva da punto d'incontro. Le stelle del cinema e i loro entourage, i membri dell'alta società e altri personaggi famosi frequentavano quei luoghi per fare festa e divertirsi fino al mattino. All'alba ricomparivano con il viso sfatto e con addosso i segni dell'alcol e della stanchezza. I fotografi, appostati sul marciapiede di fronte, vedevano finalmente premiate le loro fatiche. Partivano come matti, i flash scattavano all'impazzata, sciamando come mosche sulla preda. Se durante la notte si era formata una coppia clandestina, per i fotografi era come vincere alla lotteria. Spesso i paparazzi lavoravano in coppia e la loro routine era ben consolidata. Se uno scapolo compariva con una nuova conquista, avrebbero tentato di provocarlo: era necessario passare all'azione per far perdere le staffe a una stella del cinema. Un paparazzo gridava qualcosa come: "Ti sei accorto di che racchia hai rimorchiato ieri sera?!"; a quel punto la reazione era immediata e l'attore avrebbe dato la caccia all'impertinente disturbatore. Il secondo fotografo, appostato di lato, si sarebbe a quel punto affrettato a immortalare la scena. Tutta quella fatica sarebbe poi stata premiata con diverse pagine su una rivista o, nel migliore dei casi, con una copertina. Si dice che Tazio Secchiaroli abbia fatto arrabbiare re Farouk avvicinandoglisi e sussurrandogli un commento offensivo sulle donne con le quali era in compagnia.

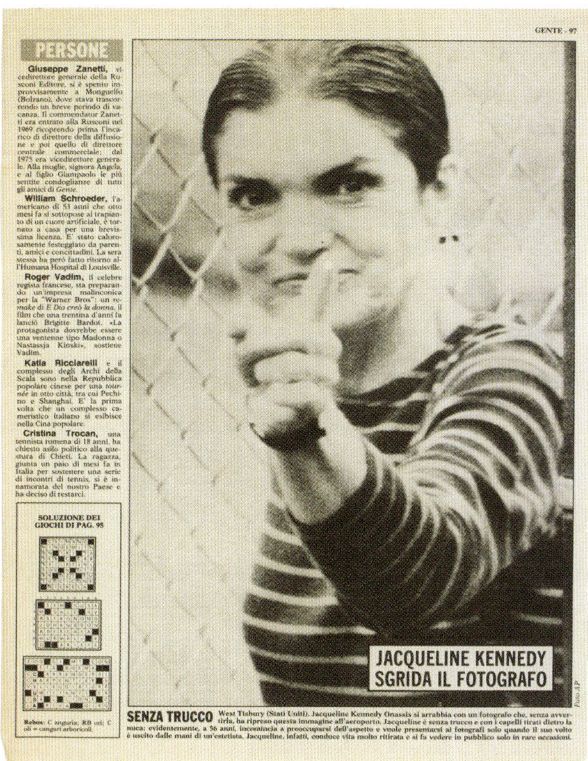

fig. 17.
"Gente", agosto / August 1985

Da Via Veneto alla *Dolce Vita*

Da raffinato osservatore della società italiana in pieno cambiamento, Federico Fellini colse al meglio questa improvvisa eruzione della nuova estetica nella cultura popolare. L'avvento della modernità non risparmiò nessun campo della società: economia, trasporti, tradizioni, abitudini e nemmeno i media e il loro modo di restituire l'immagine del mondo. *La Dolce Vita* (1960) racconta questa storia e Fellini utilizzò persino la forma del film per rappresentare la rivoluzione in corso, scegliendo di rompere con il principio della narrazione lineare. Nel film, Marcello Mastroianni recita la parte di un reporter, spesso seguito da un'orda di fotografi. Inizia così uno strano gioco tra realtà e finzione, tra fotografi delle star e regista, al punto tale che è difficile sapere quale abbia ispirato l'altro.

Nella *Dolce Vita* – spesso descritta come una pellicola scaturita direttamente dall'immaginazione di Fellini – molte scene sono tratte da situazioni reali. Fellini intraprese una vasta operazione di dissezione degli eventi per estrarre scene narrative e, nel farlo, trasse ispirazione dalla realtà.

Benno Graziani, un importante reporter che lavorava da Roma per "Paris Match" negli anni cinquanta, racconta di una lunga discussione con Fellini[3]. Un giorno, il Maestro gli confessò che il personaggio di Marcello nella *Dolce Vita* doveva molto proprio a lui. Fellini stesso scrisse che il ruolo del fotografo, il paparazzo, era ispirato a Tazio Secchiaroli. Occorre notare che

the scene. Their trouble would be rewarded with several pages in a magazine, or, even better, a magazine cover. Tazio Secchiaroli is said to have enraged king Farouk by supposedly coming up to him and letting slip an offensive remark about his female companions.

From The Via Veneto to *La Dolce Vita*

As a refined observer of Italian society in the full swing of change, Federico Fellini best discerned this sudden eruption of a new aesthetic into popular culture. The arrival of the modern age spared neither the economy, nor transport, nor tradition, nor customs, nor even the media and the way in which they fashioned the image of the world. *La Dolce Vita* (1960) tells this tale, and Fellini even used the film's form to represent the revolution in progress, choosing to break with the principle of a linear narrative. Marcello Mastroianni plays the role of a reporter in the movie, often followed by a horde of photographers. Thus begins a strange game of to-and-fro between reality and cinema, between the photographers of film stars and the filmmaker, to such an extent that it is difficult to know which inspired the other.

In *La Dolce Vita*—often described as springing straight from Fellini's imagination—many scenes are taken directly from real situations. Fellini undertook a vast operation of dissecting current events in order to extract the narrative essence. He drew his inspiration from the source of reality.

Benno Graziani, an important reporter in Rome for *Paris Match* in the 1950s, tells of his long discussions with

dietro i più sensazionali scoop degli anni cinquanta c'era proprio Secchiaroli che, da solo, incarnava la nuova generazione di cacciatori di stelle cinematografiche: fotografi liberi, spudorati, che seguivano gli attori come i cacciatori fanno con le prede. In una lucida analisi della relazione tra fotografo e stella del cinema, Secchiaroli spiegò semplicemente che se il fotografo avesse smesso di seguire le star, queste sarebbero andate a cercarlo.

All'inizio della sua carriera, lavorando in strada e scattando foto ai passanti o ai soldati americani di stanza in città, Secchiaroli si era formato con Adolfo Porry-Pastorel, prima di creare nel 1955 con Marcello Geppetti la Roma Press Photo. L'agenzia realizzò una serie di scoop e le sue foto arrivarono sulle prime pagine dei giornali; tra queste le immagini di re Farouk in buona compagnia, Ava Gardner che baciava il suo amato Tony Franciosa in un caffè, Anita Ekberg con il marito Anthony Steel in pessime condizioni e il famoso spogliarello al Rugantino.

Destino volle che Secchiaroli finisse per entrare nel gruppo di coloro ai quali aveva dato la caccia per molti anni: dopo *La Dolce Vita*, infatti, Secchiaroli sarebbe diventato un famoso fotografo di cinema – lavorando spesso con Fellini –, oltre che il fotografo ufficiale di Sophia Loren. In questo modo, confermò l'importanza delle strade che aveva aperto.

Nel 1958, mentre si stava preparando a girare *La Dolce Vita*, Fellini incontrò Secchiaroli e i fotografi di Via Veneto. Arrivò con un pacco di riviste tra le braccia e chiese chi fosse l'autore di ciascuna foto: voleva capire come operavano, come lavoravano e chi fossero le loro vittime. Quello di rappresentare Anita Ekberg come sé stessa – la star del cinema presa nel vortice della vita romana, seguita in ogni gesto e azione dai giornalisti – era stato il suo piano fin dall'inizio.

Una foto dell'ottobre 1958 immortala l'incontro: radunati attorno a Fellini ci sono i fotografi Tazio Secchiaroli, Sandro Vespasiani e Pierluigi Praturlon, il fotografo di scena della *Dolce Vita*. Nella sua autobiografia, Fellini scrive: "Trascorsi molte serate con i fotografi di Via Veneto, parlando con Tazio Secchiaroli e gli altri, e imparando i trucchi del loro mestiere: come scovavano la preda, cosa facevano per far innervosire i loro obiettivi e come preparavano i reportage per soddisfare le richieste dei diversi giornali".[4]

L'episodio più memorabile avvenne qualche settimana più tardi, una sera di novembre del 1958, al Rugantino, un nightclub alla moda in Trastevere. Quella sera, una ragazza appartenente a una famiglia dell'aristocrazia romana stava festeggiando il compleanno. Alla movimentata festa partecipavano i giovani delle famiglie più in vista della città, aristocratici, scrittori, starlette e Anita Ekberg. La pin-up, che si era innamorata di Roma durante le riprese di *Guerra e pace*, si era trasferita nella Città Eterna con l'intenzione di vivere appieno la sua atmosfera frenetica. I testimoni ricordano con precisione il momento in cui la Ekberg si tolse le scarpe e iniziò a ballare scalza, per poi lanciarsi in un sen-

Fellini.[3] One day the "maestro" confessed that the character of Marcello in *La Dolce Vita* owed much to him. Fellini himself wrote that the role of the photographer, Paparazzo, was inspired by Tazio Secchiaroli. It must be noted that Secchiaroli was behind the most sensational scoops during the 1950s. He alone embodied the new generation of film-star hunters: free, unabashed photographers who followed the film-stars as hunters chase an animal. In a lucid analysis of the relationship that linked the photographer with the film star, Secchiaroli simply said that the day the photographer stopped following the star, the star would run after him.

At the start of his career, working in the street and taking portraits of passersby or American soldiers stationed in the city, Secchiaroli trained with Adolfo Porry-Pastorel, before founding Roma Press Photo in 1955 with Marcello Geppetti. The agency made a succession of scoops and their photos made the front pages of newspapers, including King Farouk in good company, Ava Gardner kissing her love Tony Franciosa at a café, Anita Ekberg and her husband Anthony Steel slightly the worse of wear, and a streaptease at Rugantino's nightclub.

As fate would have it, he actually joined those he had spent so many years chasing. After *La Dolce Vita*, Secchiaroli was to become a renowned cinema photographer, often working with Fellini, as well as becoming Sophia Loren's official photographer. In so doing, he confirmed the importance of the paths he had forged.

In 1958, while preparing for *La Dolce Vita*, Fellini met Secchiaroli and the Via Veneto photographers. He arrived with his arms full of magazines and asked who was responsible for each photo. He wanted to understand how they operated, how they worked, and who their victims were. And was it his plan all along to cast Anita Ekberg as herself, as a film star sucked into the whirlpool of Roman life, whose every act and gesture was followed by journalists?

A photograph from October 1958 immortalizes the encounter: grouped around Fellini are the photographers Tazio Secchiaroli, Sandro Vespasiani, and Pierluigi Praturlon, the set photographer of *La Dolce Vita*. In his autobiography, Fellini recalls, "I spent many evenings with the photographers of Via Veneto, talking with Tazio Secchiaroli and the others and learning about the tricks of their trade: how they tracked down their prey, what they did to make them nervous, and how they prepared their reports to meet the requirements of the different papers."[4]

The most memorable story took place a few weeks later, one November evening in 1958, at Rugantino's, a fashionable nightclub in Trastevere. On that evening, a young man from a respectable family was celebrating his birthday. The party was lively, gathering together the city's golden youth. Among the guests were a few aristocrats, writers, starlets, and Anita Ekberg. The pinup, who had fallen under Rome's spell when she was filming *War and Peace* there, had moved to the Eternal City with the aim of participating fully in the frenzied atmosphere. Witnesses vividly described how she took off her shoes to dance barefoot. Then she

suale cha-cha, che affascinò i presenti. Una delle ospiti, la giovane attrice turca Aïché Nana, osservò la performance dell'attrice più grande di lei e decise di accogliere la sfida. I tavoli vennero spostati, i musicisti formarono un cerchio e gli uomini si tolsero le giacche e le posarono a terra per creare un palco improvvisato. I presenti si avvicinarono e Aïché Nana iniziò il suo spogliarello, accompagnata dai flash dei fotografi. Allertato dal clamore, il proprietario – che aveva l'obbligo di tutelare l'anonimato dei suoi clienti – iniziò a temere di finire nei guai se si fosse sparsa la voce dell'accaduto. Bloccò i fotografi e confiscò le pellicole, ma Tazio Secchiaroli – il più abile del gruppo – capì subito quanto avrebbe potuto guadagnare con quella scena, quindi scattò qualche foto prima di consegnare a un amico la pellicola e di darne una nuova al proprietario del club. L'amico di Secchiaroli uscì dal night indisturbato e corse al laboratorio fotografico a sviluppare il rullino. Il giorno successivo, le foto dello spogliarello di Aïché Nana erano sulla scrivania del caporedattore.

Tutte le riviste le pubblicarono, scatenando uno scandalo senza precedenti. La storia attraversò l'Atlantico e fu pubblicata da alcuni giornali americani. In Italia, "Lo Specchio" titolò "I nobili si spogliano così" o persino "La turca per dessert".[5] La foto era corredata da uno schema che identificava tutte le celebrità presenti. "L'Espresso" pubblicò la storia in prima pagina e soprannominò Aïché Nana "La turca desnuda"[6]. Più discreto degli altri, il periodico si premurò di coprire le parti intime della ragazza con una bandella nera e colse l'occasione per fare altrettanto con gli occhi dei partecipanti. Questi tentativi di nascondere l'identità degli ospiti probabilmente non fecero che incoraggiare alcuni lettori a fare tutto il possibile per scoprire di chi si trattasse!

Quando Fellini lesse dello scandalo del Rugantino, percepì immediatamente il potenziale cinematografico della storia, che coglieva gli antagonismi postbellici che, a Roma, oscillavano tra la liberalizzazione della morale e il peso della tradizione. Lo shock delle due culture era talvolta violento. I profondi cambiamenti sociali che avevano accompagnato il boom economico sconvolsero l'Italia e costrinsero la Chiesa e i partiti conservatori, per certi versi riluttanti, ad allentare la presa.

Quando, nell'autunno del 1958, terminò la sceneggiatura per *La Dolce Vita*, Fellini decise di inserire alla fine del film una scena di spogliarello simile all'episodio avvenuto al Rugantino.

Un altro evento che lasciò il segno sulla *Dolce Vita* fu una questione che atteneva al credo popolare. Nell'Europa postbellica, infatti, si verificarono molte apparizioni mariane, davanti alle quali il Vaticano assunse un atteggiamento di riserbo – laddove non di aperta ostilità –, mentre il pubblico – mosso dalla fede comune – salutava con entusiasmo ogni miracolo. Nell'estate del 1958, la Madonna apparve a due bambini nella zona di Terni. La notizia si diffuse immediatamente tra gli abitanti, i media si precipitarono a frotte per documentare l'evento e la cittadina fu presa d'assalto da un'enorme folla. Quella stessa estate, Fellini scrisse la sceneg-

threw herself into a torrid cha-cha, captivating her audience. One of the onlookers, a young Turkish actress called Aïché Nana, contemplated the performance of the older actress and decided to take up the challenge. The tables were pushed back, the musicians formed a circle, men took off their jackets and laid them on the floor to give her a stage. Everyone moved closer and Aïché Nana began her striptease. Flashes started to pop. Alerted by the clamor, the club owner, obligated to preserve the anonymity of his clients, began to worry about the trouble he would get into if word of the event got around. He collared the photographers and confiscated their films. Tazio Secchiaroli, the shrewdest of the lot, quickly understood what he could get out of the scene. He took a few photos before entrusting the film to one of his friends. It was a blank film that he gave to the club owner. His friend left the club without being bothered, and rushed to the photo laboratory to develop the photos. The next day, the pictures of Aïché Nana's striptease were on the editors' desks.

All the magazines published them, provoking an unprecedented scandal. The story even crossed the Atlantic and was published by American newspapers. In Italy, *Lo Specchio* headlined "The genteel people undress like this," or even "The Turk for dessert."[5] The photo was accompanied by a diagram identifying and naming all the celebrities present. *L'Espresso* published the story on its front page and nicknamed Aïché Nana "The Naked Turk."[6] More discreet than the others, the newspaper took care to cover the intimate parts of the young woman's body with a black band. It also took advantage of the situation to mask, in a similar fashion, the eyes of the participants. These attemps to hide the identity of the guests probably only encouraged some readers to do everything they could to try and recognize them!

When Fellini discovered the Rugantino scandal in the press, he immediately sensed the cinematographic potential of the story. It captured Rome's postwar antagonisms between the liberalization of morals and the weight of tradition. The shock of the two cultures was sometimes violent. The deep changes in society that had accompanied the economic boom shook Italy and obliged the Church and conservative parties, somewhat reluctantly, to lessen their hold.

When he finished his screenplay for *La Dolce Vita*, in the fall of 1958, Fellini decided to insert a striptease scene reminiscent of the incident at Rugantino's at the end of his film. Another event that left its mark on *La Dolce Vita* was one that played with popular beliefs. Indeed, in postwar Europe and even more so in Italy, there was an increase in the apparitions of the Virgin Mary. The Vatican adopted a reserved—even hostile—attitude toward these apparitions, while the public, driven by collective belief, greeted each miracle with enthusiasm. Thus, during the summer of 1958, the Madonna appeared to two children in the region of Terni, about an hour from Rome. The news spread immediately to the village inhabitants, and the media flocked there in droves to cover the event. Huge crowds took over the village. The same summer Fellini wrote the script for *La Dolce Vita*,

giatura per *La Dolce Vita* (con Flaiano e Pinelli) e vi inserì la storia di questa apparizione, ammettendo così di trarre ispirazione dai fatti di cronaca. Nella scena del film, il produttore enfatizza l'aspetto mediatico dell'evento, dimostrando di aver compreso appieno il significato della comunicazione moderna. Nella società dello spettacolo, la stampa e la televisione plasmano la nostra percezione del reale. Con Fellini, il luogo in cui avviene il miracolo diventa un teatro delle illusioni trasmesse dal vivo alle masse. L'importanza di Fellini sta nella sua capacità di individuare il potenziale cinematografico di ogni evento per dare conto – quasi in tempo reale – del radicale cambiamento che ha lasciato la società sconcertata. La scena d'apertura della *Dolce Vita* è di per sé emblematica della costruzione felliniana.

Due elicotteri – i Bell 47 – aleggiano su Roma[7]. Il primo sta trasportando una statua raffigurante Gesù Cristo con le braccia allargate che, sospesa con un cavo, sembra benedire dal cielo la caotica immagine della Città Eterna. A bordo del secondo elicottero, che segue da vicino il primo, ci sono Marcello Mastroianni nei panni di un giornalista e Walter Santesso nel ruolo del paparazzo. Insieme, devono documentare l'evento. La processione è diretta in Vaticano per consegnare il suo bizzarro carico e, durante il tragitto, sorvola i nuovi quartieri cittadini, un campo da calcio situato lungo le rovine di un acquedotto romano e un edificio moderno con due donne in bikini che si rilassano nella terrazza sul tetto. La colonna sonora è un brano jazz, seguito dallo squillare delle campane di San Pietro. La scena è costruita intorno a degli antagonismi, a partire dalla bizzarra associazione tra l'elicottero e Gesù. Il trasporto di un simbolo della tradizione effettuato da un prodotto della modernità[8] rappresenta un evento in una società in cui lo spettacolo attirava l'attenzione di tutti i media. Questa società si era sistemata nel proprio ritmo, sotto lo sguardo implacabile dei cacciatori di immagini che mostravano come trofei le prove schiaccianti di come questo nuovo modo di vivere veniva esibito.

Dal momento che questi nuovi fotografi dovevano inserirsi in modo permanente nel campo dei media, avevano bisogno di un nome. Fellini, giocando sul fatto che costoro comparivano sempre prima degli altri, diede a un'intera professione se non la notorietà almeno un nome. Nel film, il fotografo risponde al nome di «Paparazzo» e, dopo *La Dolce Vita*, questi fotografi sarebbero passati alla storia come "paparazzi"!

with Flaiano and Pinelli. They included the story of this apparition in the film, thereby acknowledging that they drew inspiration from current events. In the scene, the film producer emphasized the media spectacle of the event; he had grasped the full significance of modern communication. In the society of the spectacle, the press and television fashion our perception of the real. With Fellini, the place where the miracle happened became a theater of illusions transmitted live to the masses. Fellini's importance lay in his capacity to detect the cinematographic potential of any event, in order to account for the radical change disrupting society, virtually in real time. The opening scene of *La Dolce Vita* is in itself emblematic of the Fellinian construction.

Two similar helicopters—Bell 47s—hover over Rome.[7] The first one is transporting a statue of Christ suspended by a cable, arms outstretched and seemingly blessing the chaotic image of the Eternal City from the sky. The second follows the first, carrying Marcello Mastroianni as a journalist and Walter Santesso as a paparazzo. Together, they cover the event. The procession heads for the Vatican to deliver its strange cargo and in turn flies over the new suburbs, a football pitch situated alongside the ruins of a Roman aqueduct, and a modern building with two women in bikinis relaxing on its roof terrace. The soundtrack plays a jazz tune, followed by the chiming of the bells of Saint Peter. The scene is built around antagonisms, beginning with the incongruous association of the helicopter and Christ. The transportation of a symbol of tradition by one of modernity[8] served as an event in a society in which the spectacle now attracted the attention of all the media. This society had settled into its own rhythm, under the implacable gaze of the picture hunters who brought in, like trophies, damning proof of how this new way of living was being exhibited. As they were to establish themselves lastingly in the field of the media, they had to be given a name. Fellini, catching onto the significance of their emergence before everyone else, gave an entire profession, if not notoriety, at least a name. In the film, the photographer answered to the name of Paparazzo; all of these photographers, after *La Dolce Vita*, would forever be known as paparazzi!

Questo testo è stato originariamente pubblicato in C. Chéroux (a cura di), Paparazzi! Photographes, stars et artistes, catalogo della mostra Centre Pompidou-Metz / Flammarion Parigi, 2014. Si ringrazia l'autore per la disponibilità.

[1] Citazione tratta dalla prefazione di Cornell Capa, "If your pictures aren't good enough, you're not close enough", in Robert Capa, *Slightly Out of Focus*, New York, The Modern Library, 1999, p. xi.

[2] Un giorno dovremmo riscrivere la storia della fotografia dal punto di vista dell'impoverimento delle immagini. La nascita dell'estetica dei paparazzi sarebbe un argomento perfetto.

[3] Intervista con l'autore, 19 maggio 2009.

[4] *Le Propos de Fellini*, Paris, Buchet-Chastel, 1960, pp. 107-108.

[5] "Lo Specchio", 16 novembre 1958

[6] "L'Espresso", 16 novembre 1958

[7] È importante ricordare che questa scena ha una storia alle spalle: in un articolo di "CIAK" del 1° maggio 1956, un elicottero trasportava una statua di Cristo da Piazza del Duomo a Milano al Vaticano. Su questo, si veda Sam Stourdzé, *Le Christ en helicopter*, in *Federico Fellini, La Dolce Vita*, Paris, Xavier Barral, 2009, pp. 264-269.

[8] L'elicottero è un simbolo potente che rimanda all'immagine della ricostruzione nell'Italia del dopoguerra. Gli italiani, in realtà, reclamano anche il primo volo civile in elicottero, avvenuto a Roma nel 1930. La macchina volante immaginata da Leonardo da Vinci divenne un'allegoria cui spesso attinge la stampa popolare. Le sue imprese e le sue sconfitte trovarono eco nei media: l'elicottero incarnava la modernità, l'eccellenza tecnologica e la conquista del cielo.

This text was originally published in C. Chéroux (edited by), Paparazzi! Photographes, stars et artistes, exhibition catalogue Centre Pompidou-Metz / Flammarion Paris, 2014. We would like to thank the author for his willingness.

[1] Quoted in the foreword by Cornell Capa, "If your pictures aren't good enough, you're not close enough," in Robert Capa, *Slightly Out of Focus* (New York, The Modern Library, 1999), p. xi.

[2] One day we should reread the history of photography from the viewpoint of the impoverishment of the images. The appearance of the paparazzi aesthetic would fit perfectly into this history.

[3] Interview with the author on May 19, 2009.

[4] *Le Propos de Fellini* (Paris: Buchet-Chastel, 1960), pp. 107–8.

[5] *Lo Specchio*, Novembre 16, 1958

[6] *L'Espresso*, Novembre 16, 1958

[7] It is important to remember that this scene has a prior history. Indeed, in the news items of *CIAK* of May 1, 1956, a helicopter transported a statue of Christ from the Piazza del Duomo in Milan to the Vatican. On this subject, see Sam Stourdzé, "Le Christ en helicopter", in *Federico Fellini, La Dolce Vita* (Paris, Xavier Barral, 2009), pp. 264–69.

[8] The helicopter is a powerful symbol, inherent in the image of the reconstruction of postwar Italy. Indeed the Italians claim the first civil helicopter flight, which took place in Rome in 1930. The flying machine imagined by Leonardo da Vinci became an allegory that was constantly related by the popular press. Its exploits and its setbacks both found an echo in the media: the helicopter embodied modernity, technological excellence, and the conquest of the sky.

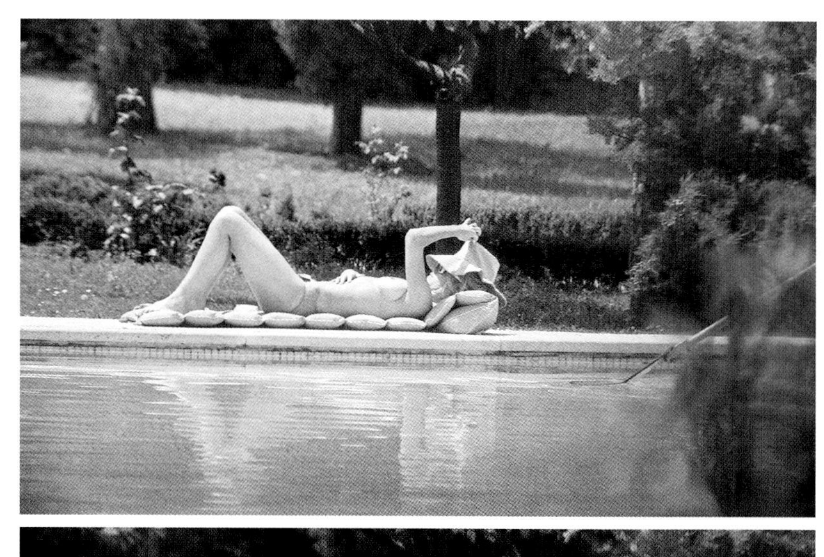

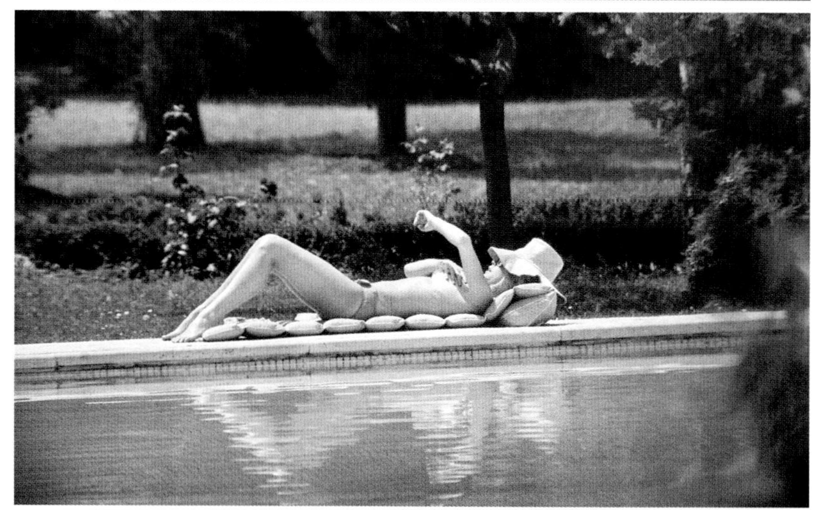

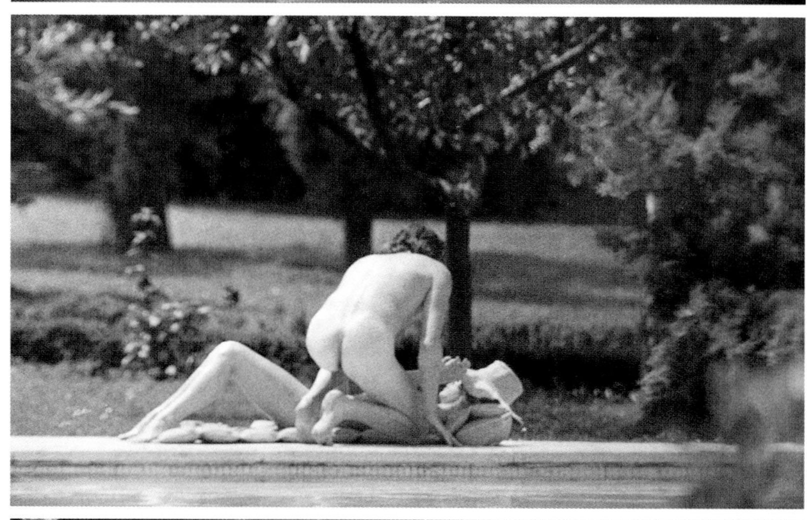

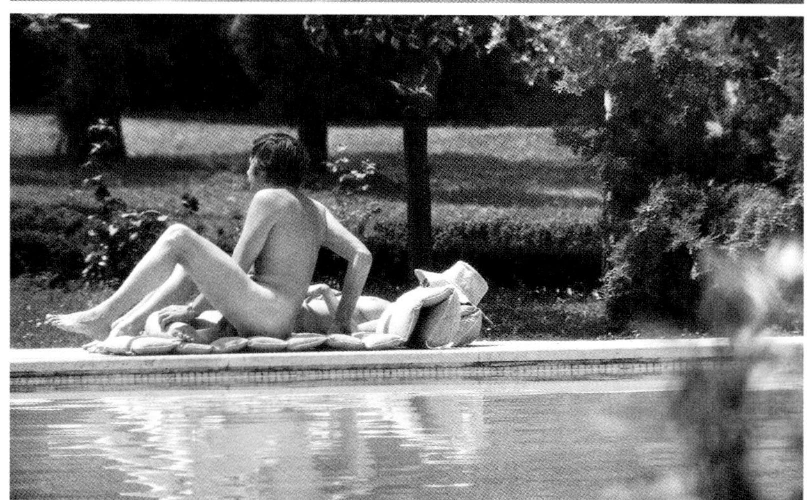

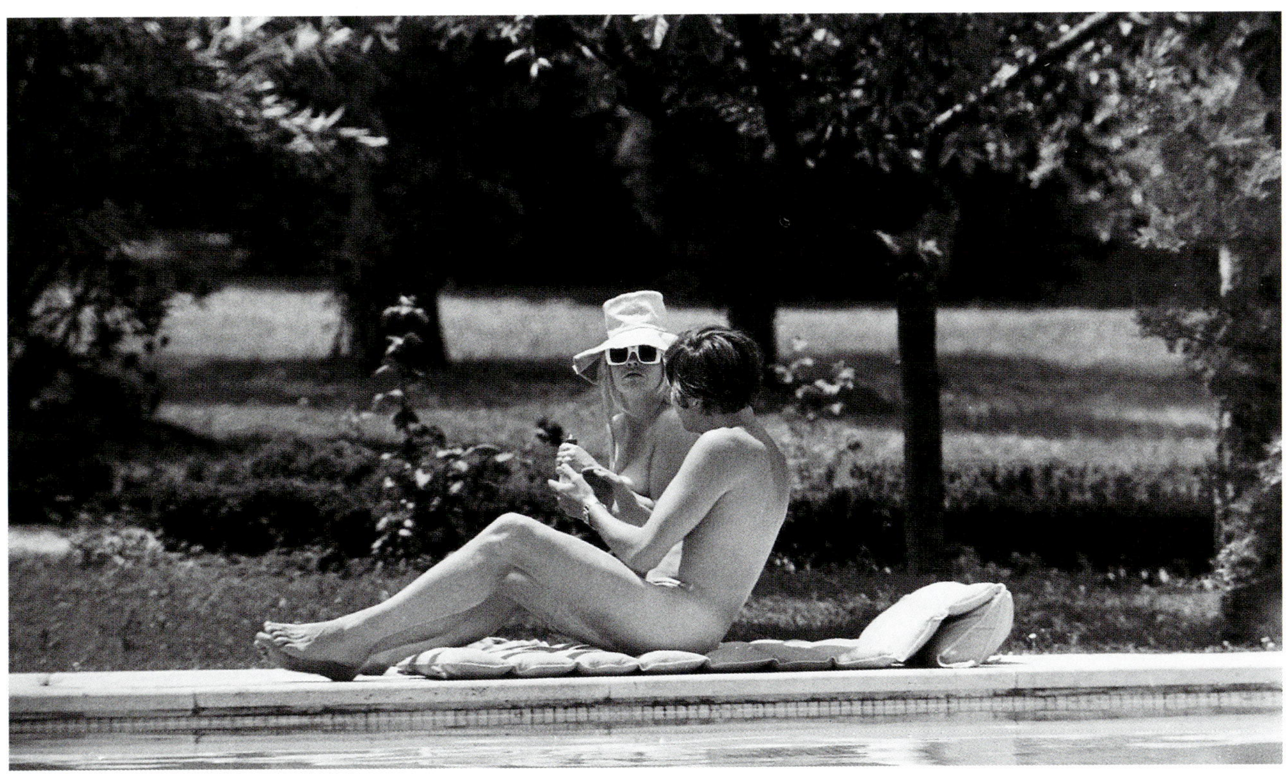

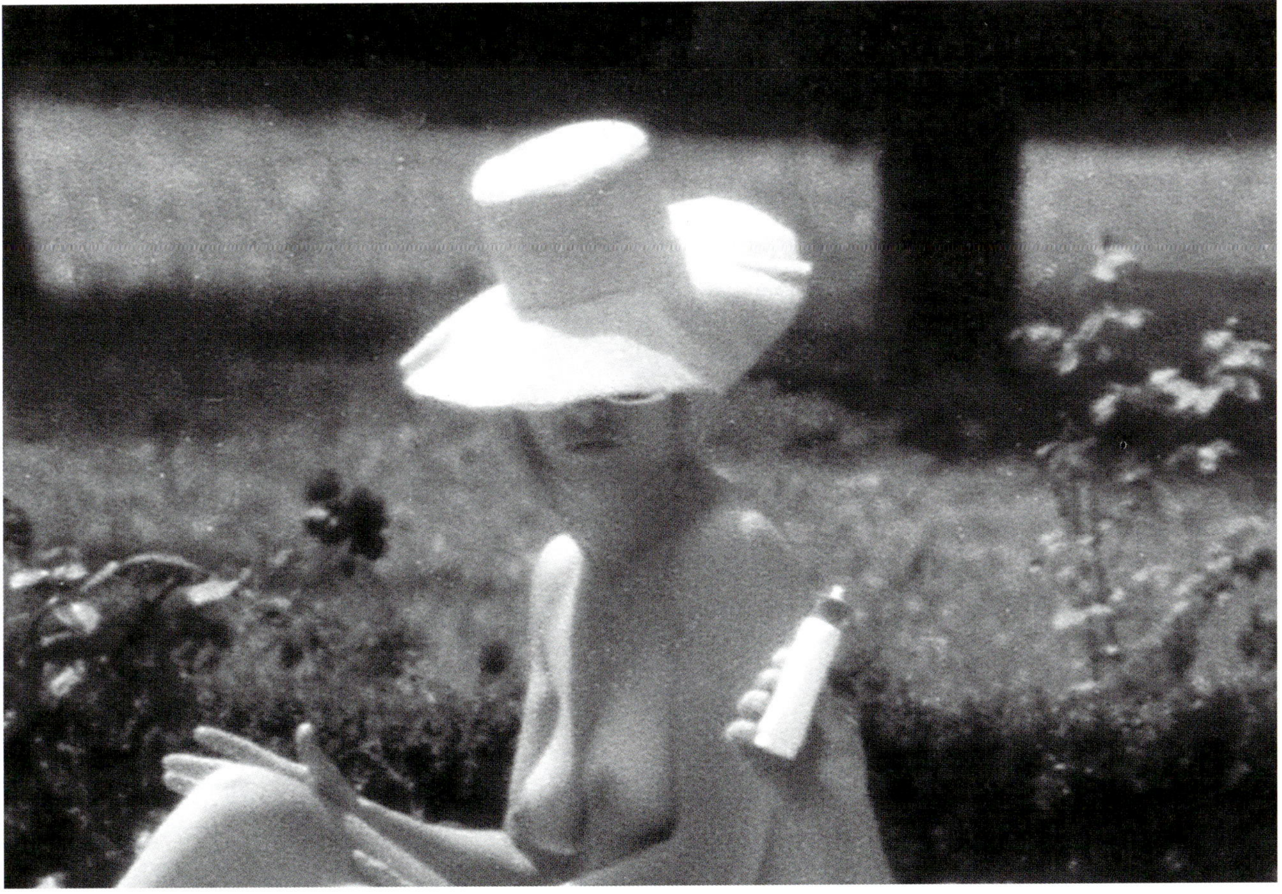

54-59. Marcello Geppetti, *Brigitte Bardot e Gunther Sachs nella loro villa sull'Appia Antica / Brigitte Bardot and Gunther Sachs in their Villa on the Appian Way*. Roma, 1967.

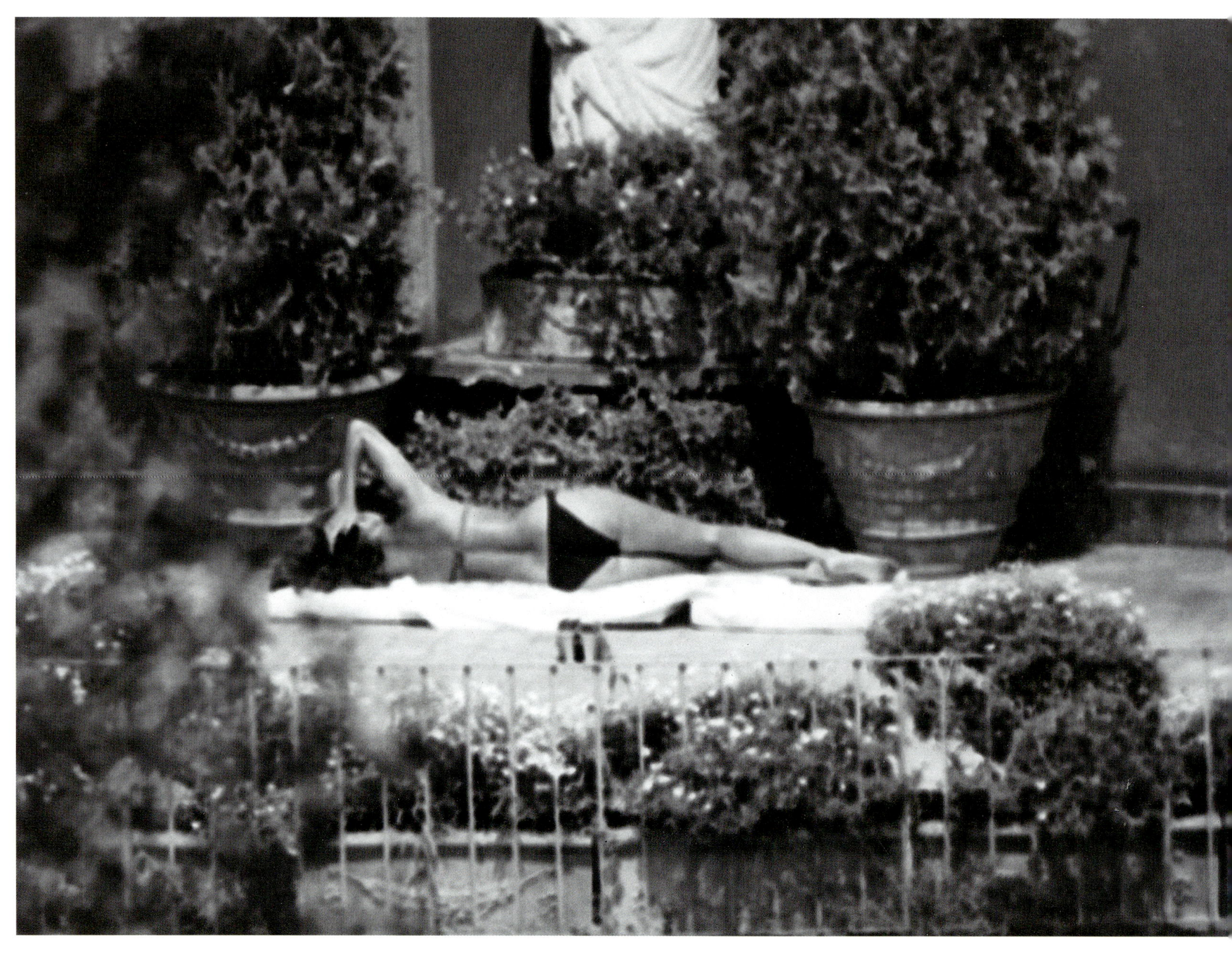

60-61. Tazio Secchiaroli, *Sophia Loren prende il sole nel parco della sua villa di Marino / Sophia Loren Sunbathing in the Park of Her Villa in Marino.* Roma, 1975.

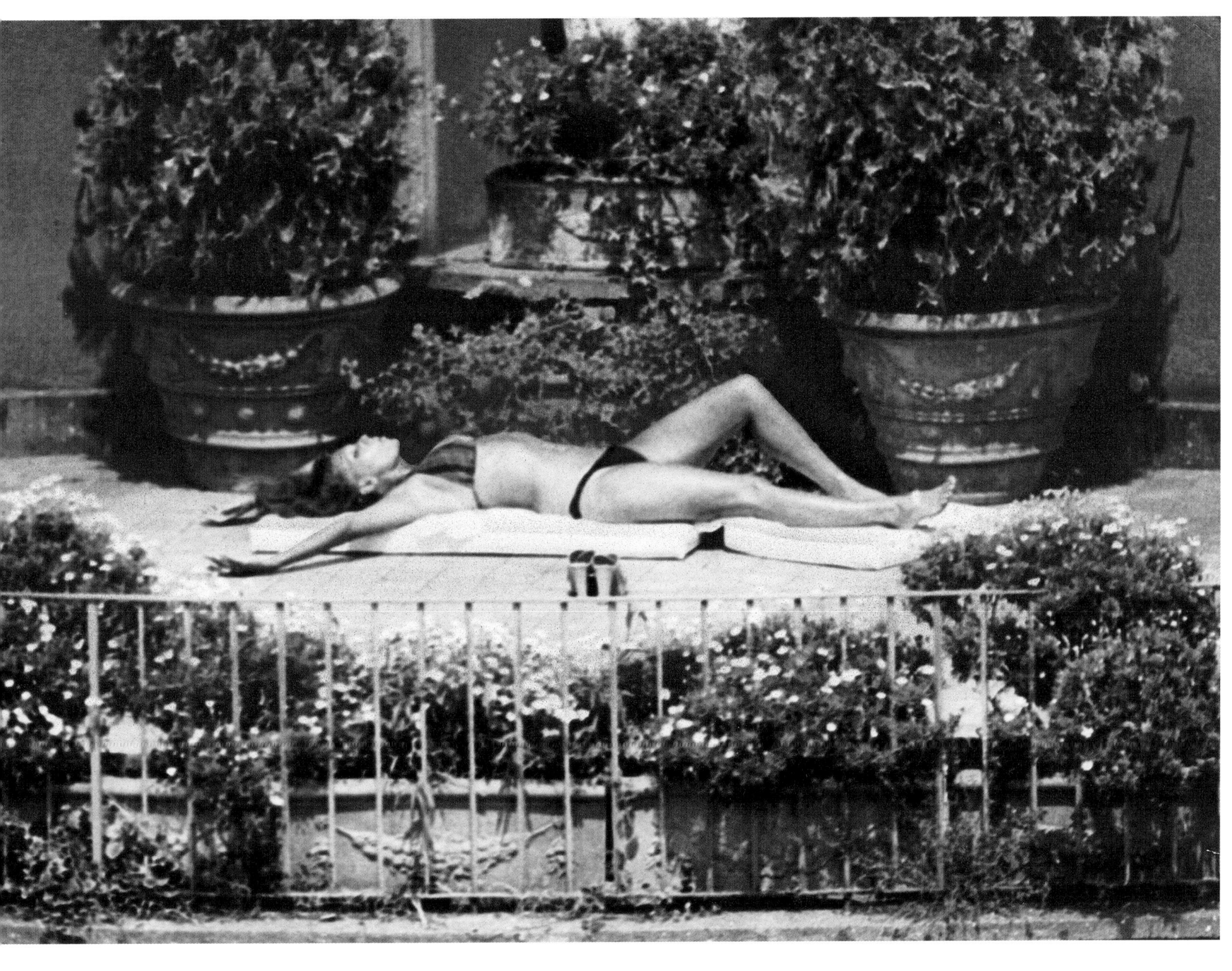

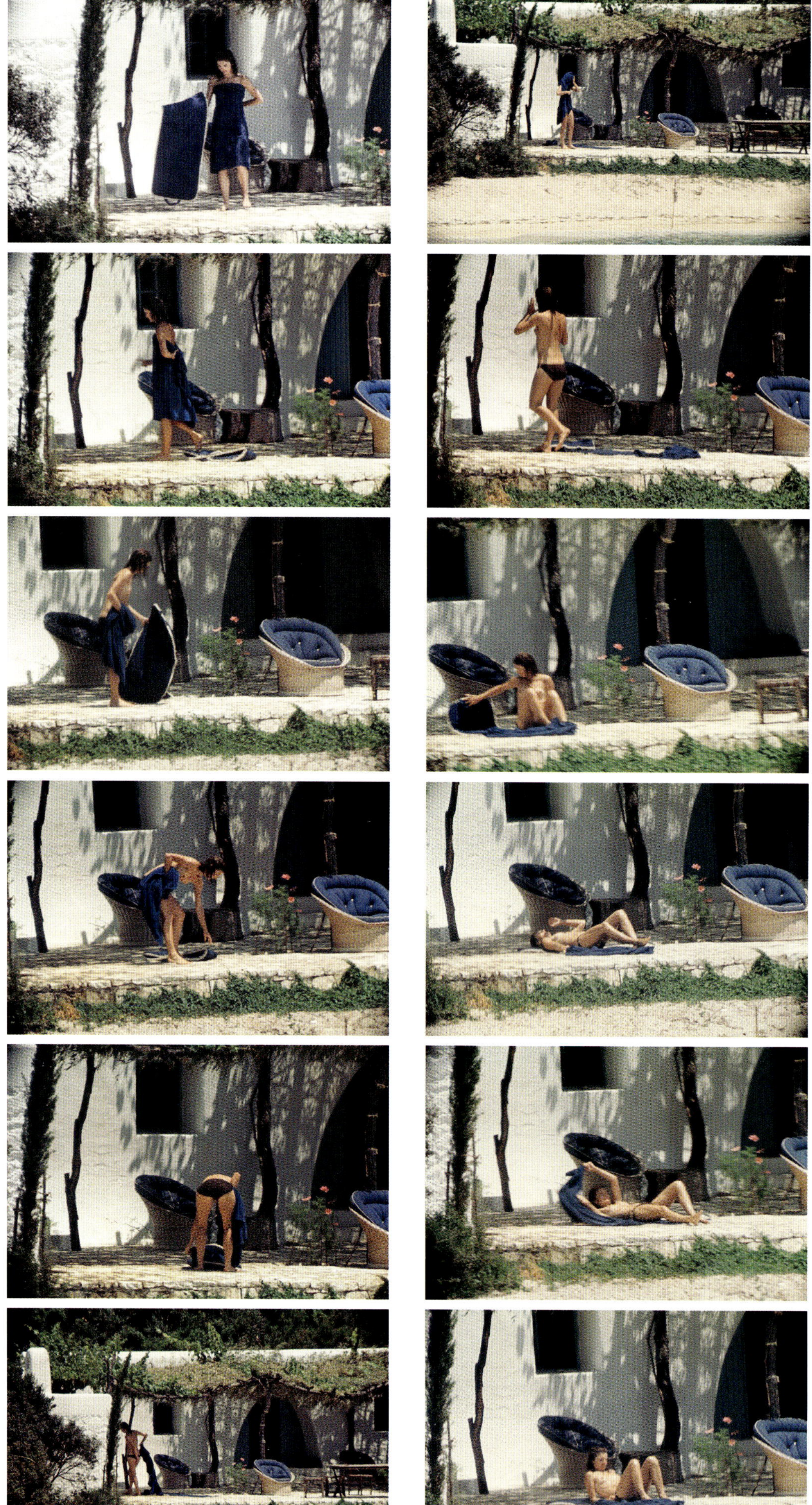

62-85. Settimio Garritano, *Jackie Kennedy Onassis*. Skorpios, 1971.

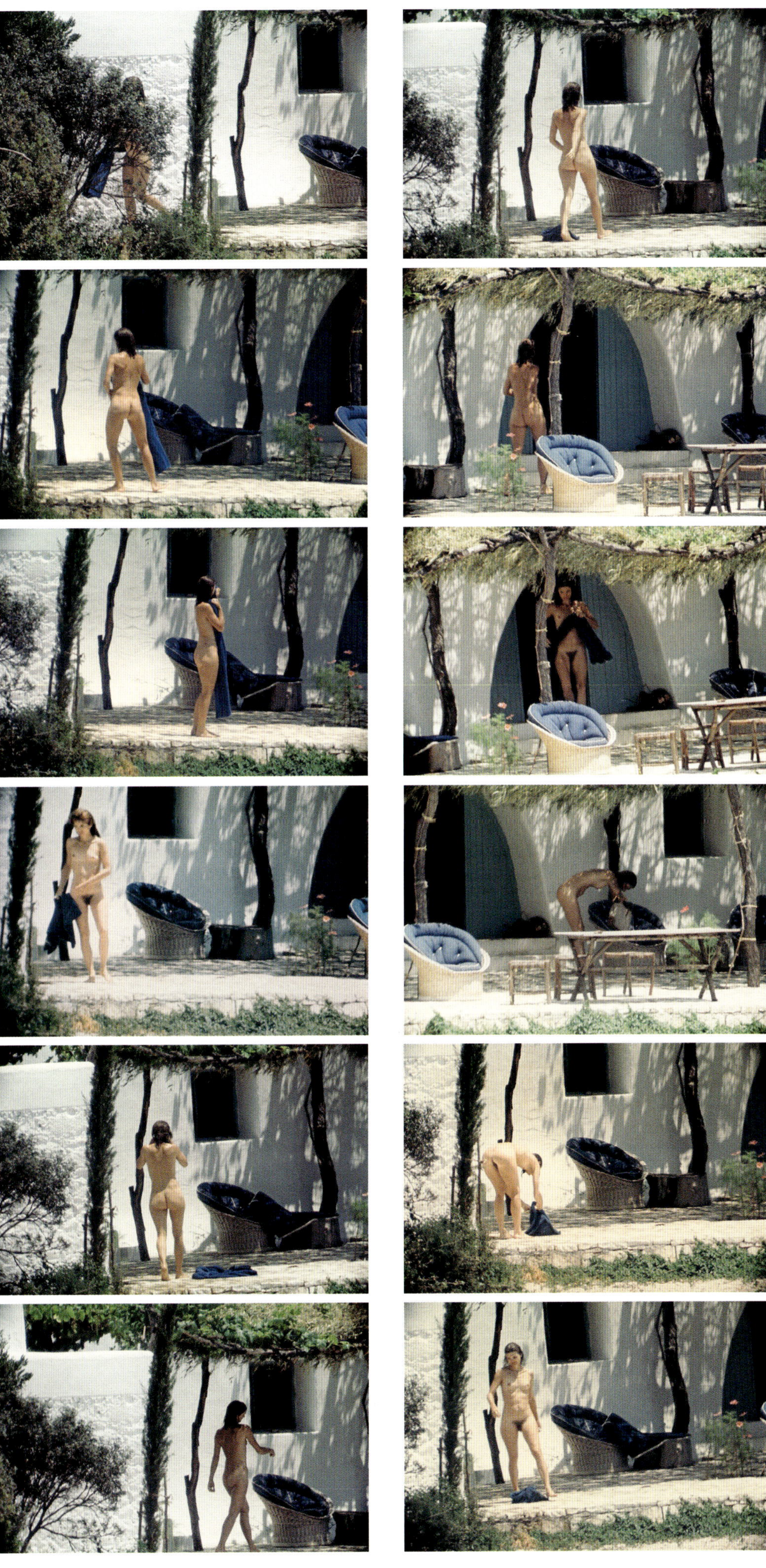

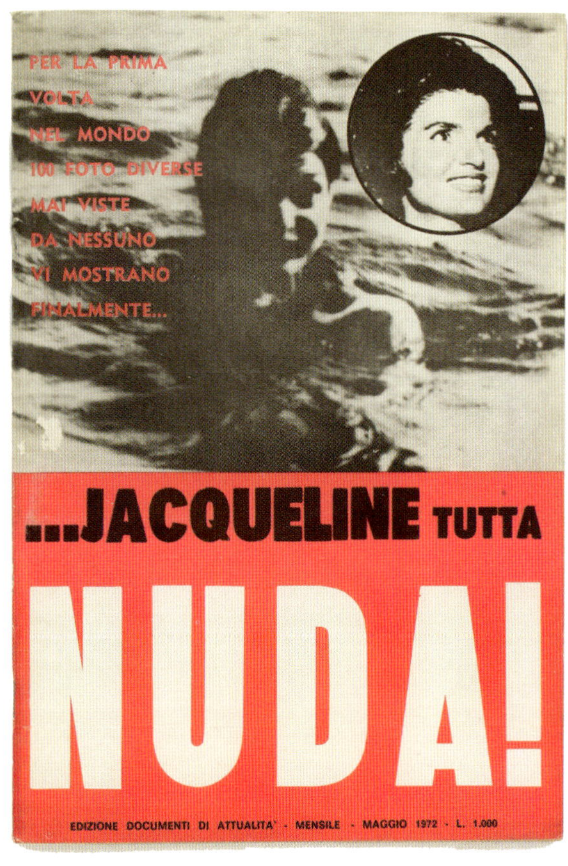

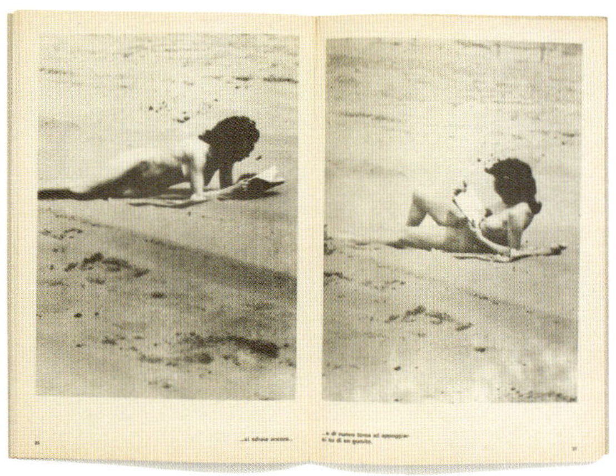

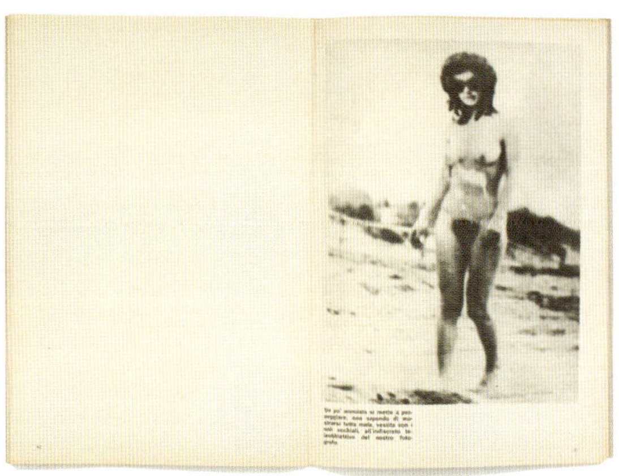

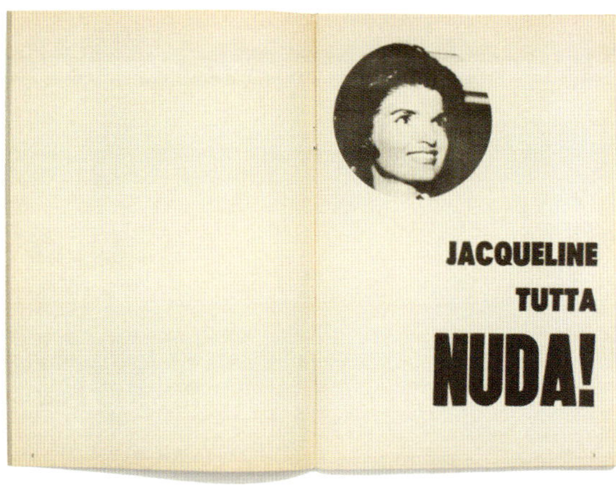

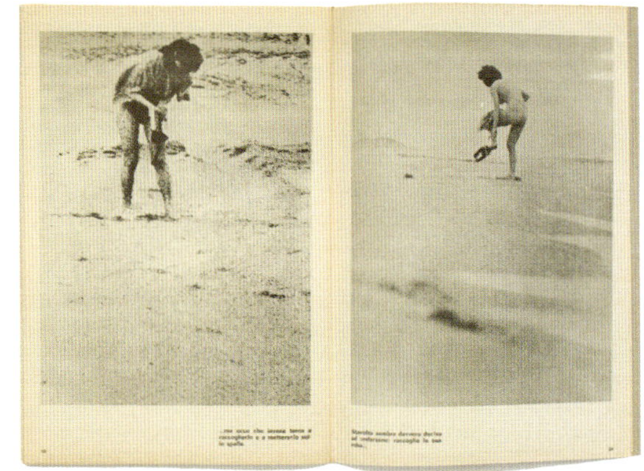

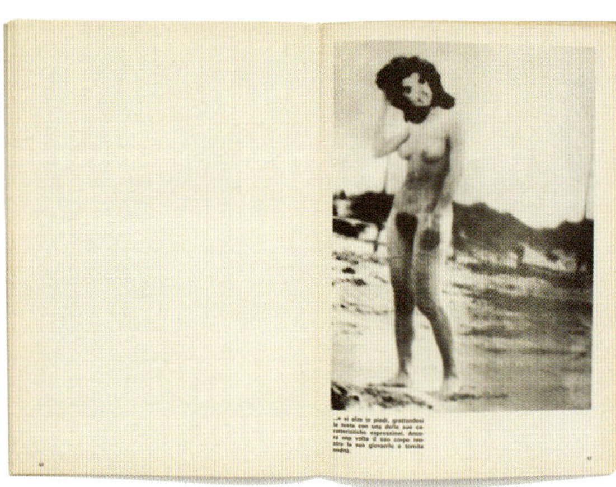

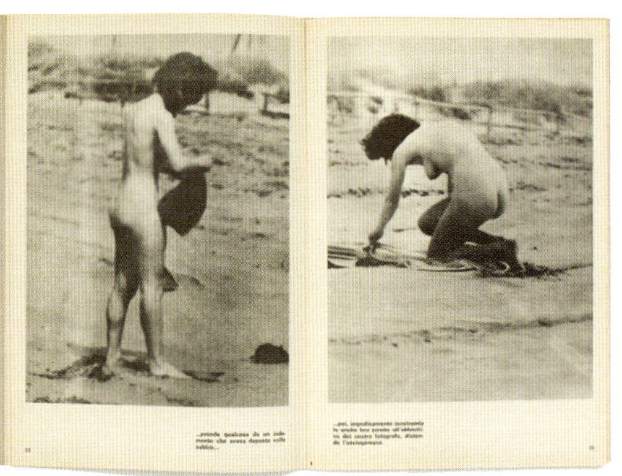

fig. 18-24.
Fotomontaggi utilizzati per / Photomontages used for "Edizioni Documenti di Attualità", maggio / May 1972.

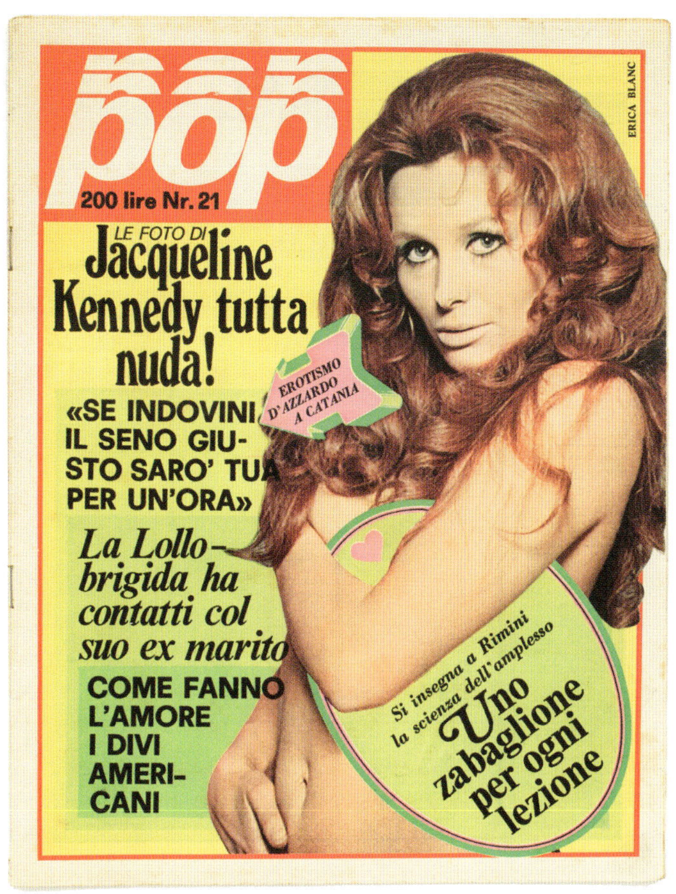

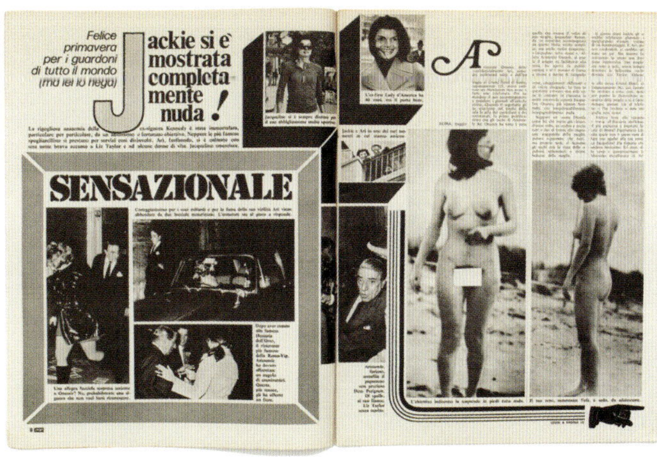

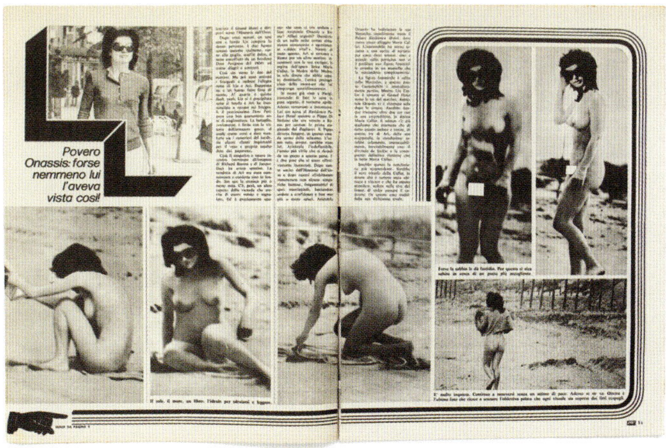

fig. 25-27.
"Pop", 22 maggio / May 1972.
Fotomontaggi / Photomontages

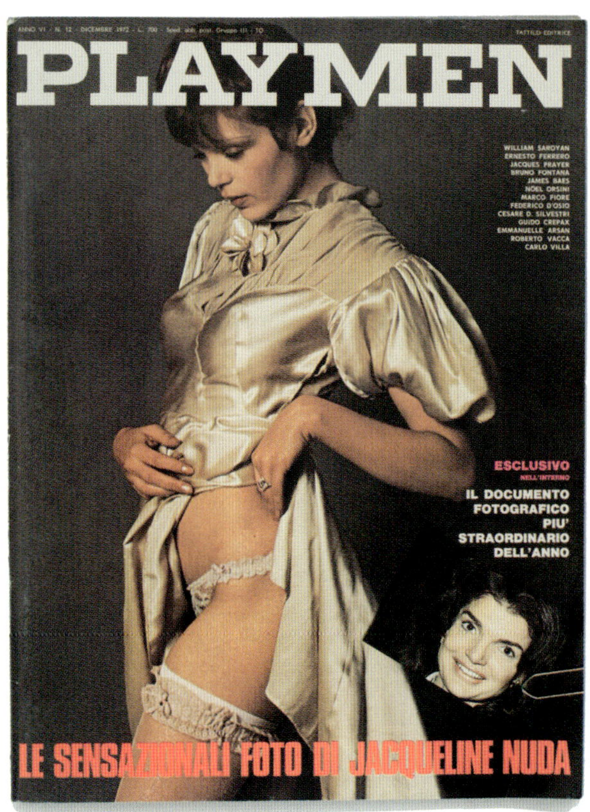

fig. 28-33.
"Playmen Italia", dicembre / December 1972

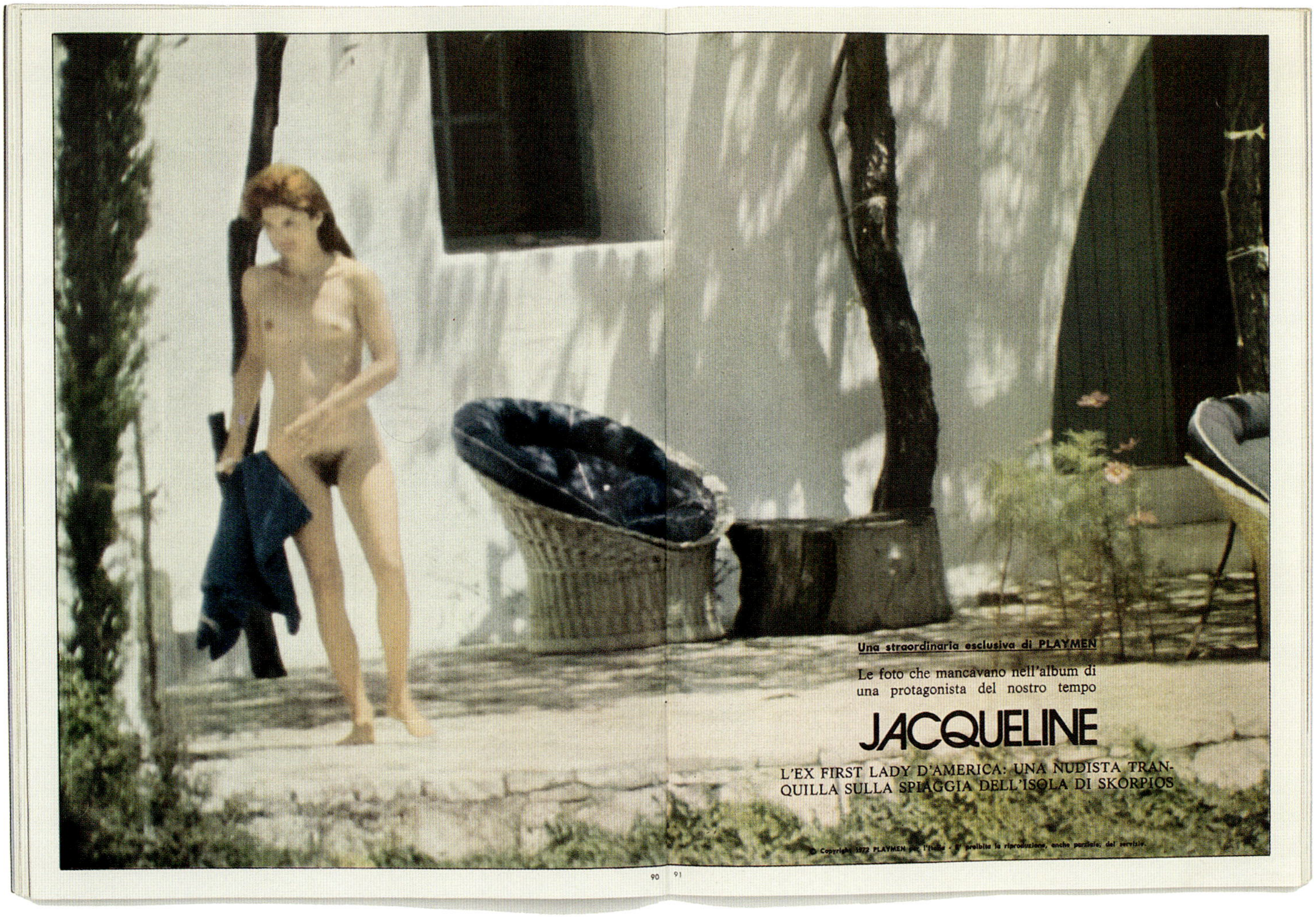

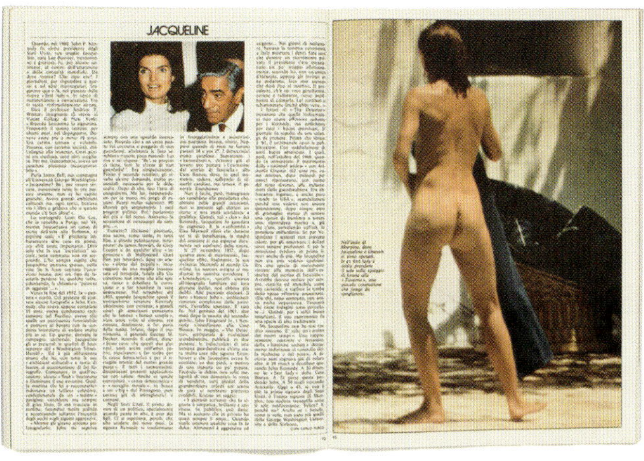

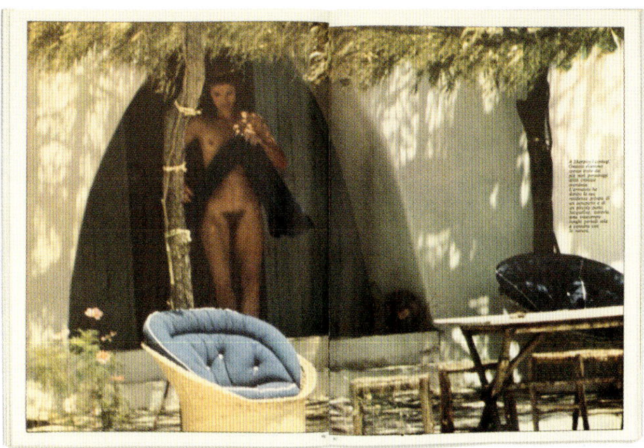

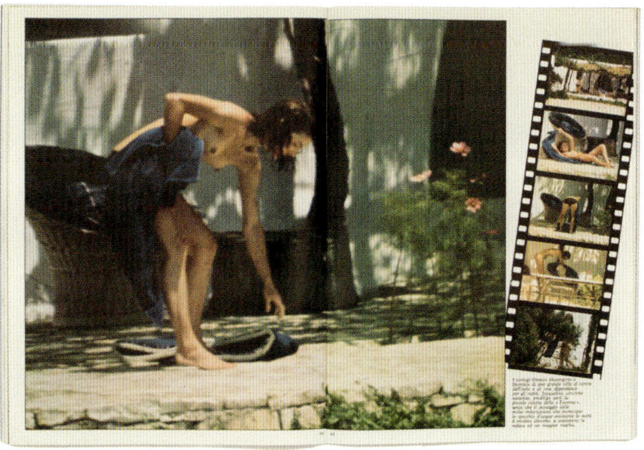

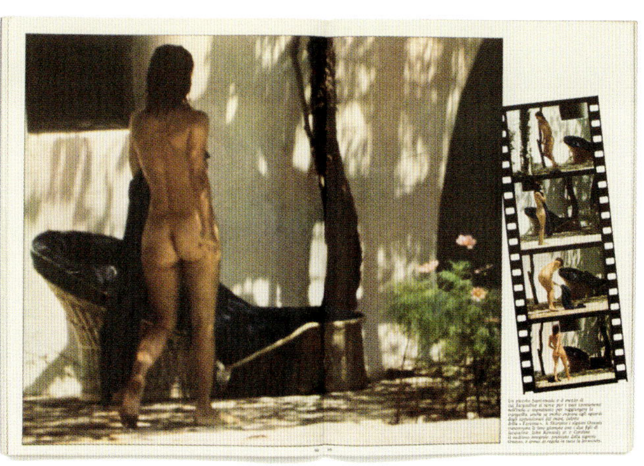

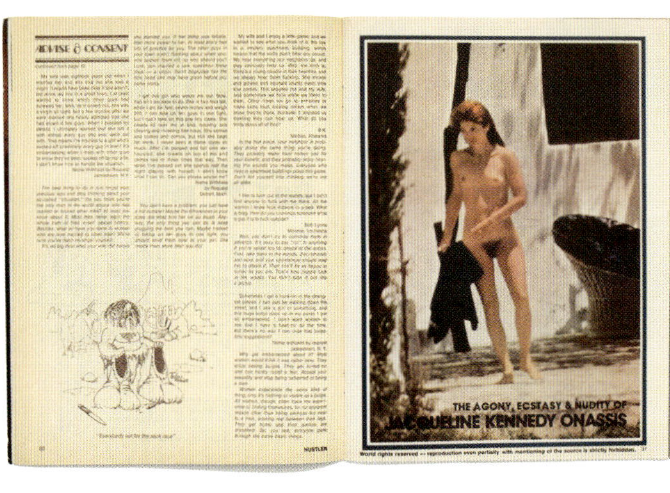
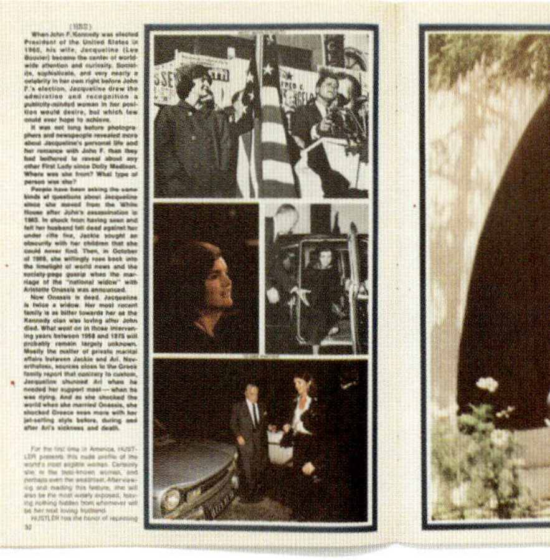
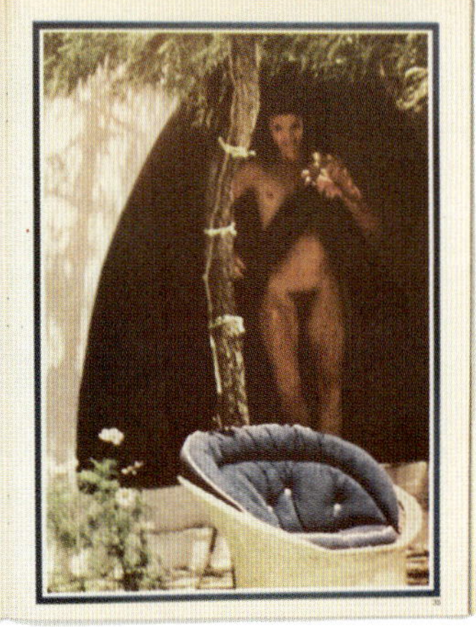
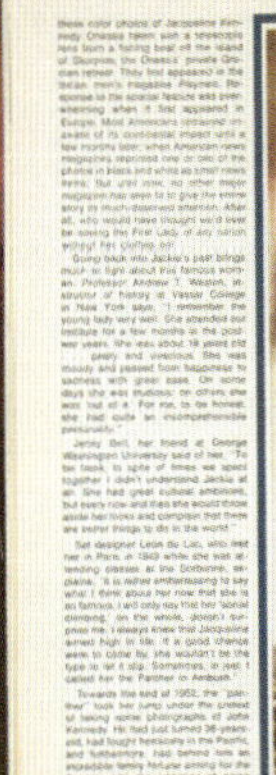
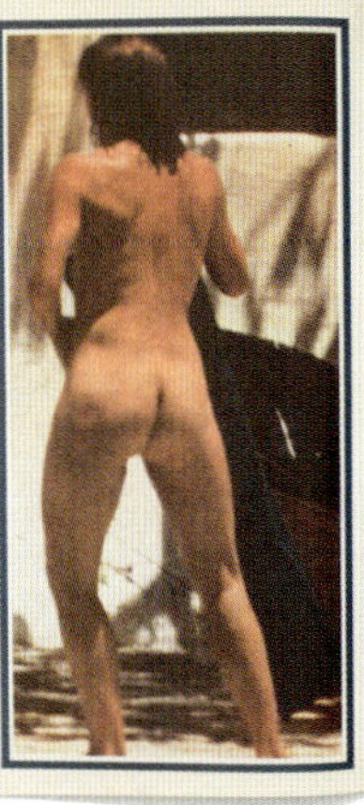
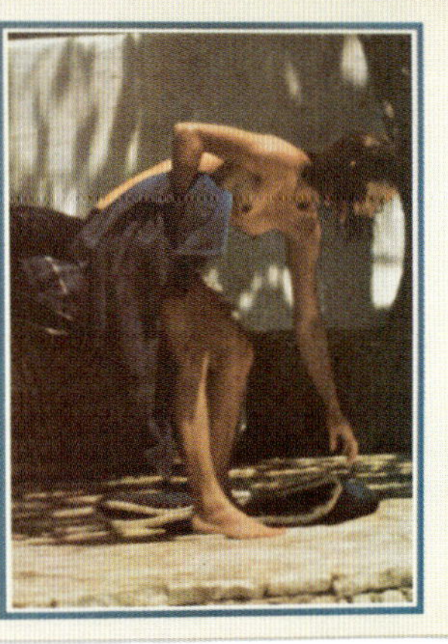
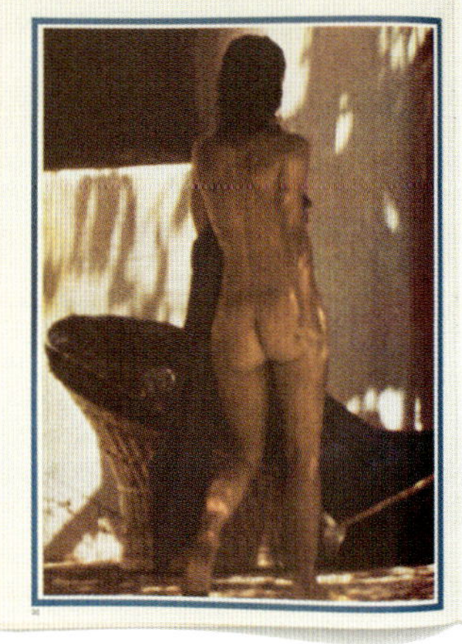
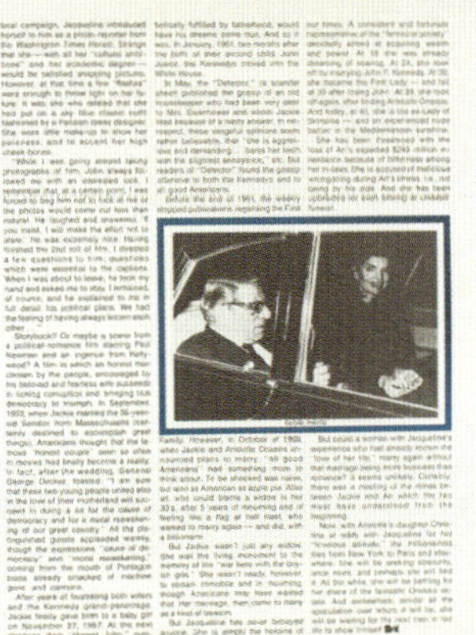
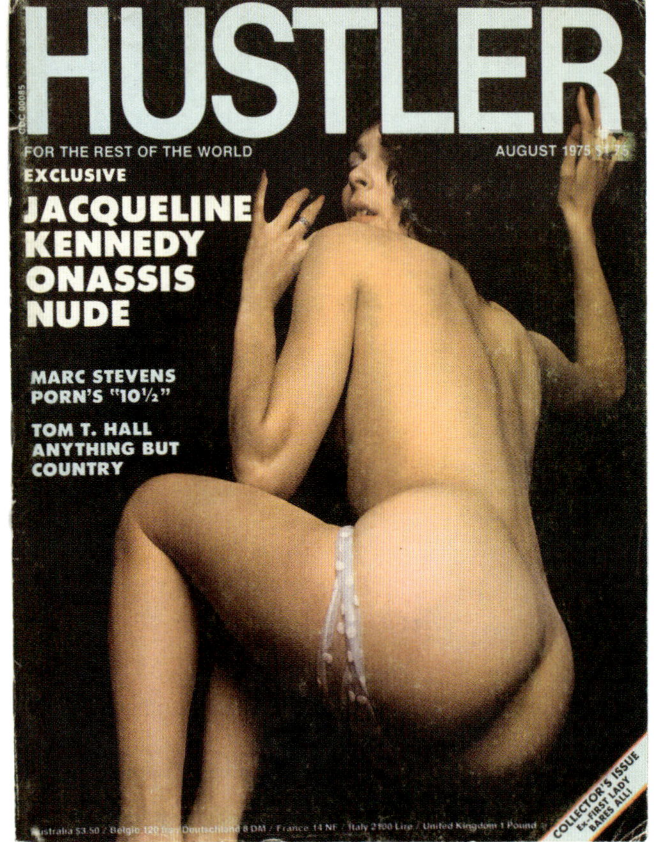

fig. 34-38.
"Hustler", agosto / August 1975

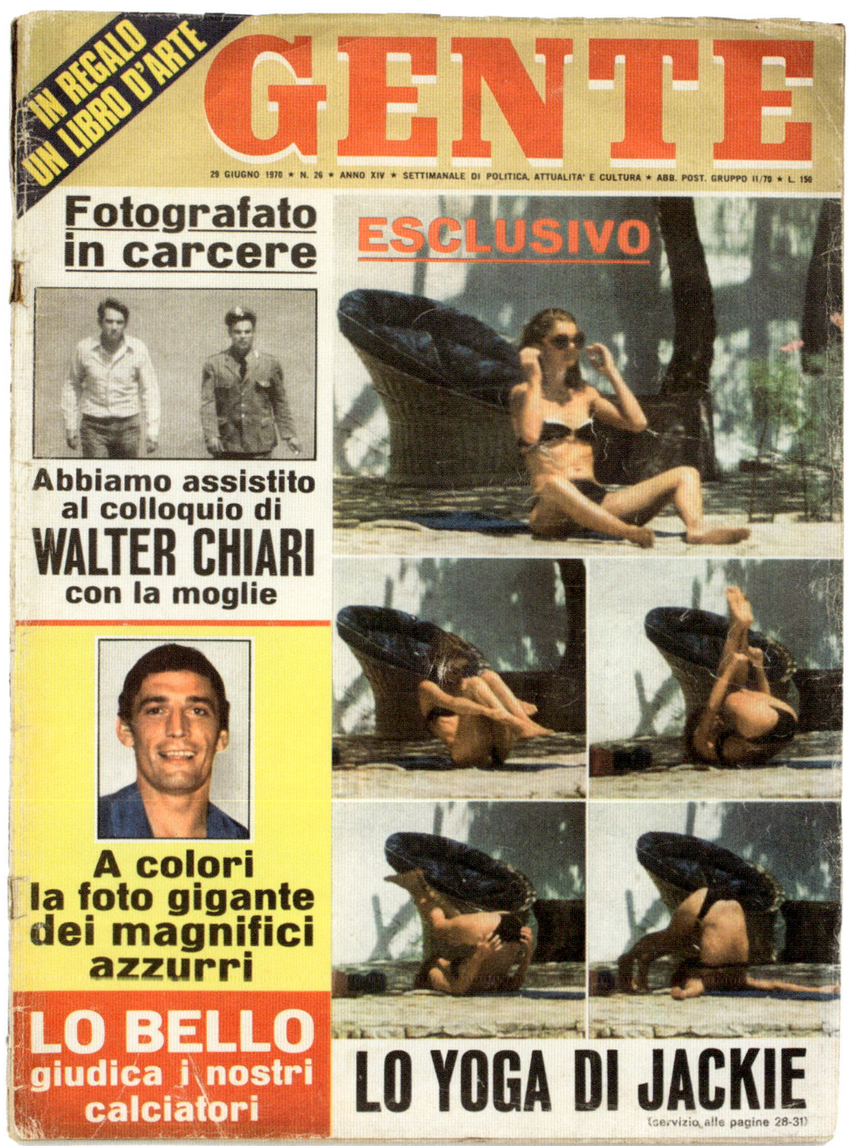

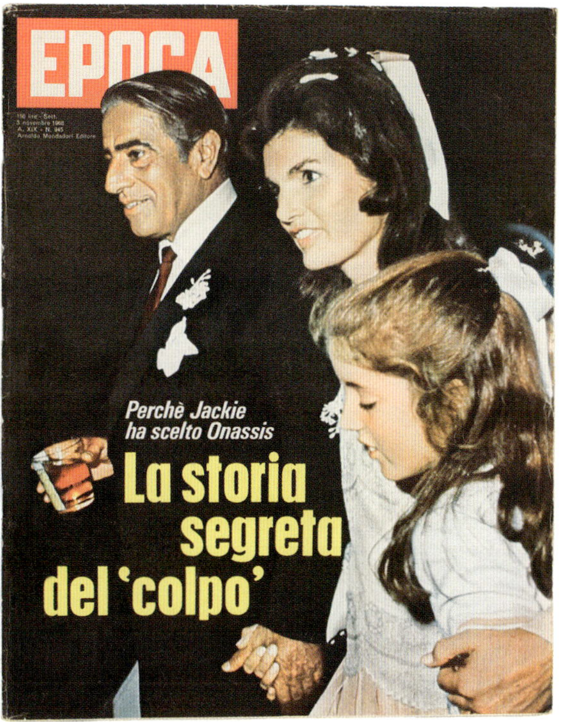

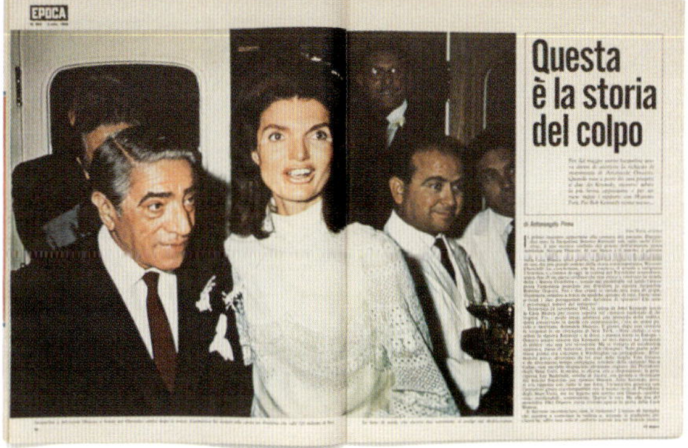

fig. 39.
"Gente", 29 giugno / June 1970

fig. 40-41.
"Epoca", 3 novembre / November 1968

MICHELE SMARGIASSI

Nella gabbia di un lampo

Within the Confines of a Flash

Il "lampo" era per lui una "crudeltà onesta"[1]. Mario Giacomelli, poeta dei contrasti forti e delle allusioni sottili, è forse il fotografo italiano più lontano dall'antropologia dei paparazzi: ma capì meglio di tutti il loro attrezzo principe, l'arma d'elezione senza la quale il paparazzo non sarebbe mai esistito: il flash. Nomignolo familiare e affettuoso per "lampeggiatore fotografico". Unico accessorio del settore cui si possa etimologicamente attribuire il titolo di "fotogenico". Ebbene Giacomelli usò il flash, spesso, in particolare per quel suo lavoro nell'ospizio, dove "alla cattiveria di chi ci fa invecchiare aggiungo anche la mia cattiveria", ossia quel bagliore che "modifica la realtà e la fa più mia", che acceca il fotografato e apre gli occhi al fotografo, lo libera da ogni altra preoccupazione, lo lascia a tu per tu con il soggetto: "Quando uno è abituato a usare il lampo, non tiene più conto se c'è luce o non c'è luce, solo di quello che sta accadendo di fronte all'obiettivo"[2].

Ma non è proprio questo, e solo questo, che cerca il paparazzo? Al diavolo la bella composizione, la forma, la resa tonale: quel che conta è avere il carniere pieno di "quello che sta accadendo". Il flash è la sua rete da pesca: quel che conta è che acchiappi il bullo e la bella. Meglio ancora, è la sua granata, che esplode nell'acqua e tramortisce e porta a galla i lucci e i branzini da incartare freschi nel giornale della sera, o nel rotocalco.

Gode di incerta reputazione, il flash, nella storia della fotografia, proprio per questa sua aggressività così spudorata e manifesta. Picasso chiamava "terrorista" il suo amico Brassai, fotografo notturno, che "flashava" a ripetizione. La feroce scomunica del pontefice Henri Cartier-Bresson è arcinota: "Soprattutto, niente flash! Non è quella l'illuminazione della vita!", è "un atto di barbarie, uno strumento del boia che uccide la sensibilità", un trucco "insopportabilmente aggressivo" che "annienta quelle ramificazioni segrete che si creano naturalmente tra il fotografo attento e il suo soggetto... Non si agita l'acqua prima di buttare l'amo"[3]. Dopo un iniziale

He considered the "flash" as a form of "honest cruelty".[1] Mario Giacomelli, the poet of strong contrasts and subtle allusions, is perhaps the Italian photographer most distant from the anthropology of paparazzi: but he understood their number one tool better than the rest, that paparazzi would never have existed without this weapon of choice—the flash. A familiar and affectionate nickname for "photoflash". The only accessory in the sector that may etymologically be attributed with the title of "photogenic". Actually Giacomelli often used his flash, particularly for his work inside a retirement home, where "to the malice of he who condemns us to ageing, I also add my own". Namely that flash of light that "modifies reality and makes it more mine", that blinds the subject and opens up the eyes of the photographer, frees him from all other worries, brings him face-to-face with the subject: "When one is accustomed to using a flash, he no longer takes into account whether there's enough light or not. All he cares about is what is going on in front of the lens".[2]

But is that not exactly, or only, what the paparazzo is looking for? To hell with the nice composition, form, yield of tones: all that matters is having one's game bag full of "whatever is going on". The flash is his fishing-net: the only thing that counts is reeling beauty and the bully in. Or better yet, it's his grenade that explodes in water, knocks out pikes and sea bass, brings them to the surface to be freshly wrapped up in the evening newspaper or illustrated magazines.

In the history of photography, the flash has a dubious reputation precisely because of its overly brazen and obvious aggressiveness. Picasso called his friend Brassai, a nocturnal photographer, a "terrorist" as he used his flash in a rapid-fire way. The ferocious excommunication declared by pope Henri Cartier-Bresson is known to all and sundry: "And no photographs taken with the aid of a flash-light either! That is not the illumination of life!", it is "a barbaric act, the instrument of a executioner that kills sensitivity", an "intolerably aggressive" gimmick, that

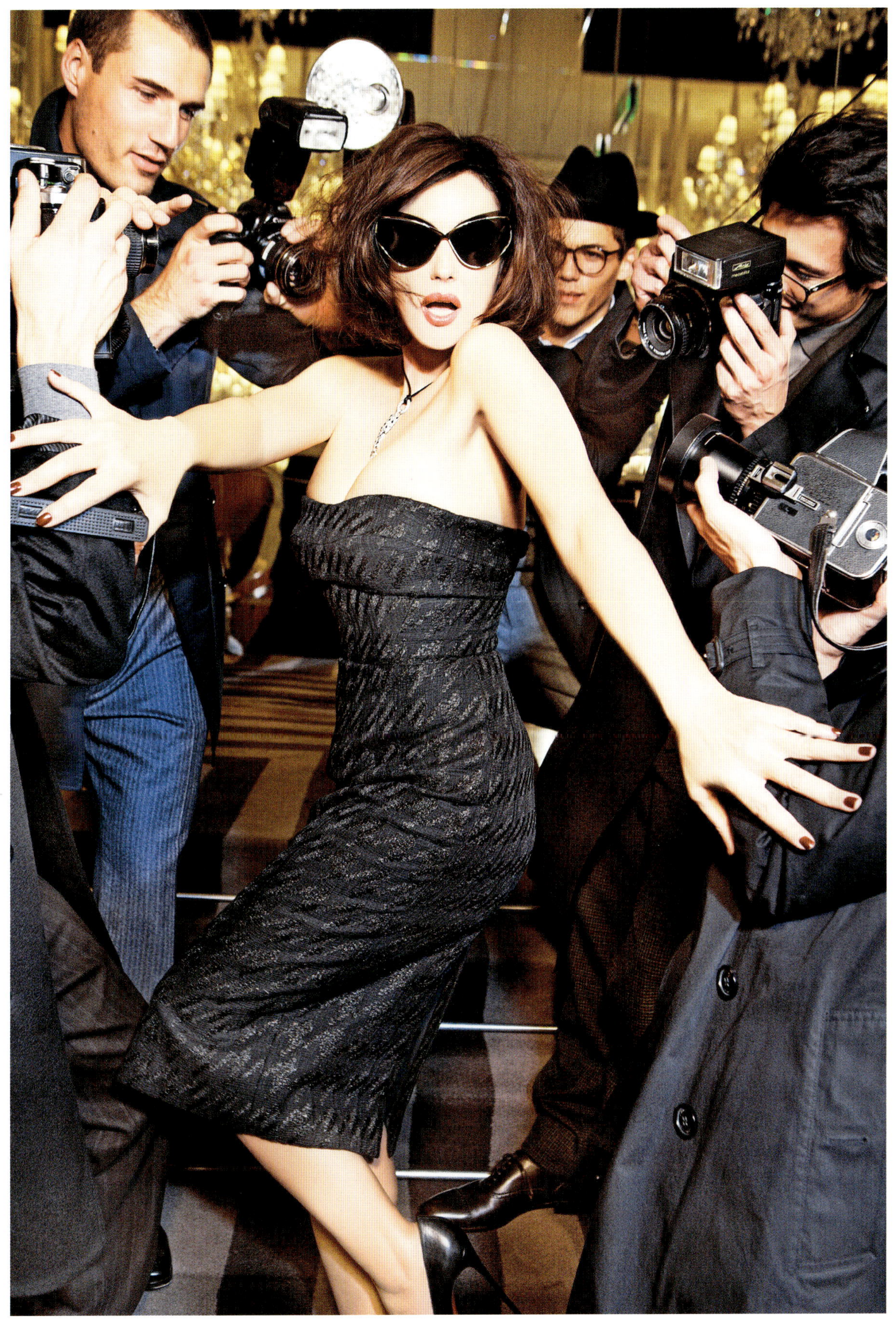

86. Ellen von Unwerth, *Monica Bellucci*, 2013.

entusiasmo, anche Diane Arbus ne ebbe "nausea"[4]. I contemporanei italiani dei paparazzi non sono meno *tranchant*: "L'onnipotente luce del flash" scrive con *verve* sessantottina nel '67 lo scrittore-attore-pittore Giordano Falzoni, "devasta in uno squallore di apocalisse atomica ogni atmosfera ambientale, esibisce spietata il lustro banale degli oggetti"[5]. Ai molto *engagé* fotografi milanesi membri del Gruppo 66 l'uso del flash era addirittura proibito per statuto.

Ma che diavolo è successo? Era la luce del progresso, era un prodigio della scienza. Con una scintilla presa in prestito dall'amico Faraday, nel 1851 Fox Talbot immobilizzò una prima pagina del *Times* mentre girava su un disco rotante: perfettamente leggibile. Nella sua versione stroboscopica rese visibile l'invisibile: il trotto di un puledro (Muybridge), il volo degli uccelli (Marey). Nadar, il grande radicale della fotografia, dopo aver ritratto Baudelaire a luce artificiale (appropriatissima scelta), calò le luminarie elettriche nelle catacombe di Parigi, a svegliarne i morti. Per i surrealisti il lampo prometeico fu perfino una visualizzazione dell'automatismo creatore: André Breton andava matto per le foto di scintille elettriche di Eugène Ducretet.

Il flash è una struttura, non un accidente, nella storia della fotografia. Quando diventa di uso comune, soprattutto dopo che Albert Londe nel 1903 escogita il meccanismo del sincrono fra lampo e scatto, "cambia drasticamente la sostanza della fotografia sociale, condannata fino ad allora alla scena di strada"[6]. Disponendo di luce a comando, il riformatore può varcare la soglia dell'ombra che nasconde le diseguaglianze e le miserie, intrufolarsi negli interni di fabbrica dove lavorano i bambini, negli *slum* degli immigrati, letteralmente a "portare la luce". Quel lampo di magnesio con cui l'attivista filantropo Jacob Riis violò la miserabile intimità dei *tenement* di Manhattan mica era solo un fatto tecnico, era metafora purissima, luce che sfida l'oscurità, illuminismo che scaccia l'oscurantismo, era "l'immagine simbolica di un conflitto morale tra ordine e caos"[7]. A volte, è vero, incendiava pure i pagliericci dei poveracci, affumicava le baracche, faceva tossire i sottoproletari, ma era il prezzo del progresso. Sana precauzione degli utilizzatori di polveri luminogene, racconta Ando Gilardi, era "scattare controvento"[8]…

Con queste nobili premesse, come mai la luce portatile è diventata sospetta? È successo forse, semplicemente, che il flash a un certo punto è apparso volgare. Era la stagione dei pittorialisti, con le loro atmosfere *flou*, dove la luce era un vapore. Il violento sole tascabile (lo sarà davvero, col Cubo-flash della Instamatic) sembrò una risorsa degli incapaci, per fotografi senza "il sentimento della luce", come li chiamerebbe proprio Nadar. Il garante della riuscita, bene o male, spesso male, di qualsiasi foto di comunione o di vacanza. Ma prima ancora della fotografia familiare, è la disprezzata fotografia di strada dei paparazzi che se ne appropria. Eccoli in assetto da incursori delle notti bianche dolcevitali, seduti sui sedili posteriori della Vespa nelle foto che (mica così ingenui) loro stessi si fanno a vicenda, la Rollei con la staffa a L e il padellone Brown cromato con il bulbo usa-e-getta. E come potevano farne a meno, nella notte di

"annihilates those secret ramifications that are naturally aroused between a careful photographer and his subject… Water should not be rippled before throwing in the bait".[3] Following her initial enthusiasm, even Diane Arbus grew "sick of it".[4] Italian contemporaries of paparazzi are no less *tranchant*: "The omnipotent light of a flash", wrote the writer-actor-painter Giordano Falzoni in 1967 with his *verve* as a supporter of the ideals of 1968 protest movements, "devastates every environmental atmosphere into squalor of atomic apocalypse, ruthlessly exhibiting the trivial lustre of objects".[5] To the point that for many of the *engagé* Milanese photographers who were members of Gruppo 66, the use of flashes was forbidden by statute.

But what on earth happened? It was the beacon of progress, it was a scientific miracle. In 1851 Fox borrowed a spark from his friend Faraday and attached the front page of the London *Times* newspaper to a rotating wheel: perfectly readable. In its stroboscopic version, the invisible became visible: a trotting pony (Muybridge), the flight of birds (Marey). Nadar, the great radical of photography, after having photographed the portrait of Baudelaire in artificial light (a very wise choice), lowered electric lights into the Paris catacombs—awakening the deads. For surrealists, the Promethean flash was ultimately visualization of the creating automatism: André Breton was crazy about Eugène Ducretet's photographs of electric sparks.

Flashes are a structure, not an accident, in the history of photography. When the flash became an everyday object, especially after Albert Londe came up with the synchronism mechanism between flash and release of the shutters in 1903, it "drastically changed the substance of social photography, until then confined to street scenes".[6] Availing himself of remote-controlled light, the reformer could cross the threshold of shadows concealing inequalities and misery, he could sneak into factories that promoted child labour, into the slums inhabited by immigrants – and literally "shed the light". That flash of magnesium used by the philanthropist activist Jacob Riis in violating the miserable intimacy of Manhattan *tenements* was not simply a technical fact, it was a very pure metaphor, it was light that challenged darkness, enlightenment that drove obscurantism away, it was "the symbolical image of a moral conflict between order and chaos".[7] At times, it's true, it even set on fire the straw mattresses belonging to the poor, filling the shacks with smoke, causing fits of cough in the underprivileged – but that was the price of progress. A healthy precaution employed by the users of flash powder, as narrated by Ando Gilardi, was to "release the shutters upwind"[8]…

With these noble premises, why did portable light become suspicious? It was perhaps because, at a certain point, the flash seemed somewhat vulgar. It was the season of pictorialists, with their *flou* atmospheres, where light was a mist. That violent pocket-sized sun (it truly was violent, with the advent of the Instamatic flash cube) seemed like a device for the incapable, for photographers without "the feeling for light" as Nadar himself would put it. Warranting the success, either good or bad (often bad), of any First Communion or holiday picture.

via Veneto e dintorni, dovendo scattare a un duecentesimo prima che il divo li prendesse a cazzotti?

Sì, ma dietro ogni necessità tecnica c'è sempre una necessità ideologica, più o meno consapevole. Il flash non è solo una provvista di luce disponibile alla bisogna. È uno strumento linguistico. John Szarkowski: "Definisce un piano di rilievo nel quale il soggetto è descritto con la forza e la semplicità di un poster, mentre dietro di esso il mondo affonda velocemente nell'oscurità"[9]. Il flash mette in forma l'immagine in modo perentorio, perfino autoritario. Weegee, precursore e archetipo del paparazzo, diceva di adorare quella "luce alla Rembrandt", ma era una delle sue ironie, sapeva bene che era tutta un'altra cosa. Che la luce del flash non scolpisce di taglio le figure, non distingue i piani, non modella i corpi ma li appiattisce, appunto.

Guardiamo bene come funziona. Il flash è il terzo occhio del paparazzo. Quando porta la camera all'occhio (anche sulla Rollei monta un mirino a traguardo: non può mirare nel pozzetto, deve tenere sotto controllo la situazione che può farsi incresciosa) la lampadina sta a pochi centimetri dal suo occhio sinistro. In questo modo la piramide visiva e il cono luminoso praticamente coincidono. La preda del paparazzo è investita da un fascio di luce che materializza lo sguardo del fotografo. La scena "viene per così dire rimodellata dal suo punto di vista", ci spiega quel grande lettore di immagini che era Cesare Colombo[10]. Quel fascio di luce esclude qualsiasi interferenza: se ne frega della luce ambientale, la sovrasta, la annulla, impone la propria; se ne frega dello sfondo, sbattuto nell'oscurità, se ne frega dei primi piani bruciati, sovraesposti come il bordo di un palco illuminato dalle luci di proscenio. L'ombra si rifugia dietro i corpi, come un alone scuro, un'aureola negativa che stacca ulteriormente la figura dal contesto. La vittima (più o meno consenziente: che quel teatro di strada fosse spesso finto e consenziente, dal punto di vista semantico non cambia nulla) viene come prelevata a forza dallo spazio fisico in cui si trova, dal contesto banale (un marciapiede, una portiera d'automobile, un portone di night club) che banalizzerebbe il risultato: e trascinata in uno spazio astratto, assieme drammatico e sacrale, dove, aureolata, non rappresenta altro che la propria maschera, dove anche la sua espressione di irritazione, di sorpresa, non è la reazione di un individuo ma la performance dell'attore. Dice bene Pierre Bourdieu, l'uso del flash nelle foto dei fotoamatori "raddoppia il loro potere di solennizzazione, perché l'illuminazione momentanea materializza l'istante dell'immagine e l'immagine dell'istante"[11]. Ma questo a maggior ragione vale per le apparenti rapine visuali dei paparazzi: esiste solo un momento solenne, la teofania del divo. Un attimo dopo, quando il flash si spegne, l'ombra inghiotte la figura e la nega. L'uomo non esiste. Esiste solo l'attore, ed è nostro: questo grida il paparazzo. Col flash il paparazzo inchioda il divo e la divina alla loro univoca immagine di materie da spettacolo, di oggetti di consumo visuale in servizio permanente, li deruba del diritto a una esistenza privata, li rende esseri a una sola dimensione. Toscanini,

But before family pictures, the flash was appropriated by the despised street photography of paparazzi. Here they came in their battle gear, ready for sleepless Dolce Vita nights, seated on the back seats of Vespa scooters in the photos (they were not so naïve) they snapped of one another, holding Rollei cameras with the L-shaped bracket, with their large Brownie chrome cameras fitted with disposable flash bulbs. And how could they do without, during the nights spent on Via Veneto and its surroundings, since they had to snap their pictures one two-hundredth of a second before the movie star lashed out with a couple of jabs?

As always, behind every technical necessity there is always (more or less consciously) an ideological need. A flash is not only a supply of light, available when one needs it. It is a linguistic tool. According to John Szarkowski: "It defines a plane of relevance where the subject is described with the strength and simplicity of a poster, while the world is quickly sinking into darkness in the background"[9]. The flash shapes the image in a peremptory way, even in an authoritarian manner. Weegee, precursor and archetype of the paparazzo, said he adored that "Rembrandt light"; but it was one of his sarcastic remarks, he was fully aware that it was something else. That the flash of light does not sculpt figures, does not distinguish planes, does not model bodies but (on the contrary) flattens them out.

So let's have a look at how it works. The flash may be considered the photographer's third eye. When he brings his eye to the camera (even Rollei cameras are fitted with a direct-vision viewfinder: he cannot focus in the waist-level finder, he has to keep the situation under control as it could become rather tricky) so the flash bulb is just a few centimetres from his left eye. In this way the visual pyramid and the luminous cone practically coincide. The paparazzo's victim is invested by a beam of light that materializes the photographer's gaze. The scene is "so to say, remodelled from his viewpoint", as explained to us by that great reader of images named Cesare Colombo.[10] That beam of light excludes any sort of interference: it could not care less about natural light, it overwhelms and annuls it, imposing its own light; it could not care less about the background, banished to the shadows; it could not care less about overexposed close-ups, just like the edge of a stage illuminated by proscenium lights. Shadows take shelter behind the bodies, like a dark nimbus, a negative halo that further detaches the figure from the context. The victim (who is more or less consenting, but from the semantic standpoint this does not change anything) seems to be taken by force from the physical space in which he stands, from the trite context (a sidewalk, a car door, the entrance to a night-club) that would trivialize the outcome: and he is be dragged into the abstract space, both dramatic and sacred at the same time, where (wearing his halo) he represents none other than his own mask, where even his expression of annoyance and of surprise is not be the reaction of an individual, but the performance of an actor. As rightly asserted by Pierre Bourdieu, the use of flash bulbs in photographs by amateur photographers "doubles their solemnization power because momentary illumination materializes the instant of the image and the

pare, fu il primo a reagire (con un ceffone) a un flash sparato in faccia. Ma l'attor furioso è un personaggio della recita paparazzesca: provocato (o lasciandosi volentieri provocare), si esibisce: il primo flash spesso è a vuoto, serve per provocare una reazione, per attrarre magneticamente l'azione nell'imbuto visuale del fotografo, per catturare lo sguardo della vittima, che scatta come una falena verso la luce, sotto un successivo temporale di lampi artificiali. Il flash come boomerang, che si lancia per ricevere. Non si sfugge al paradigma del flash.

"Grande semplificatore" dunque il flash, ha ragione anche Paolo Costantini[12], ma non sempliciotto, non ingenuo, non banalizzatore. Il flash è il sapiente artificio retorico, o meglio il parafernale, con cui la religione dello spettacolo ingabbia i suoi officianti, li costringe a esibirsi sempre, tenendoli ben segregati nella clausura della pura immagine, appiattiti sullo schermo d'argento da cui forse (ma forse no) avrebbero voluto uscire per un po', come in quel film di Woody Allen.

image of the instant"[11]. But this is all the more true for the apparent visual thefts perpetuated by paparazzi: only one solemn moment exists, namely the theophany of the star. One instant later, when the flash bulb dies out, shadows engulf the figure and deny it. Man no longer exists. Only the actor exists, and he belongs to us: this is what the paparazzo cries out. With his flash, the paparazzo nails the star and the diva to their univocal image as the stuff of show business, as the objects of visual consumerism on permanent duty; he steals their right to a private life, he turns them into one-dimensional beings. It seems that Toscanini was the first to react (with a backhanded slap) to a flash fired into his face. But the furious actor is part of the paparazzi game: once provoked (or once he is willingly provoked), he performs: the first flash is usually in vain, it is only needed to trigger a reaction, to magnetically attract the action into the photographer's visual funnel, to capture the victim's gaze as he snaps like a moth towards the light, under the subsequent raining of artificial flashes. A flash like a boomerang, which is launched only to return. One cannot escape the flash's paradigm.

Therefore the flash is a "great simplifier", as Paolo Costantini rightly states[12]; but it is not a simpleton, it is not naïve, it is not trivializing. The flash is a savvy rhetorical device, or better yet the paraphernal, with which the religion of show business captures its officiating players, forcing them to perform 'round the clock, keeping them segregated in the cloister of the pure image, flattened out on the silver screen from which perhaps (but maybe not) they might have wanted to escape for a little while— just like in that Woody Allen movie.

1 Intervista nel film *Contacts Mario Giacomelli*, di Angela Ricci-Lucchi e Yervant Gianikian, Francia, 1993.

2 Intervista a Frank Horvat, in *Entre vues*, Paris, Nathan 1990; tr. it. in *Maledetti fotografi*, 2014, p. 17.

3 Cit. in Jean-Pierre Montier, *L'Art sans art d'Henri Cartier-Bresson*, Paris, Flammarion 1995; tr. it. *Henri Cartier-Bresson. Lo Zen e la fotografia*, Leonardo Arte, Milano 1996, p. 52; e in Pierre Assouline, *Cartier-Bresson. L'oeil du siècle*, Gallimard, Paris 1999, p. 374.

4 Diane Arbus, *Diane Arbus*, Millerton, Aperture 1972; tr. it. *Photology*, Bologna 2008, p. 9.

5 Giordano Falzoni, *Fotografia grado zero: creazione ed economia*, in *Cento anni di fotografia*, numero speciale di *I problemi di Ulisse*, a. XX, vol. IX, Sansoni, Firenze 1967, p. 128.

6 Olivier Lugon, *L'estetica del documento. 1890-2000. Il reale in tutte le sue forme*, in André Gunthert, Michel Poivert (a cura di), *Storia della fotografia*, p. 383.

7 Antonello Frongia, *La violenza della luce e il fotografo della città moderna*, in Raffaella Perna, Ilaria Schiaffini (a cura di), *Etica e fotografia. Potere, iedologia, violenza dell'immagine fotografica*, DeriveApprodi, Roma 2015, p. 21.

8 Ando Gilardi, *Storia sociale della fotografia*, Feltrinelli, Milano 1976, p. 397.

9 John Szarkowski, *Photography Until Now*, The Museum of Modern Art, New York 1989, p. 197.

10 Cesare Colombo, Simona Guerra, *La camera del tempo*, Contrasto, Roma 2014, p. 186.

11 Pierre Bourdieu, *Un art moyen. Essai sur les usages sociaux de la photographie*, Paris, Les Editions de Minuit 1993 (1965), p. 49.

12 Paolo Costantini, "Evidenze", in Paolo Costantini, Silvio Fuso, Sandro Mescola, Italo Zannier (a cura di), *Paparazzi*, Alinari, Firenze 1988, p. 36.

1 Interview in the film *Contacts Mario Giacomelli*, by Angela Ricci-Lucchi and Yervant Gianikian, France, 1993.

2 Interview with Frank Horvat, in *Entre vues*, Paris, Nathan 1990, it. tr. in *Maledetti fotografi*, 2014, p. 17.

3 Cit. in Jean-Pierre Montier, *L'Art sans art d'Henri Cartier-Bresson*, Flammarion, Paris 1995, it. tr. *Henri Cartier-Bresson. Lo Zen e la fotografia*, Leonardo Arte, Milan 1996, p. 52; and in Pierre Assouline, *Cartier-Bresson. L'oeil du siècle*, Gallimard, Paris 1999, p. 374.

4 Diane Arbus, *Diane Arbus*, Millerton, Aperture 1972, it. tr. *Photology*, Milan 2008, p. 9.

5 Giordano Falzoni, "Fotografia grado zero: creazione ed economia", in *Cento anni di fotografia*, special edition of *I problemi di Ulisse*, a. XX, vol. IX, Sansoni, Florence 1967, p. 128.

6 Olivier Lugon, "L'estetica del documento. 1890-2000. Il reale in tutte le sue forme", in André Gunthert, Michel Poivert (ed. by), *Storia della fotografia*, p. 383.

7 Antonello Frongia, "La violenza della luce e il fotografo della città moderna", in Raffaella Perna, Ilaria Schiaffini (ed. by), *Etica e fotografia. Potere, iedologia, violenza dell'immagine fotografica*, DeriveApprodi, Rome 2015, p. 21.

8 Ando Gilardi, *Storia sociale della fotografia*, Feltrinelli, Milan 1976, p. 397.

9 John Szarkowski, *Photography Until Now*, The Museum of Modern Art, New York 1989, p. 197.

10 Cesare Colombo, Simona Guerra, *La camera del tempo*, Contrasto, Rome 2014, p. 186.

11 Pierre Bourdieu, *Un art moyen. Essai sur les usages sociaux de la photographie*, Les Editions de Minuit, Paris 1993 (1965), p. 49.

12 Paolo Costantini, "Evidenze", in Paolo Costantini, Silvio Fuso, Sandro Mescola, Italo Zannier (ed. by), *Paparazzi*, Alinari, Florence 1988, p. 36.

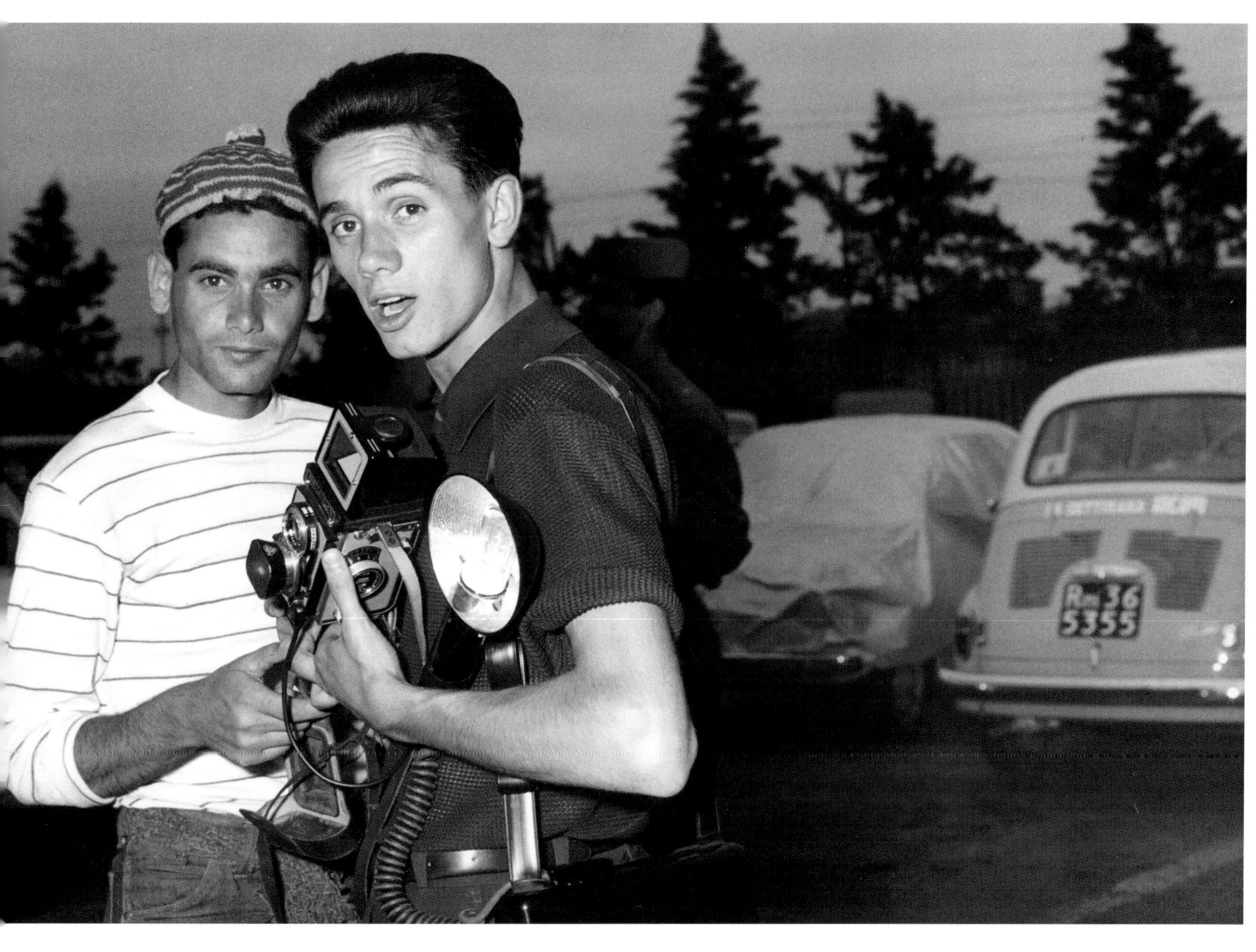

87. Agenzia Dufoto, *Paparazzi in posa / Paparazzi in Pose.* s.d. / n.d.

Ellen von Unwerth
Alison Jackson
Armin Linke / Corrado Calvo

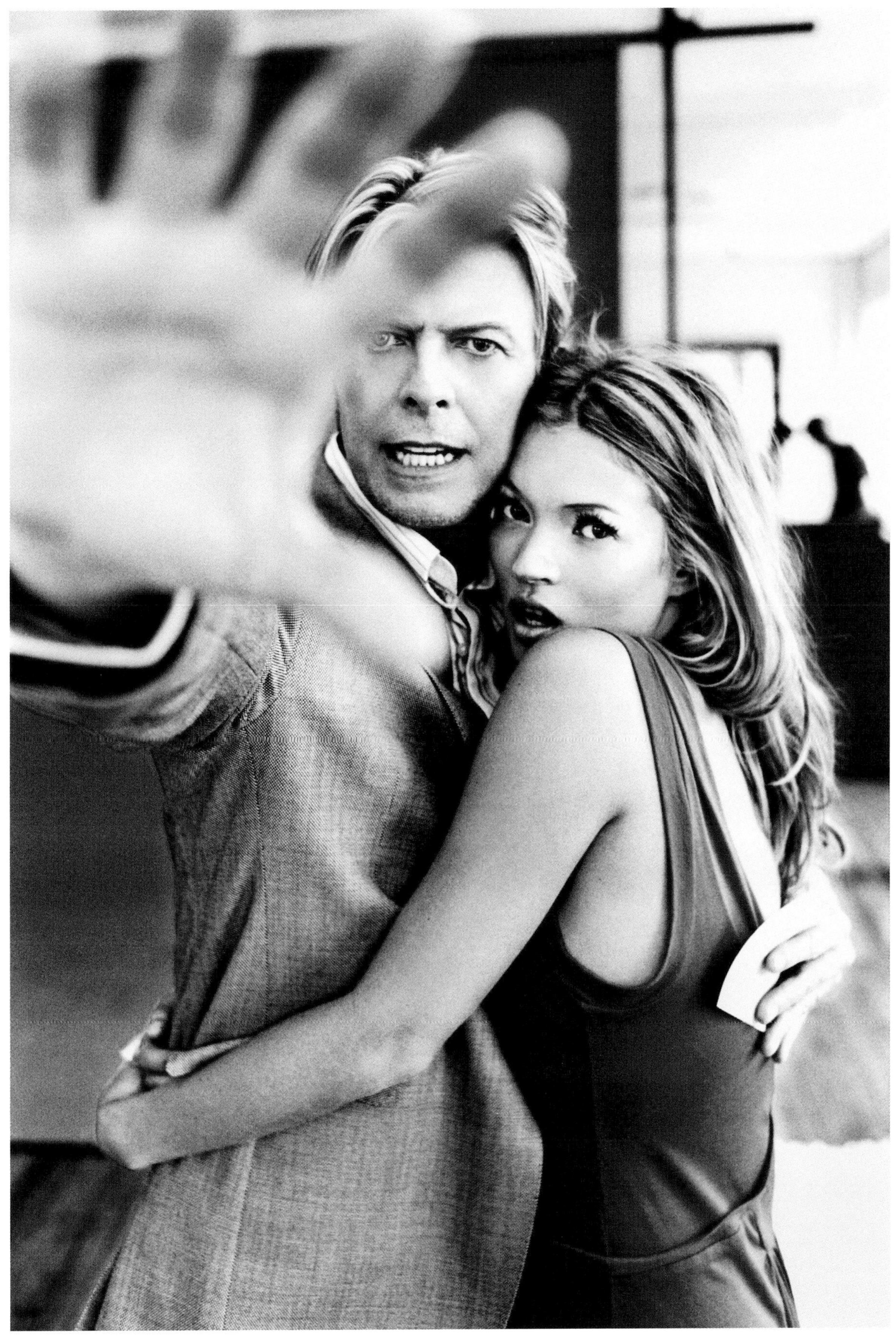

88. Ellen von Unwerth, *Kate Moss e / and David Bowie*, 2003.

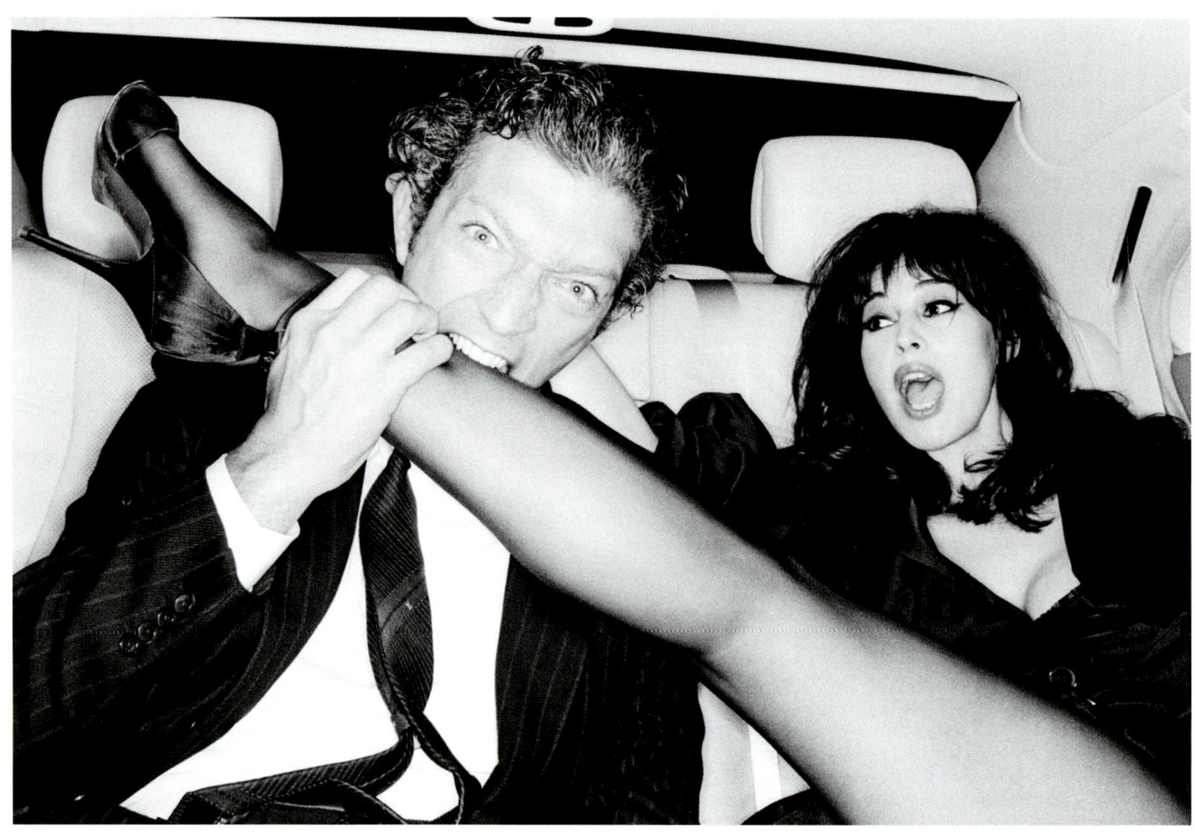

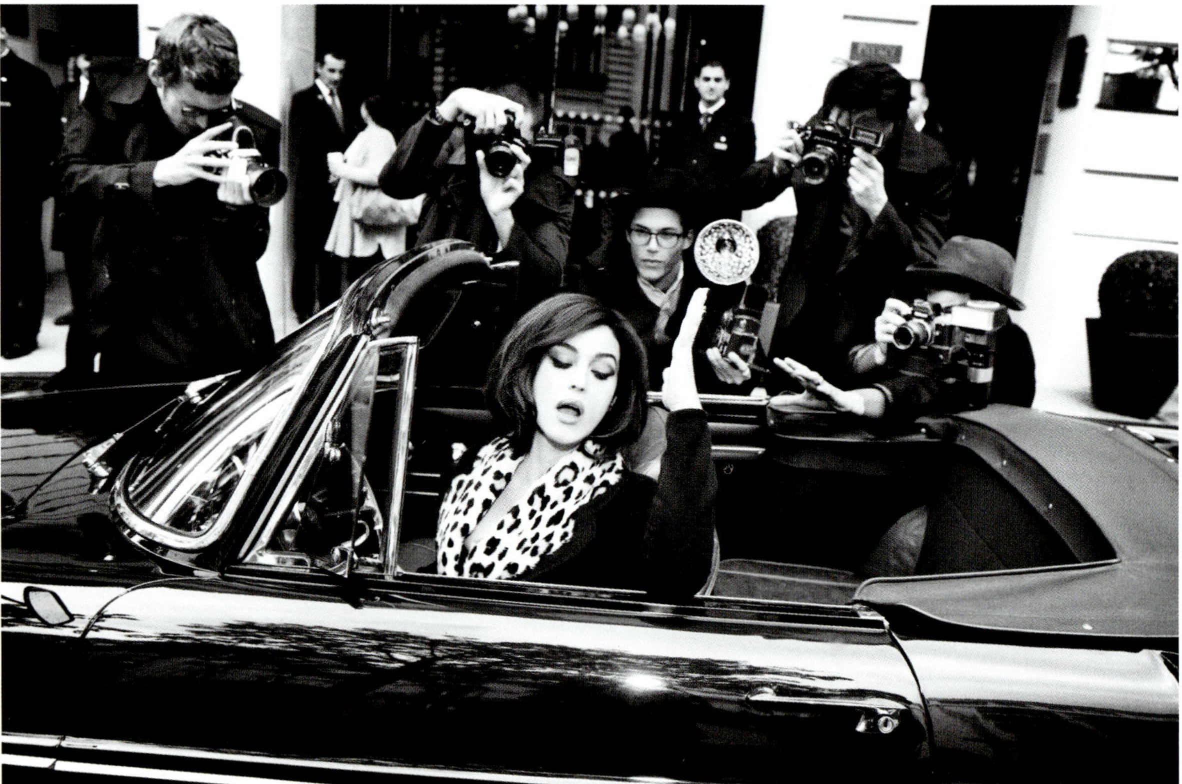

89. Ellen von Unwerth, *Monica Bellucci e / and Vincent Cassel*, 2004.

90. Ellen von Unwerth, *Monica Bellucci*, 2013.

91. Ellen von Unwerth, *Claudia Schiffer e / and Joseph Gordon-Levitt, 2008*.

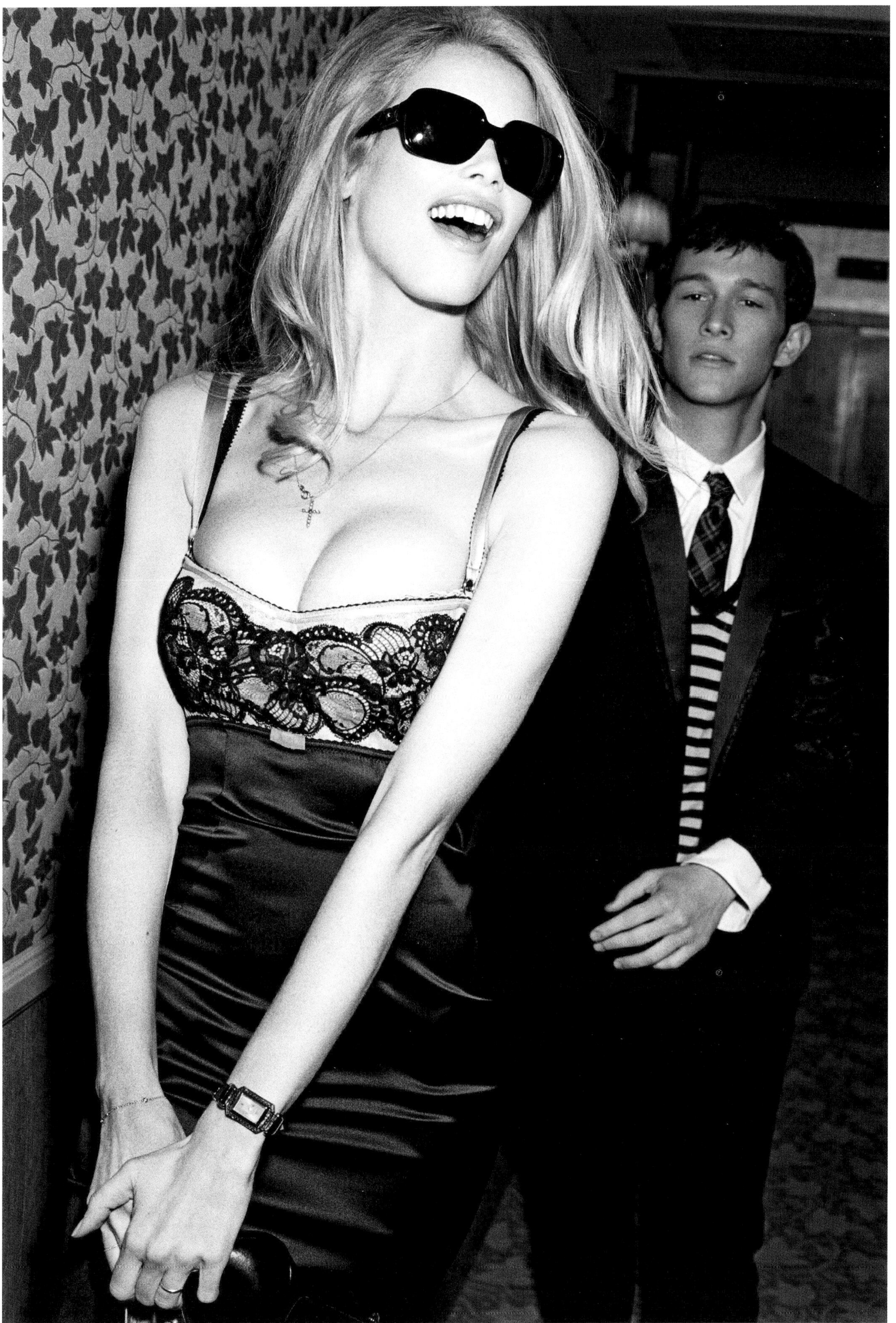

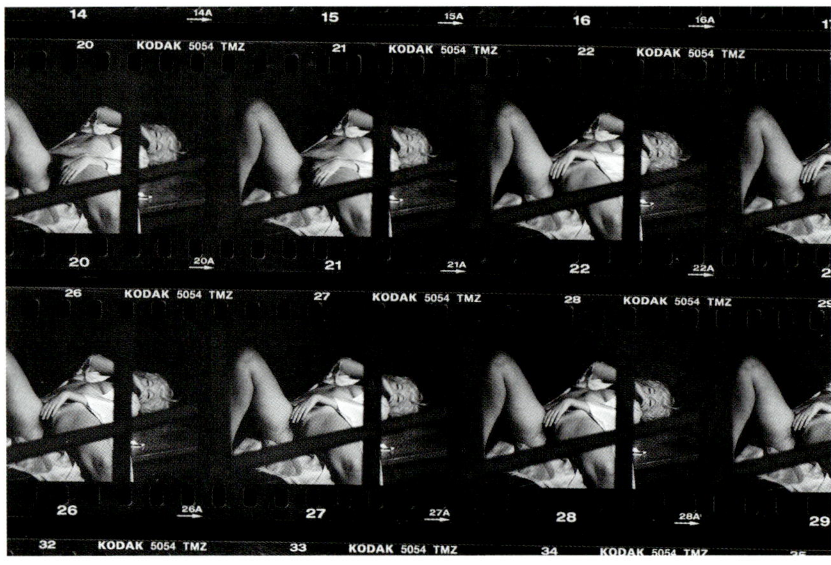

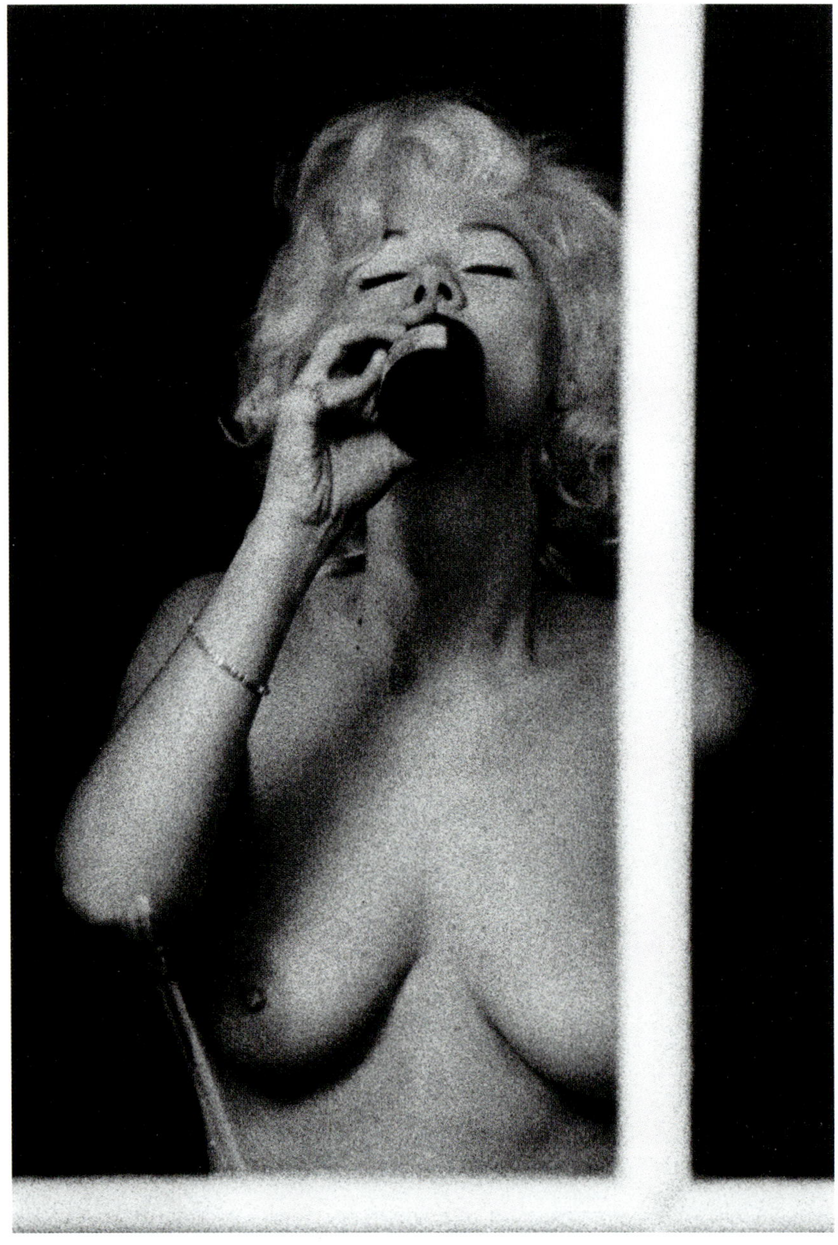

92. Alison Jackson, *Marilyn che si masturba / Marilyn Wanking*, 2000.

93. Alison Jackson, *Marilyn*, 2000.

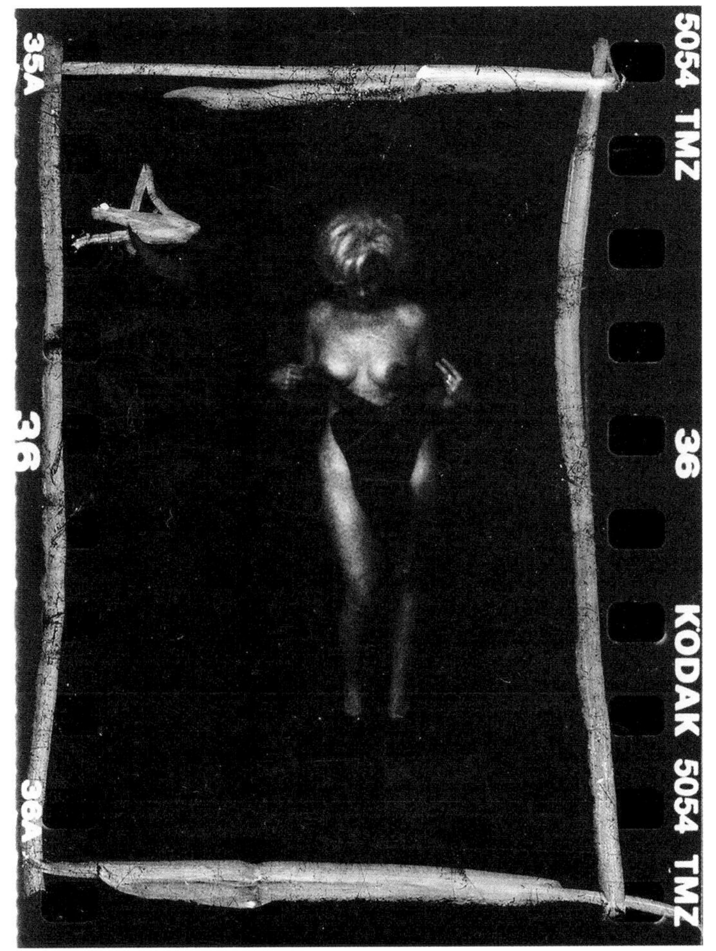

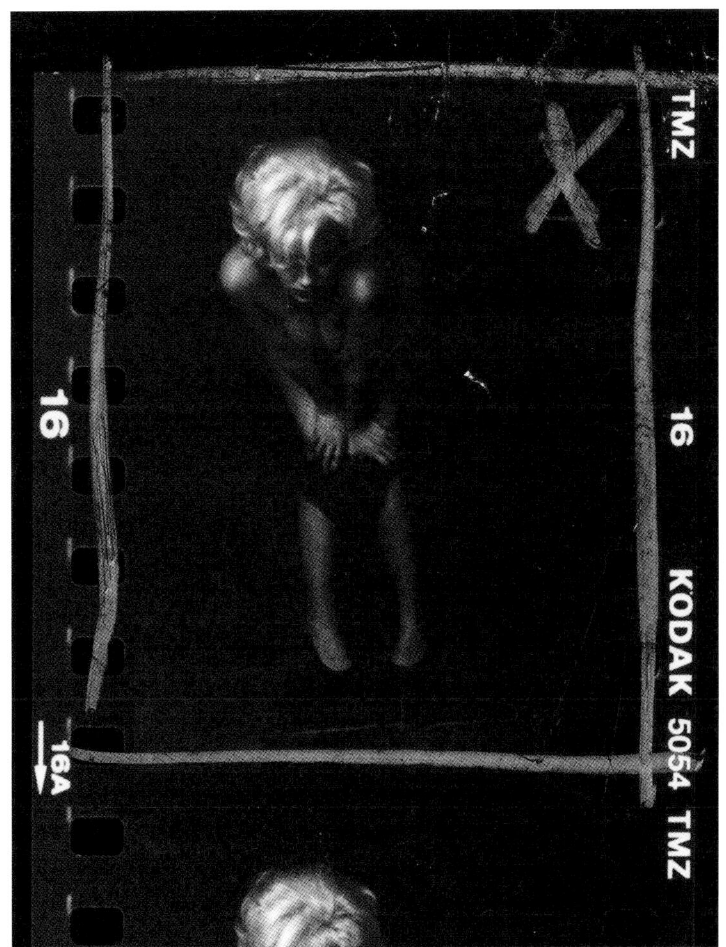

94. Alison Jackson, *Marilyn che si spoglia / Marilyn undressing*, 2000.

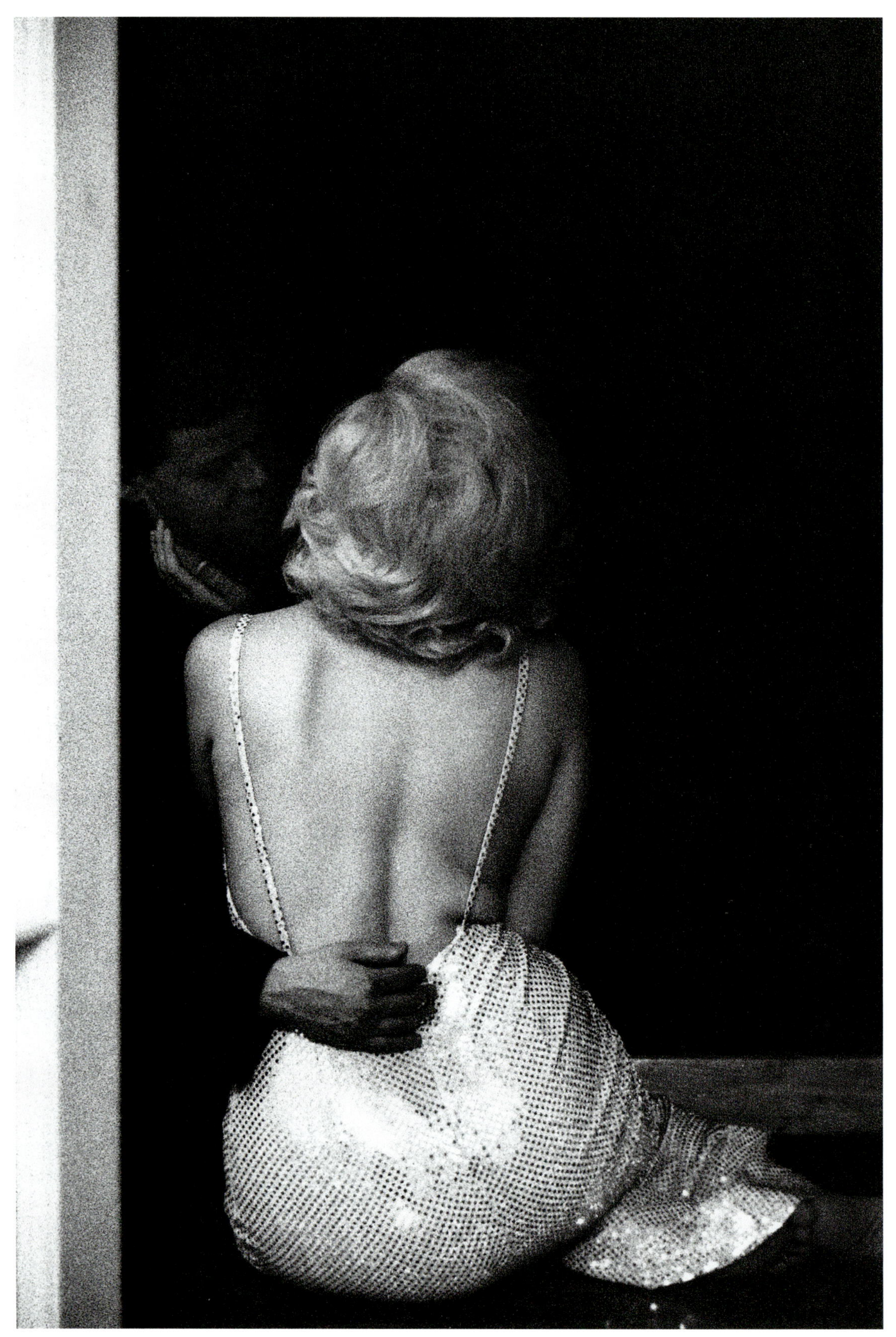

95-96. Alison Jackson, *Marilyn and / e JFK*, 2000.

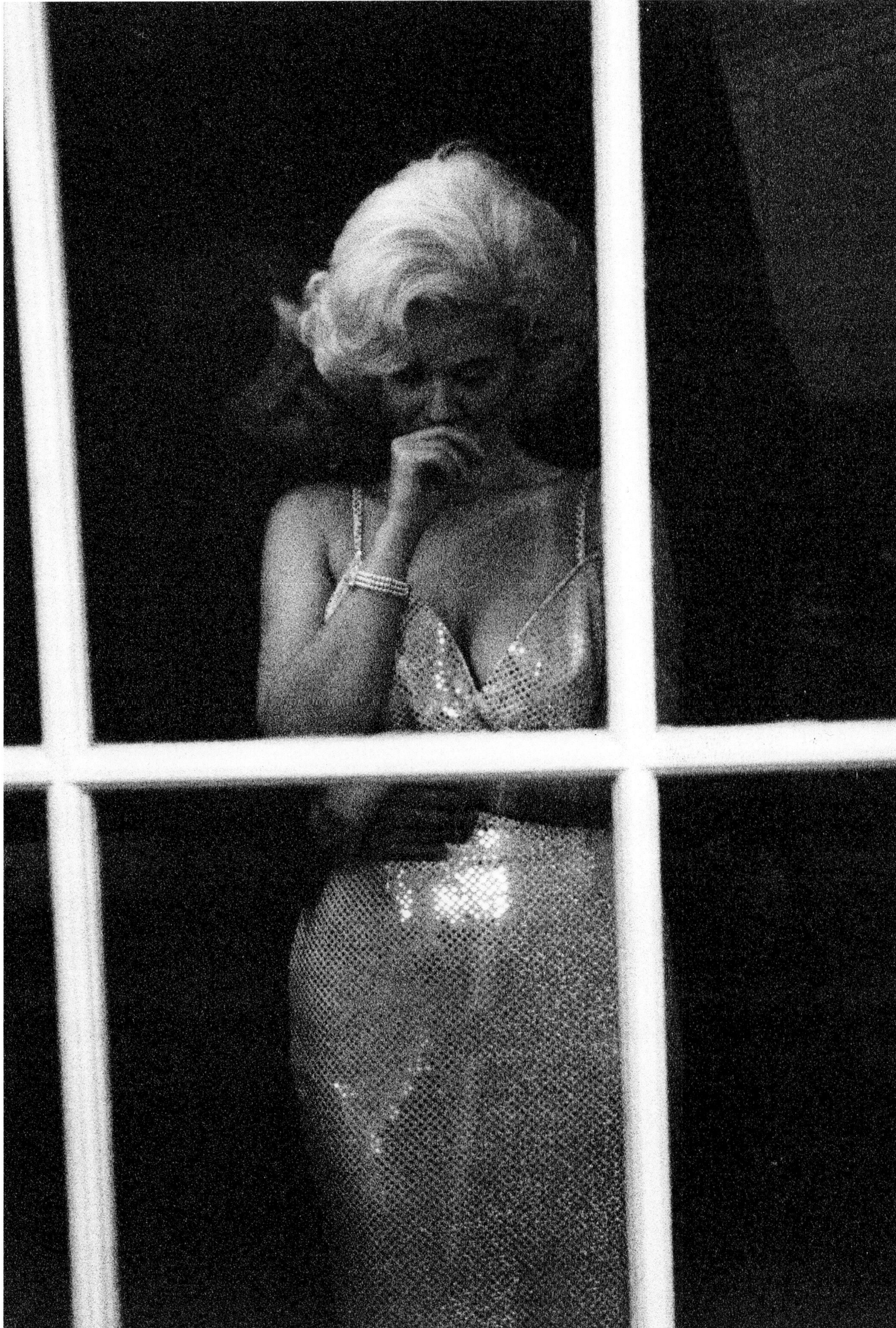

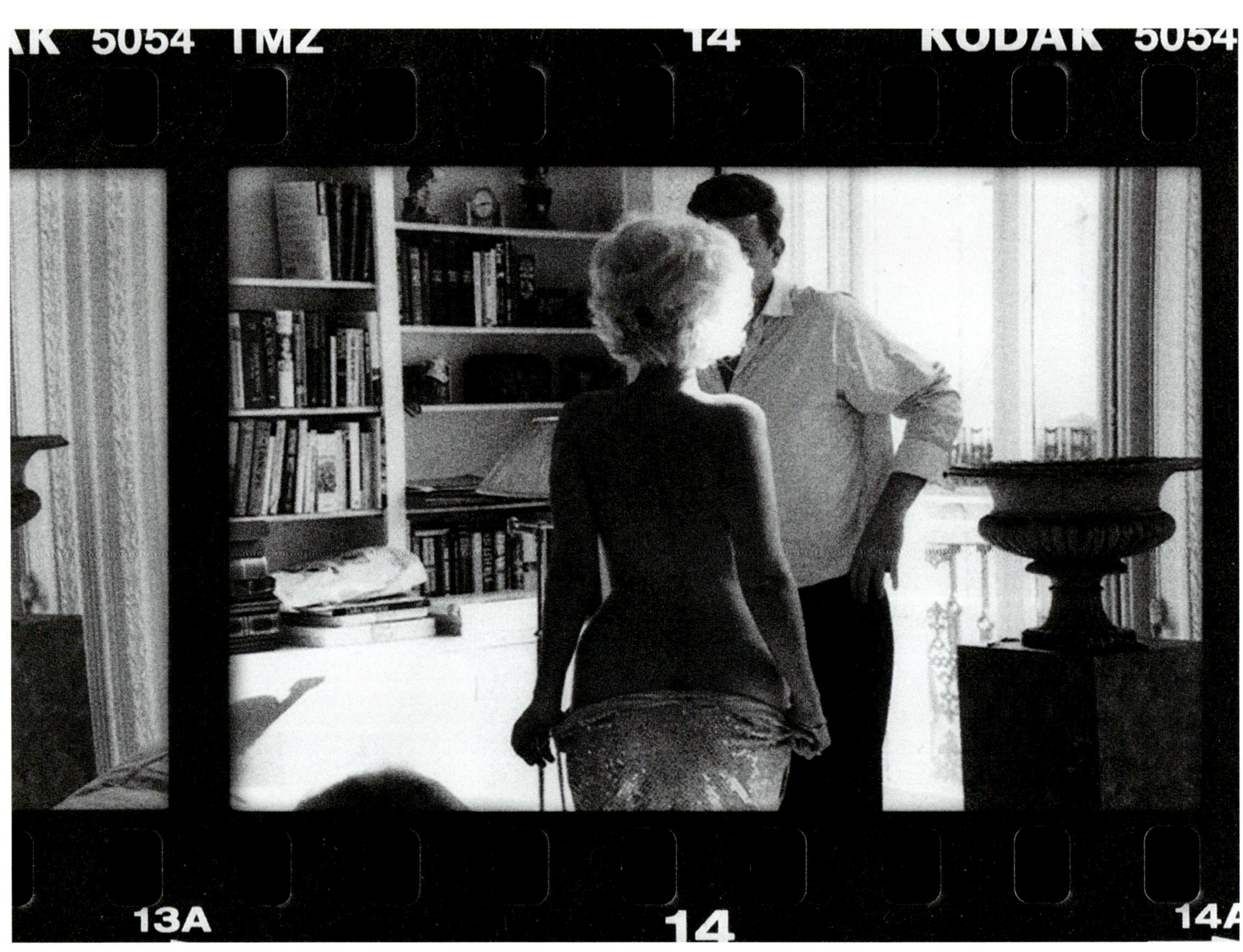

97. Alison Jackson, *Marilyn si spoglia per JFK / Marilyn undressing for JFK*, 2000.

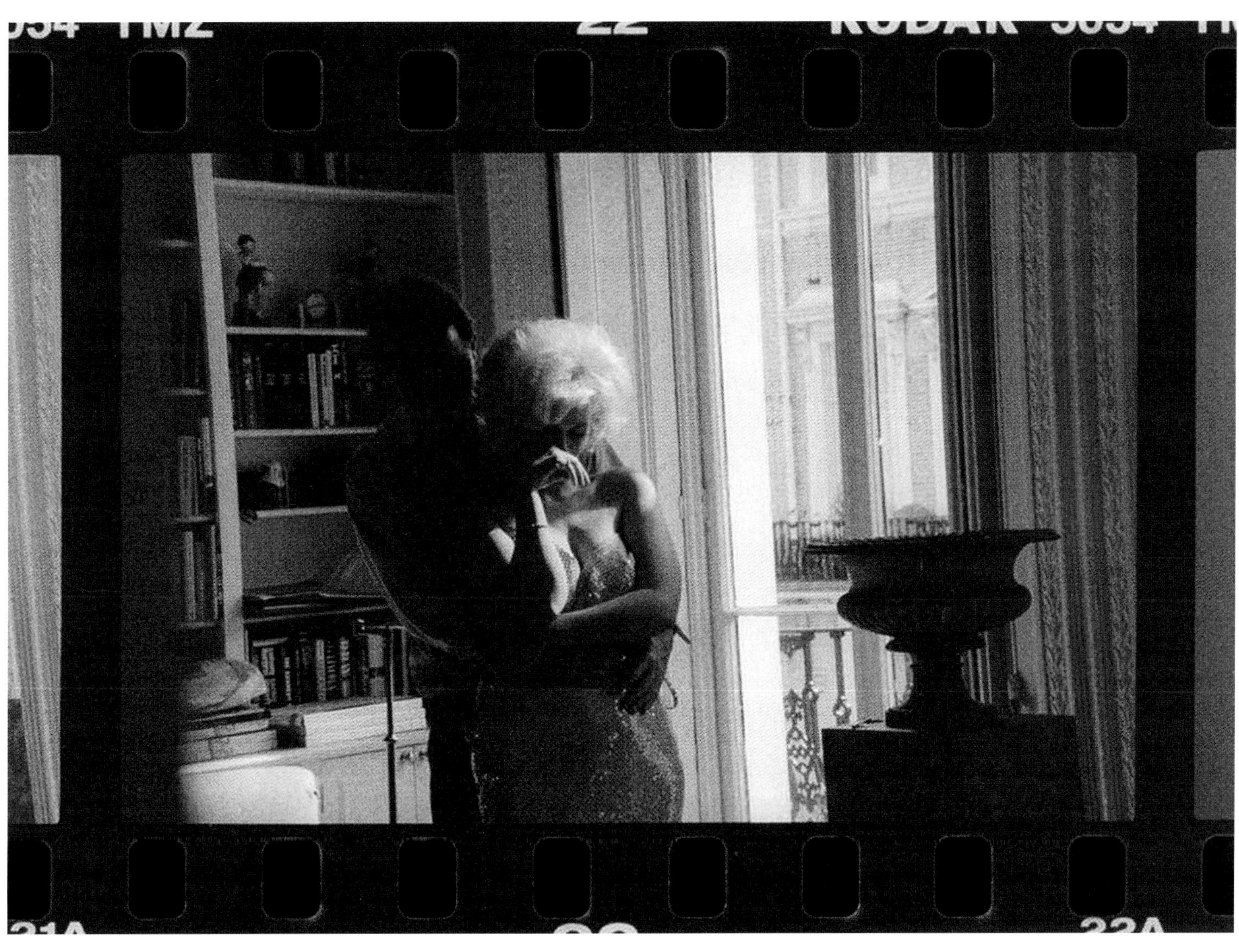

98. Alison Jackson, *Marilyn e JFK si abbracciano / Marilyn and JFK embrace*, 2000.

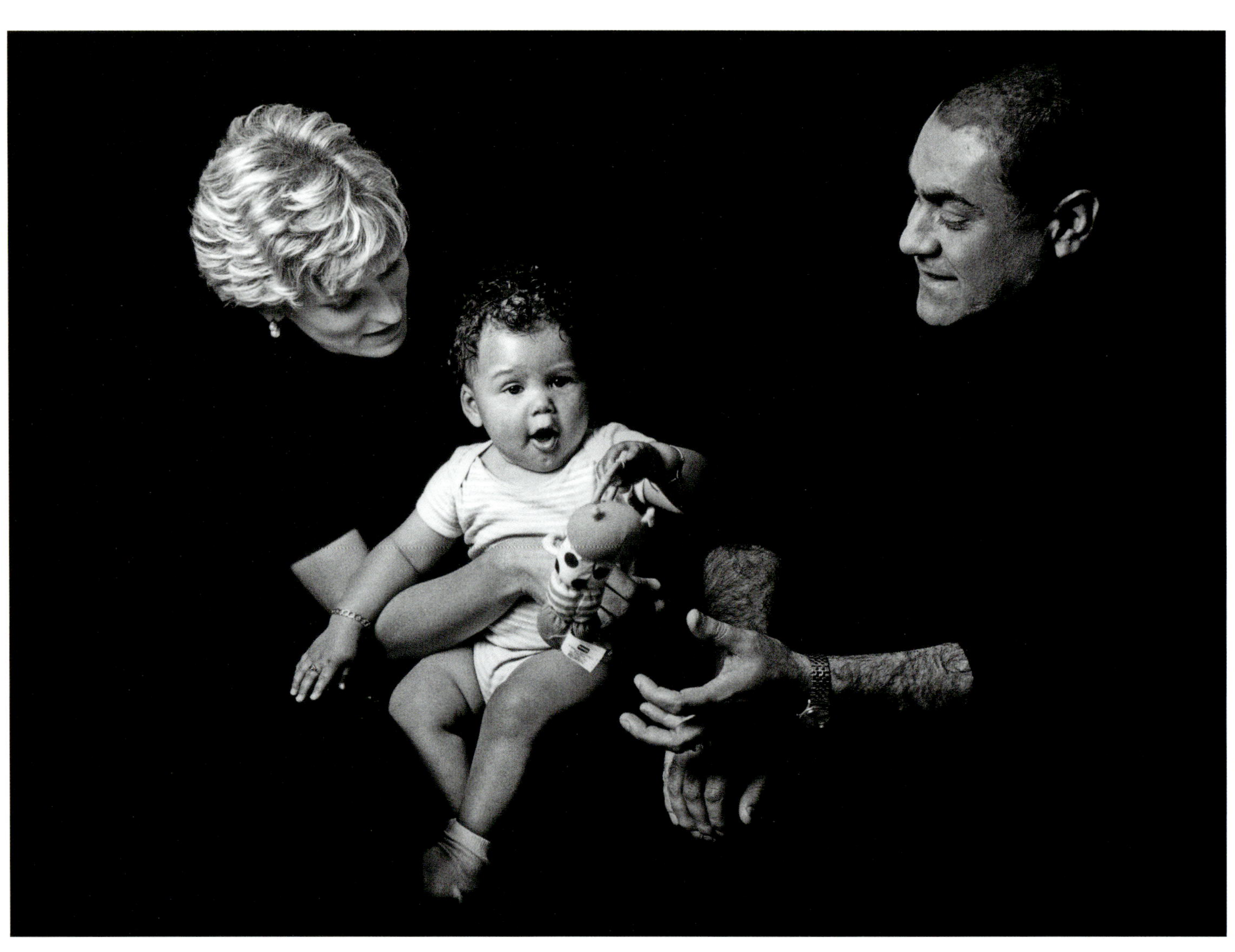

 Alison Jackson, *Diana, Dodi e un bambino / Diana, Dodi and baby*, 1997.

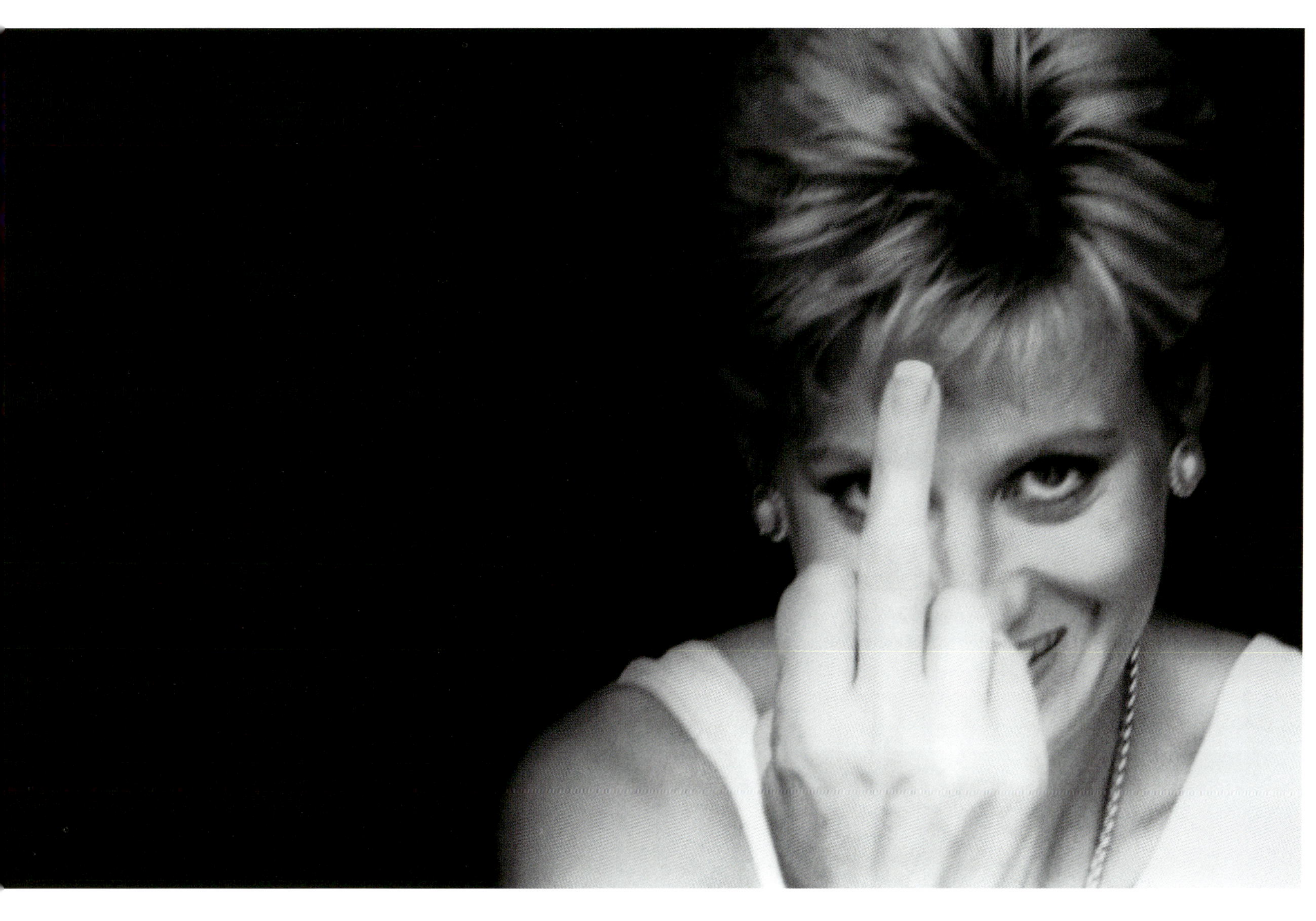

100. Alison Jackson, *Diana mostra il dito medio / Diana gives the finger*, 1997.

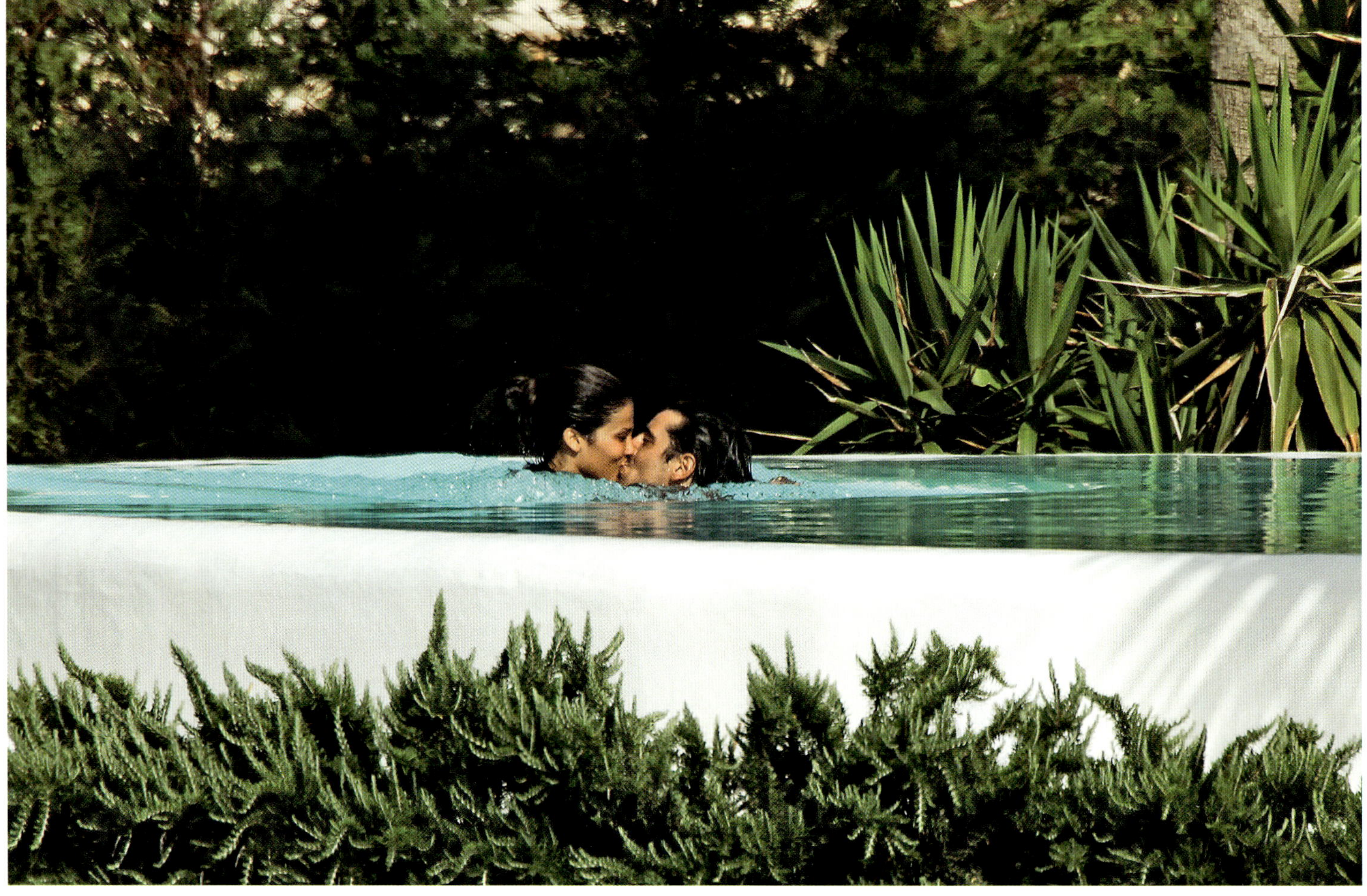

101. Corrado Calvo, *Il calciatore Francesco Coco con la sua nuova fidanzata / Football athlete Francesco Coco along with his new fiancée.* Porto Cervo, 2005.

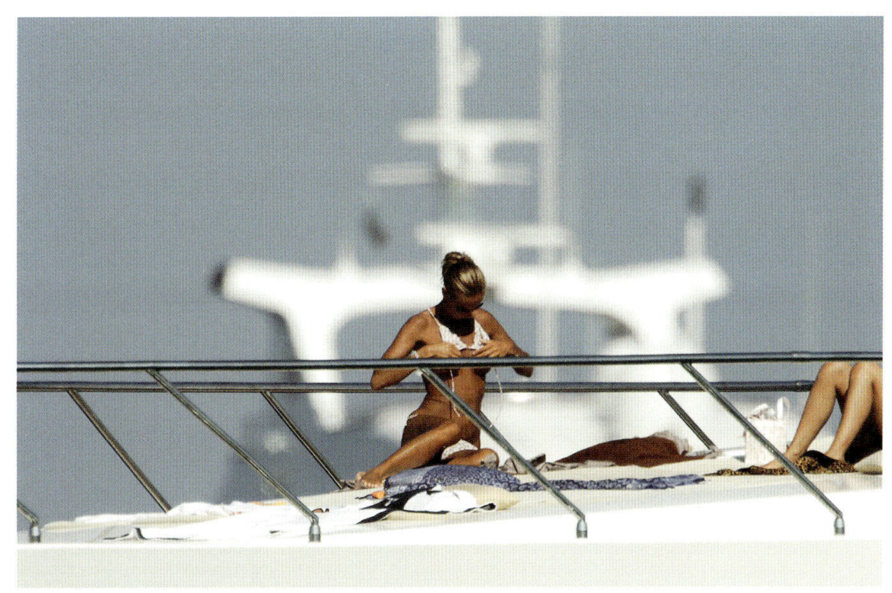

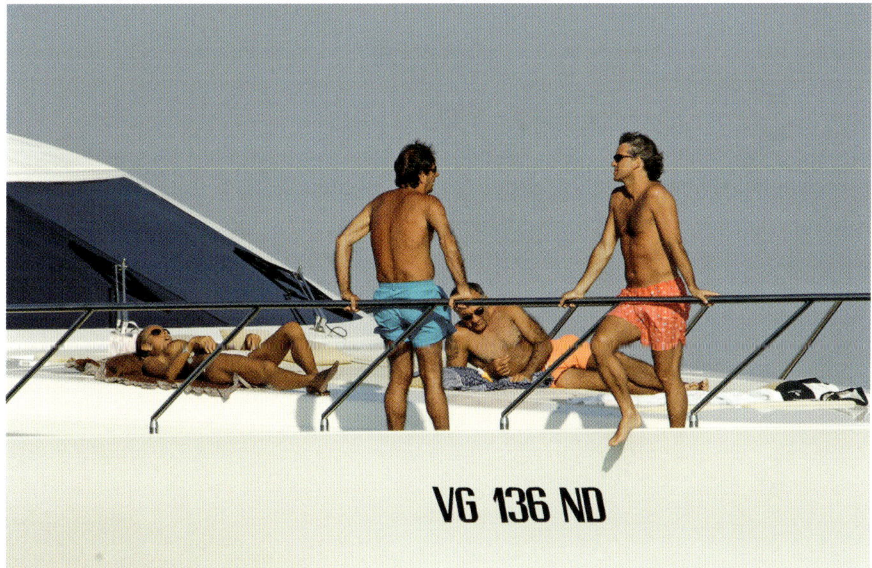

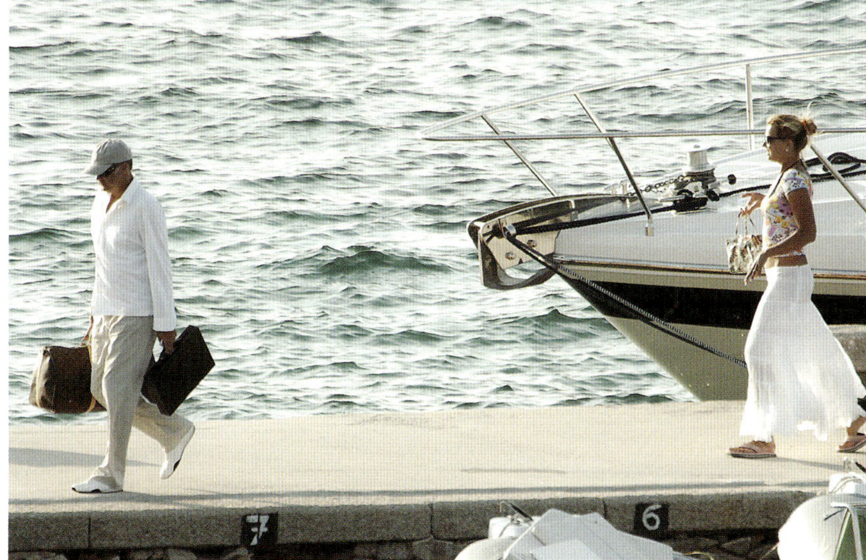

102-103. Corrado Calvo, *Roberto Mancini con la moglie Federica Morelli sulla barca con degli amici / Roberto Mancini with his wife Federica Morelli, guests on their friend's yacht.* Sardegna / Sardinia, Porto Cervo, 2005.

104. Corrado Calvo, *La nuotatrice tedesca Franziska Van Almsick con il fidanzato Jürgen B. Harder / German swimmer Franziska Van Almsick along with her fiancé Jürgen B. Harder.* Porto Cervo, agosto / August 2007.

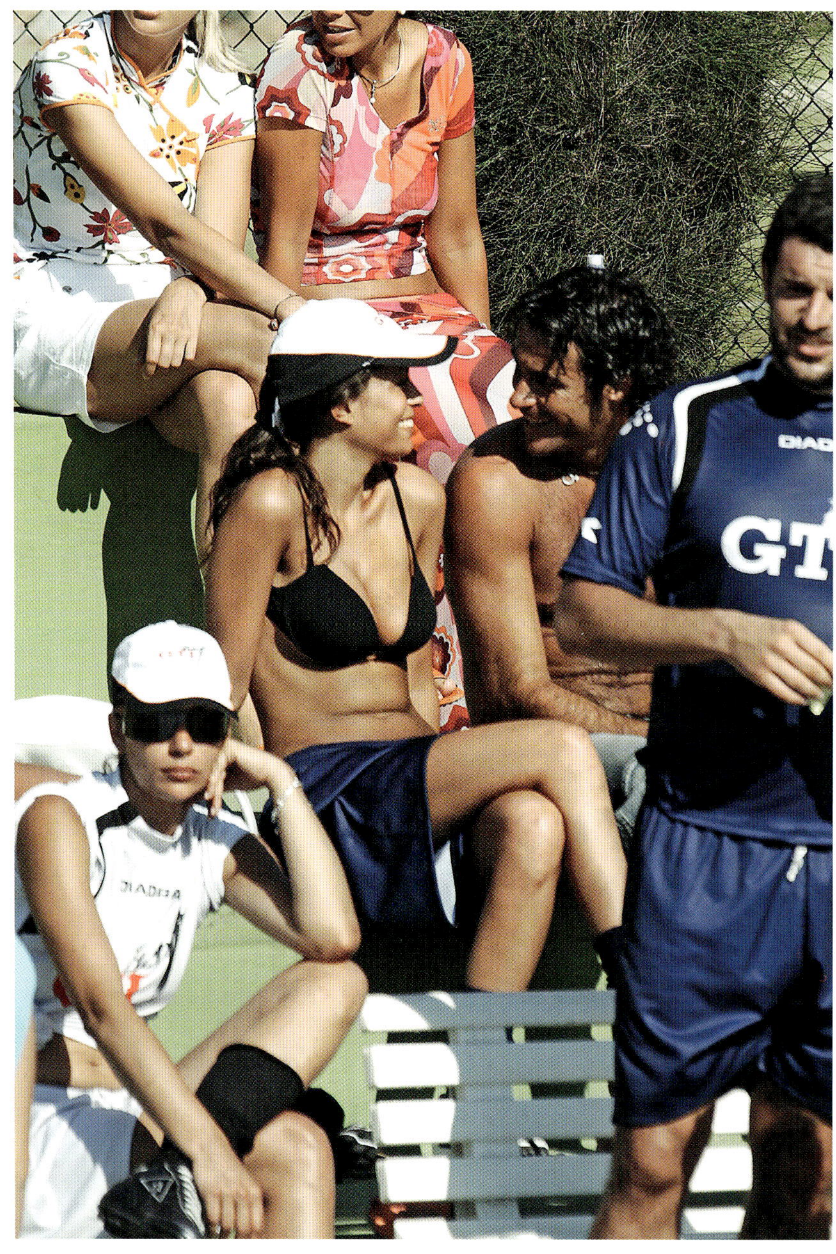

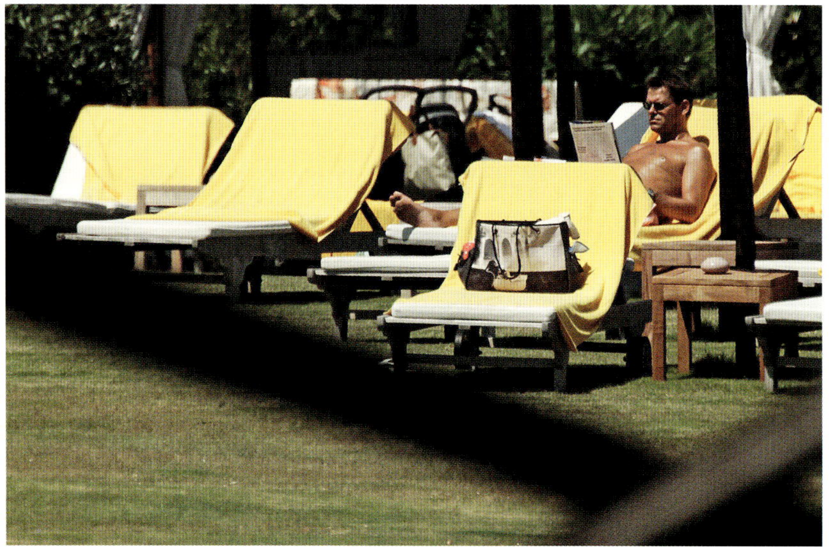

105. Corrado Calvo, *Fabio Galante con una ragazza in un torneo di calcetto organizzato da Lele Mora / Fabio Galante along with a girl during a five-a-side football tournament organized by Lele Mora*. Porto Cervo, 2005.

106. Corrado Calvo, *L'allenatore inglese Henry Redknapp in piscina / English coach Henry Redknapp at the pool*. Cala di Volpe, 23 giugno / June 2005.

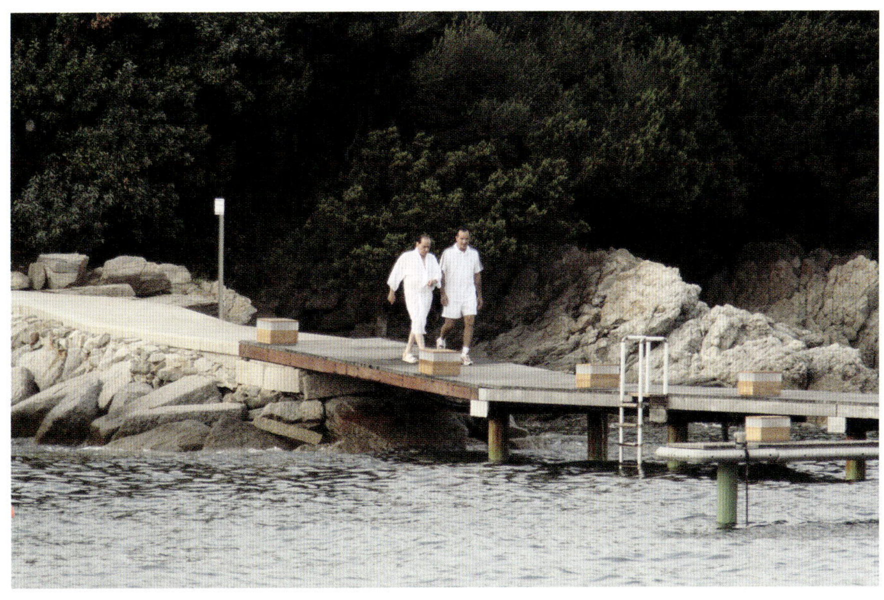

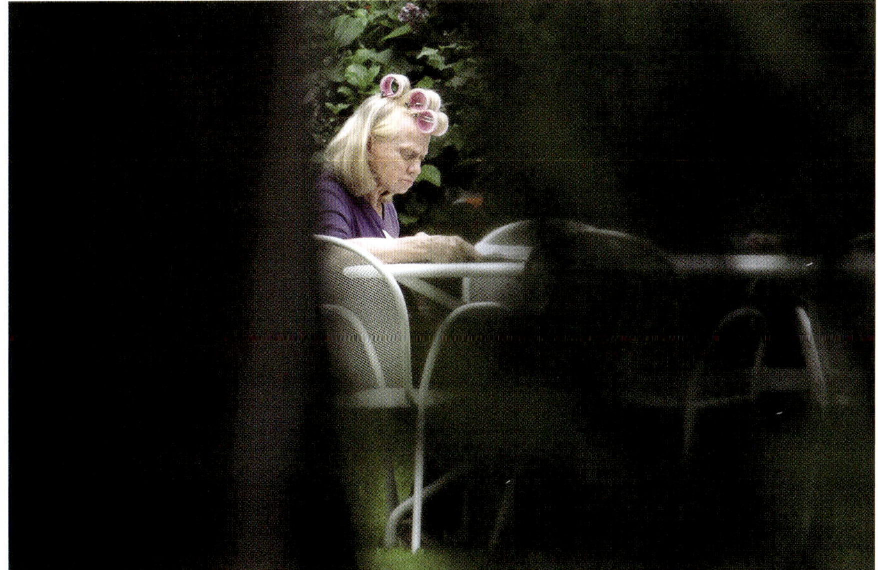

107. Corrado Calvo, *Silvio Berlusconi passeggia, con a fianco un amico, sul pontile di Villa Certosa con addosso un accappatoio bianco e dei sandali Birkenstock e va incontro alla figlia Marina che sta attraccando con il suo yacht* Besame */ Silvio Berlusconi strolling with a friend on the boardwalk in Villa Certosa, wearing a white bathrobe and Birkenstock sandals, as he heads off to meet his daughter Marina who is docking her yacht called* Besame. Porto Rotondo, 10 agosto / August 2009.

108. Corrado Calvo, *Rita Pavone legge il giornale nel giardino della sua abitazione, con una curiosa acconciatura / Rita Pavone reading the newspaper in the privacy of her garden, with an odd hairdo.* Svizzera / Switzerland, Morbido Inferiore, primavera / Spring 2013.o

109. Corrado Calvo, *Fotografi al lavoro mentre riprendono dei vips / Photographers at work, shooting the VIPs.* Estate / Summer 2001, Porto Cervo, spiaggia di Cala di Volpe.

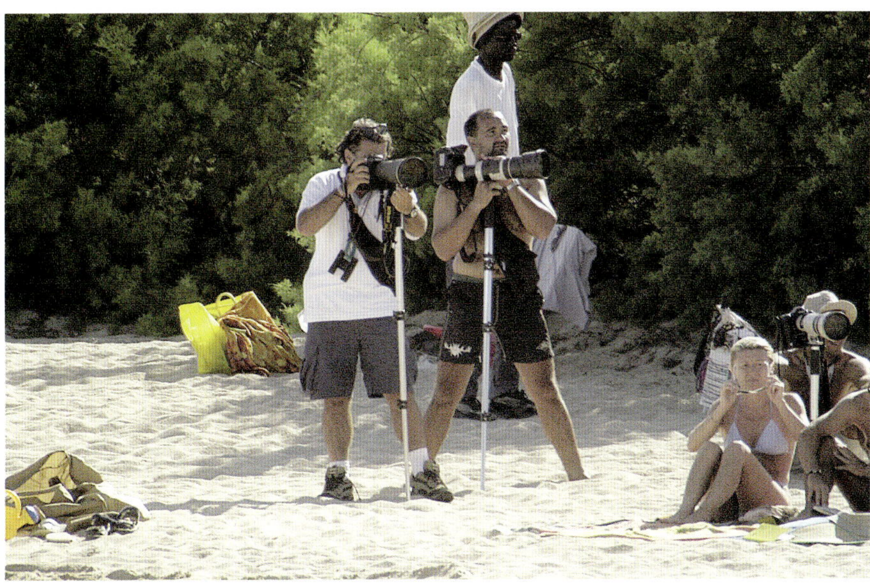

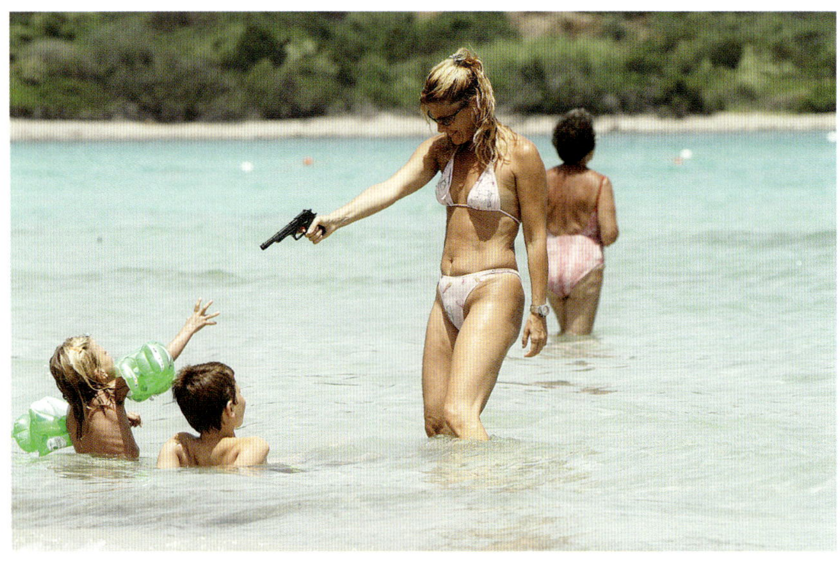

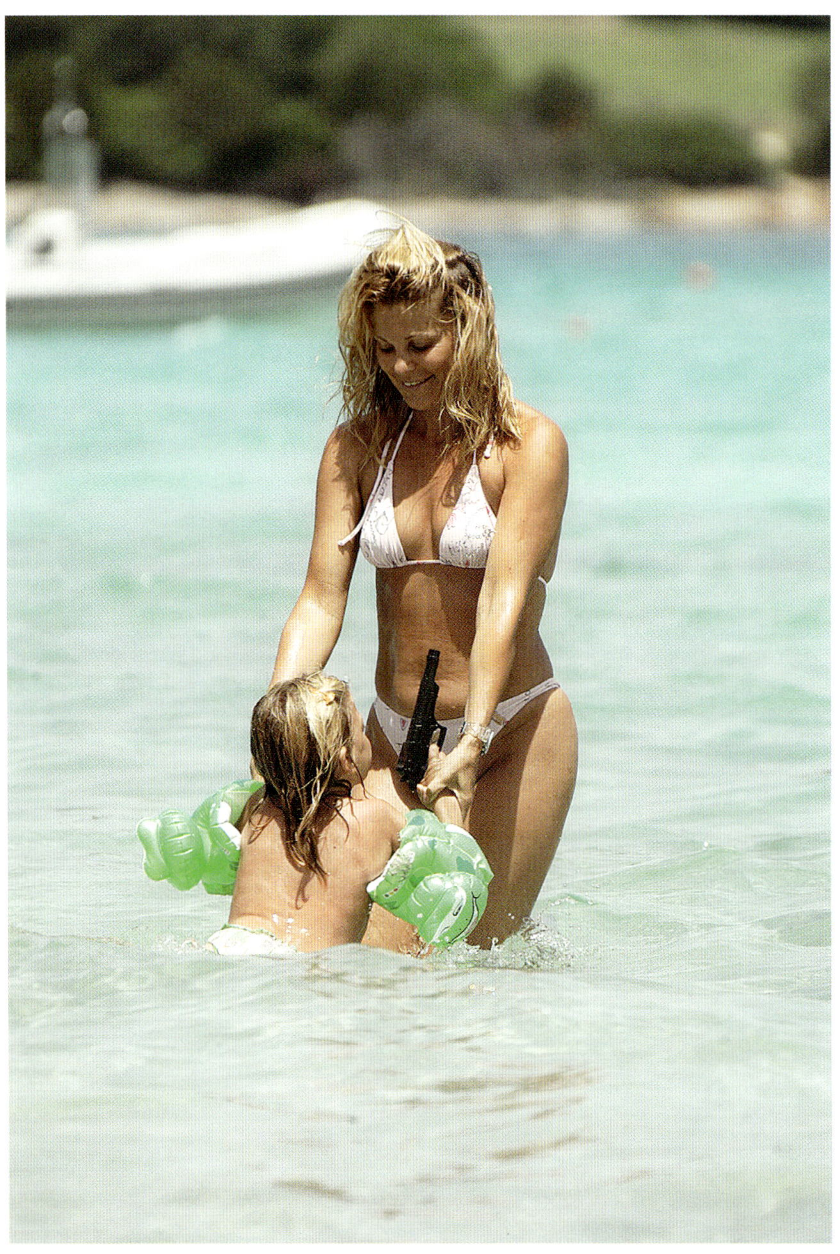

110. Corrado Calvo, *Patrizia Pellegrino gioca in mare con i suoi due figli nella spiaggia di Marinella / Patrizia Pellegrino playing in the water with her two children, off the shores of Marinella*. Porto Rotondo, estate / Summer 2009.

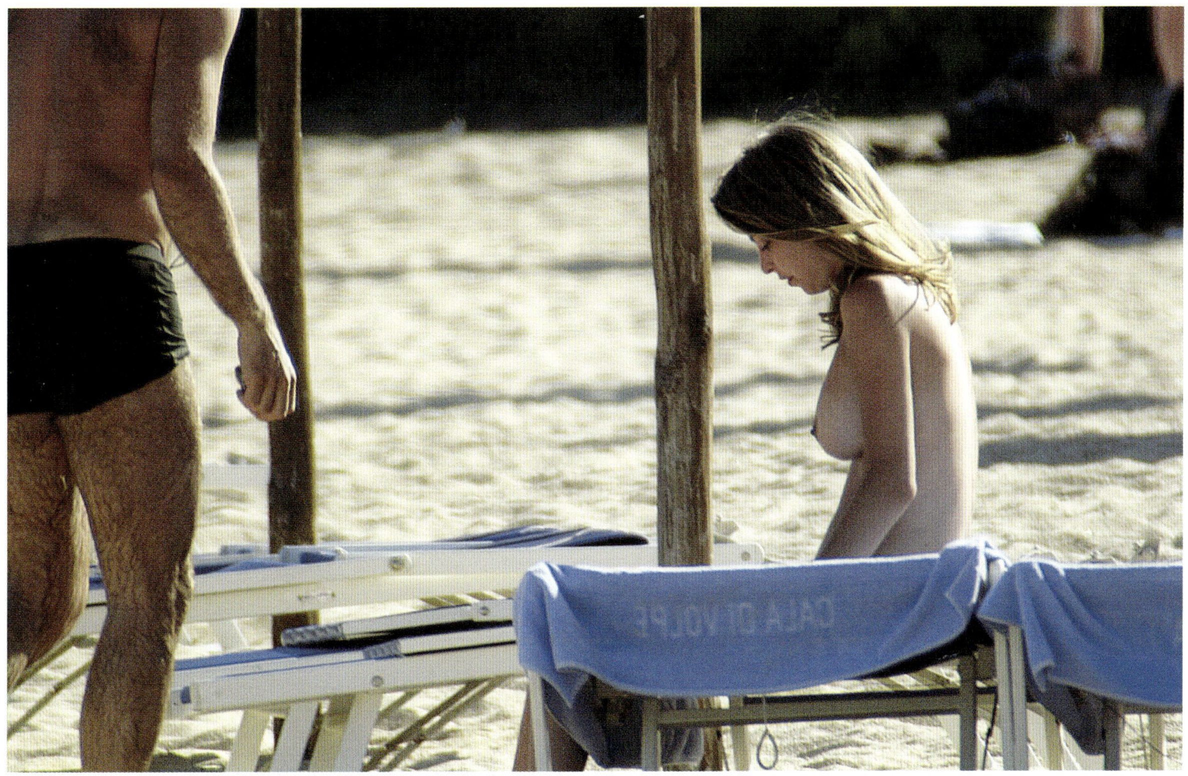

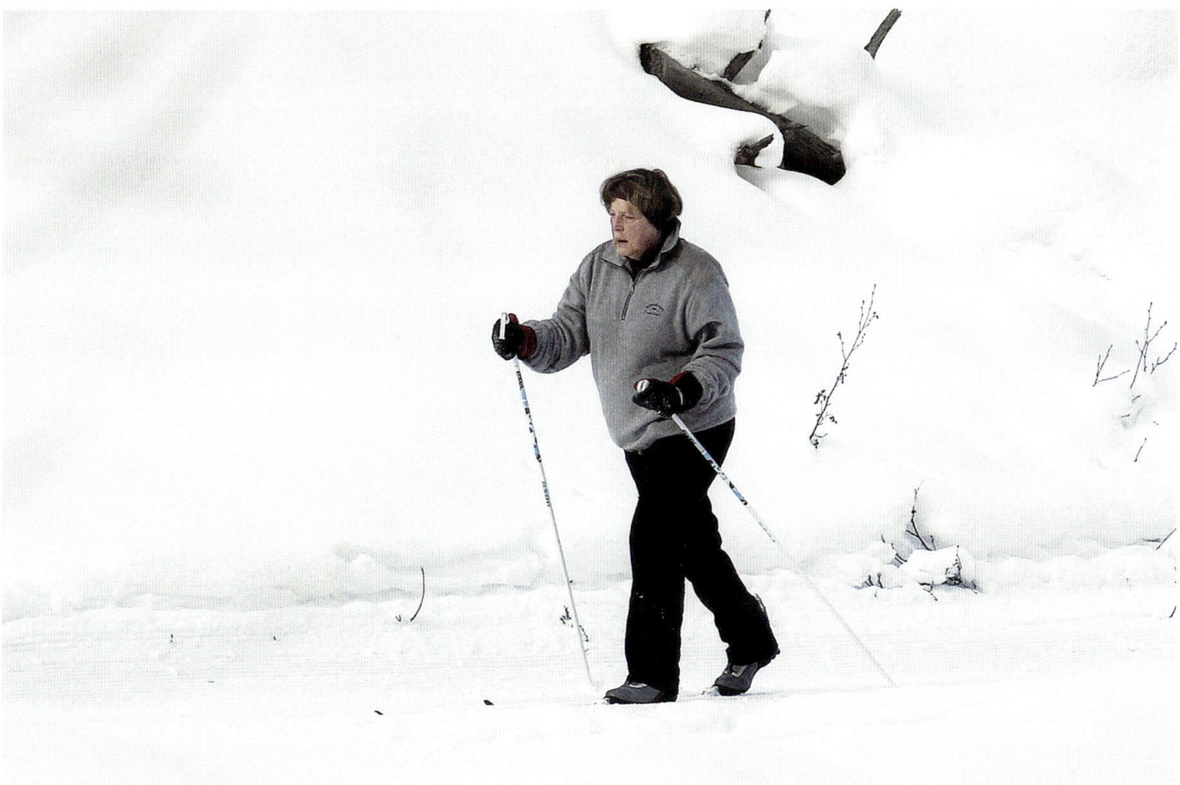

111. Corrado Calvo, *Sconosciuta in topless fotografata in un momento di noia durante un appostamento / Unknown topless girl photographed during a boring ambush*. Cala di Volpe, 19 giugno / June 2000.

112. Corrado Calvo, *Angela Merkel passa le vacanze natalizie nella piccola località di Pontresina facendo lo sci di fondo con il marito e le sue guardie del corpo / Angela Merkel spending her Christmas holidays in the small town called Pontresina practicing cross-country skiing with her husband and bodyguards*. St. Moritz Engadina, 26 dicembre / December 2014

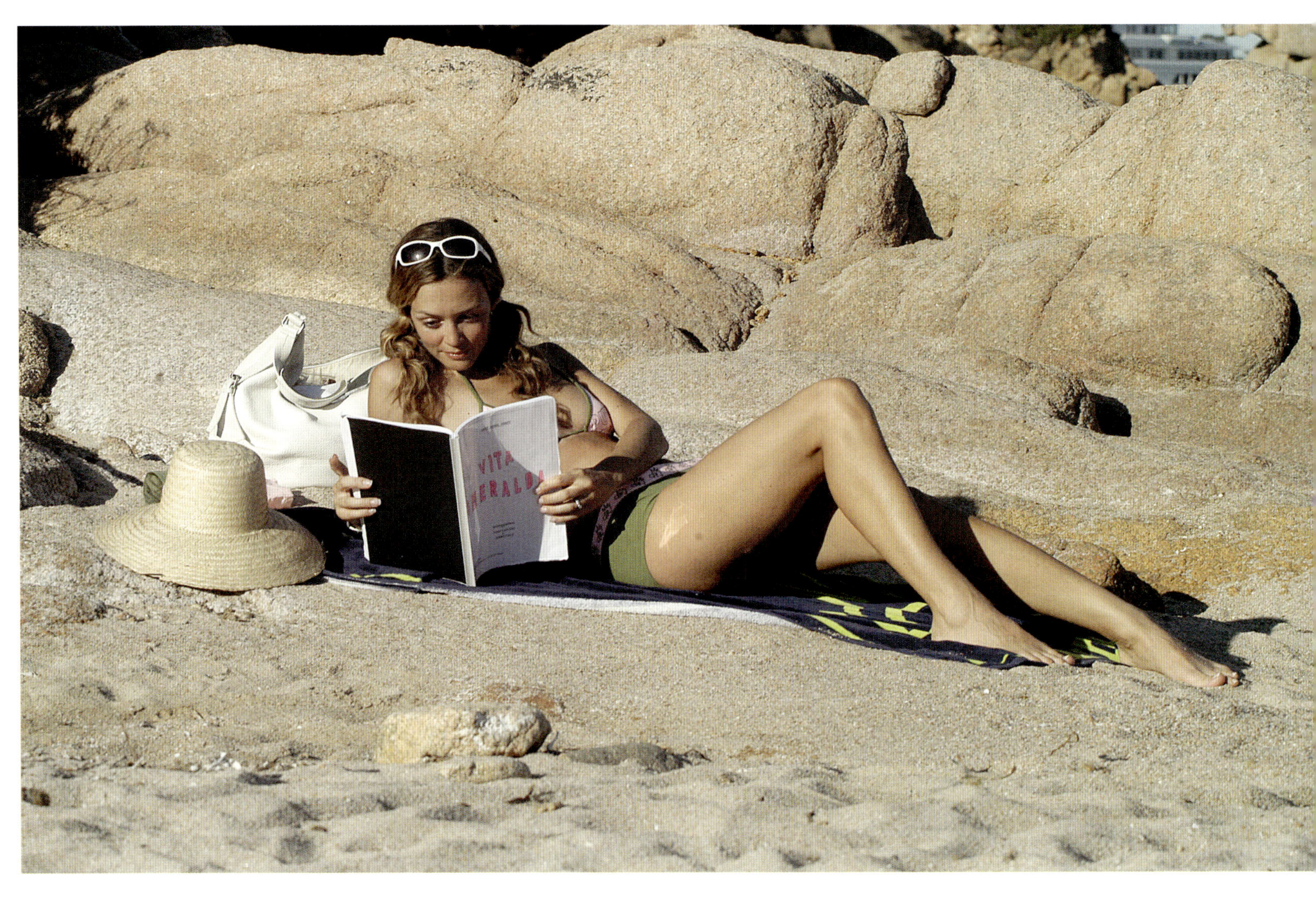

113. Corrado Calvo, *Francesca Cavallin studia il copione del film, di cui è protagonista,* Vita Smeralda, *scritto, diretto e interpretato da Jerry Calà /*
Francesca Cavallin as she reads the screenplay for the film Vita Smeralda, *written, directed and performed by Jerry Calà*. Cala di Volpe, luglio / July 2005.

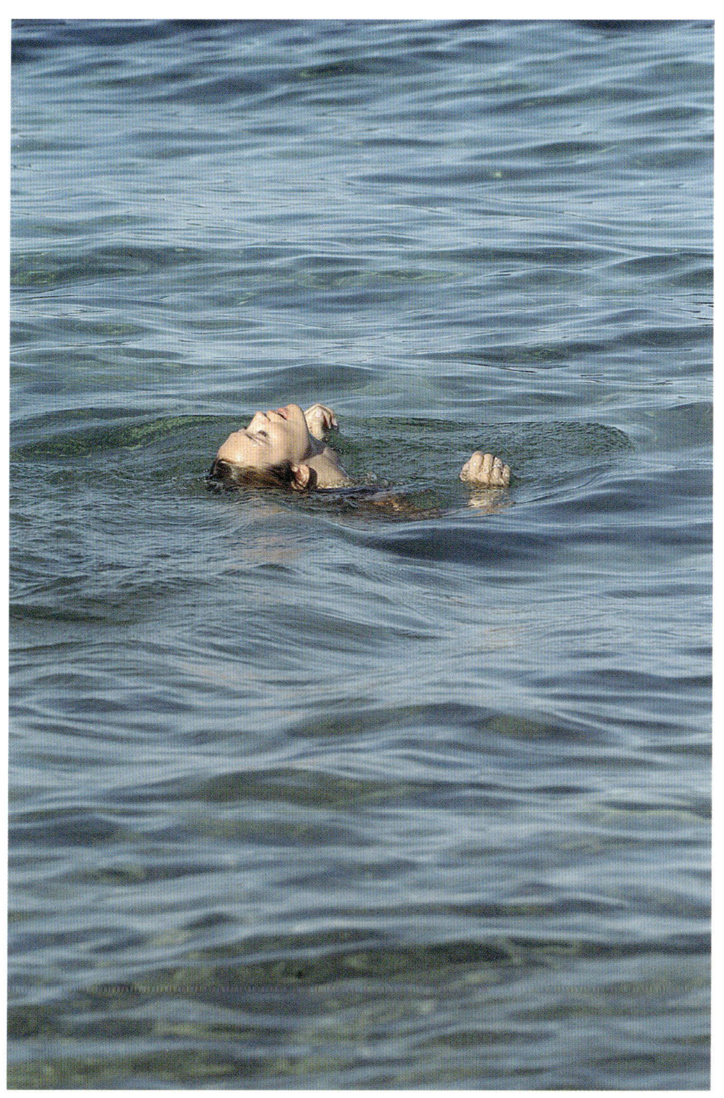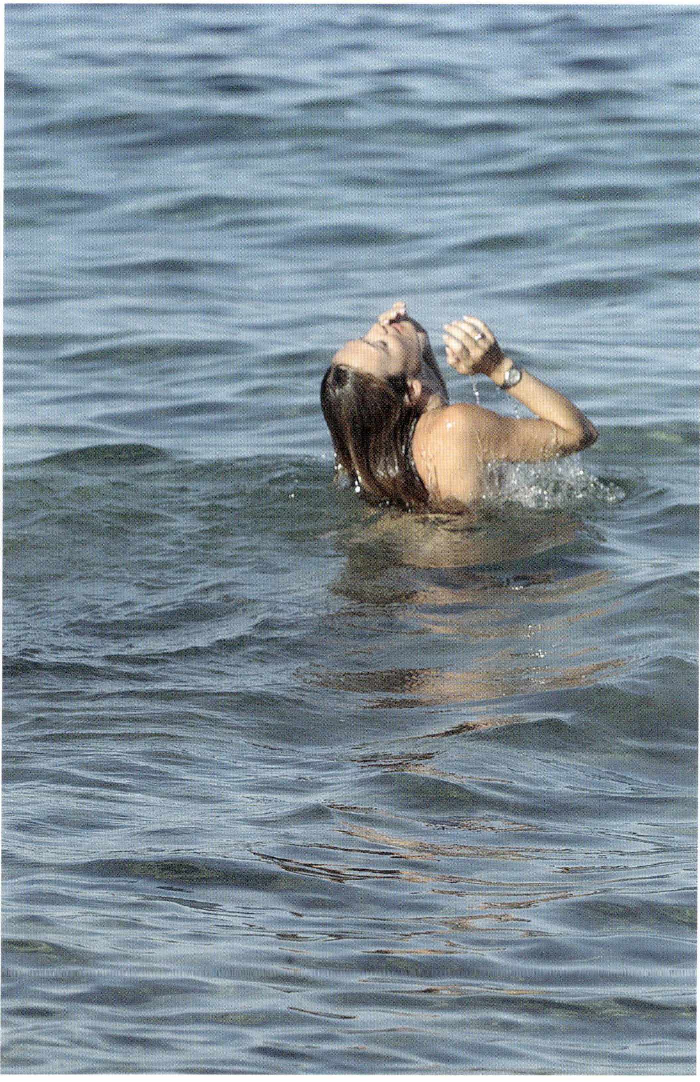

114-115. Corrado Calvo, *Francesca Cavallin*. Sardegna / Sardinia, luglio / July 2005.

Biografie

CORRADO CALVO
(Moncalieri, 1976)
Inizia la sua attività fotografica nell'ottobre 1995 presso una piccola agenzia locale milanese. Dopo alcuni mesi avvia una collaborazione, che durerà 4 anni, con la storica nell'agenzia De Bellis, per poi passare all'agenzia Olycom, dove resterà per 13 anni.
In questo periodo realizza alcuni dei suoi servizi più noti come quello su Berlusconi a Villa Certosa, in Sardegna, nel 2009, e su numerosi politici, attori, personaggi dello spettacolo e sportivi, sui quali si concentrerà poi anche il lavoro a quattro mani con Armin Linke.
Da circa 5 anni vive all'estero, dove collabora con svariati editori italiani e mondiali, direttamente o con l'ausilio di distributori. Nella sua carriera ha collaborato con le più importanti case editrici italiane come Mondadori, Rcs, Cairo, Herst, Condé Nast e le più grandi testate mondiali.

AGENZIA DUFOTO / ALDO DURAZZI
(Milano, 1925-1990)
Aldo Durazzi nasce nel 1925 a Milano dove inizia, giovanissimo, l'attività di fotografo. Nel 1948 entra nello staff della Gazzetta dello Sport e nel 1950 diventa collaboratore dell'agenzia milanese Farabola. Negli anni seguenti si stabilisce a Roma, dove nel 1956 fonda l'agenzia fotogiornalistica Dufoto. In quegli anni Roma e gli studi cinematografici di Cinecittà sono al centro del cinema mondiale. Nasce la "dolce vita" e i paparazzi ne diventano protagonisti. Molti di loro, i più celebri, lavorano nell'agenzia Dufoto. Ma Aldo è un fotografo completo e vuole raccontare il suo tempo non solo attraverso la cronaca mondana. I maggiori giornali internazionali gli affidano reportage sociali, politici, sportivi. E' inviato ai Campionati del Mondo di Calcio, alle Olimpiadi, durante l'alluvione di Firenze e documenta l'arresto del bandito Graziano Mesina. Negli anni Settanta e Ottanta entra nello staff di Time-Life e in quello del National Geographic. Nel 1990 realizza un reportage sulla fine di Ceausescu in Romania, l'ultimo della sua vita.

RON GALELLA
(New York, 1931)
Prolifico fotografo delle star, Ronald Edward Galella è considerato il padrino della cultura dei paparazzi americani. Ribattezzato *Paparazzo Extraordinaire* da "Newsweek" e *the Godfather of the U.S. paparazzi culture* da "Time magazine" e "Vanity Fair", è considerato da "Harper's Bazaar" *il più controverso paparazzo di tutti i tempi*. Nel corso della sua carriera, Galella ha scattato foto non posate di Elizabeth Taylor, Richard Burton, Mick Jagger e Bruce Springsteen, per citare solo alcune delle innumerevoli iconiche celebrità; è stato al centro di due famose battaglie legali con Jacqueline Kennedy, che si sono concluse con un ordine restrittivo per il fotografo, e ha avuto una mascella rotta per mano di Marlon Brando. Galella è stato il protagonista del documentario *Smash His Camera*, e le sue foto sono state pubblicate su svariate riviste, tra cui "Time", "Harper's Bazaar", "Vanity Fair", "Rolling Stone" e "The New York Times".

SETTIMIO GARRITANO
(Salerno, 1933-2011)
Settimio Garritano iniziare a lavorare alla fine degli anni cinquanta come fotoreporter per le più importanti agenzie fotografiche e giornalistiche italiane, tra cui Ansa, Agenzia Italia, Farabola Foto, Olympia per le quali copre gli avvenimenti di attualità, politica, sport, spettacolo e cinema.
A metà degli anni sessanta decide di lavorare come freelance. Viaggia in tutto il mondo e le sue corrispondenze dall'Europa, dal Sud al Nord America, dal Medio ed Estremo Oriente vengono pubblicate nelle maggiori testate italiane ed estere. Nel 1965 si trasferisce a Madrid come corrispondente per i maggiori periodici italiani e lì realizza numerosi reportage esclusivi sulla famiglia reale spagnola e su tutte le grandi famiglie spagnole. Immortala anche i protagonisti del mondo della corrida come i famosi toreri El Cordobés, Antonio Ordoñez, Luis Miguel Dominguín.
Al suo rientro in Italia, nel 1969, fonda l'agenzia Star Press con sedi a Milano e Roma, che presto diventerà una delle agenzie foto giornalistiche più importanti d'Italia. Continua il suo lavoro di reporter e segue Jacqueline Kennedy, in Grecia dopo il suo matrimonio con Aristotole Onassis. E tra gli innumerevoli servizi della famosa coppia, realizza il celebre scoop su Jackie Onassis nuda sull'sola di Skorpios. Per molti anni è consulente dell'ERI-RAI, casa editrice della televisione italiana, e produce reportage esclusivi sulle grandi produzioni RAI.
Le sue fotografie sono apparse in molti libri e in mostre internazionali, fra cui il Centre Pompidou-Metz (Francia) e la Schirn Kunsthalle di Francoforte (Germania).

Biographies

CORRADO CALVO
(Moncalieri, 1976)

He began his photography activities in October 1995, working for a small local agency in Milan. After a few months, he began collaborating with the historical De Bellis agency (for four years) and then went on to work with the Olycom agency (where he remained for thirteen years). During this time he produced some of his most famous photo shoots, like the one on Berlusconi in Villa Certosa (Sardinia) in 2009; and many others concentrating on politicians, actors, show business and sports personalities—later working on such projects together with Armin Linke.

He has been living abroad for the past five years, where he collaborates with various Italian and international publishers—either directly or through distributors. During his career he has collaborated with the most important Italian publishing companies such as Mondadori, Rcs, Cairo, Hearst, Condenast and the most renowned international newspapers and magazines.

AGENZIA DUFOTO / ALDO DURAZZI
(Milan, 1925–1990)

Aldo Durazzi was born in Milan in 1925, where he began his activities as photographer right from a very early age. He joined the Gazzetta dello Sport staff in 1948 and began working as a collaborator for the Farabola agency in Milan in 1950. Over the following years he took up residence in Rome, where he founded the Dufoto photojournalism agency in 1956. Rome and its Cinecittà movie studios were in the limelight of international cinematography during that period. The "Dolce Vita" came into being and paparazzi became its leading characters. Many of them, namely the most renowned photographers, worked for the Dufoto agency. But Aldo was an all-round photographer who wanted to illustrate his times not only through the society column. The most important international magazines entrusted him with social, political and sports photo features. He worked as correspondent during FIFA World Cup Football Championships, the Olympics; he reported the flooding of Florence and documented the arrest of the bandit Graziano Mesina. During the 1970s and 1980s he was a member of Time-Life and National Geographic staff. In 1990 he shot a photo feature on the end of Ceausescu's government in Rumania, which was the last report in Durazzi's lifetime.

RON GALELLA
(New York, 1931)

A prolific celebrity photographer, Ronald Edward Galella is considered the godfather of American paparazzi culture. Dubbed "Paparazzo Extraordinaire" by Newsweek and "the Godfather of the U.S. paparazzi culture" by *Time* magazine and *Vanity Fair*, he is regarded by *Harper's Bazaar* as "the most controversial paparazzo of all time".

Over the course of his career, Galella has shot candid photographs of Elizabeth Taylor, Richard Burton, Mick Jagger, and Bruce Springsteen, among countless other iconic celebrities; been through two high-profile court battles with Jacqueline Kennedy, resulting in a restraining order for the photographer; and suffered a broken jaw at the hands of Marlon Brando. Galella was the subject of the documentary film, *Smash His Camera*, and his photographs have appeared in publications including *Time, Harper's Bazaar, Vanity Fair, Rolling Stone*, and *The New York Times*.

SETTIMIO GARRITANO
(Salerno, 1933–2011)

Settimio Garritano starts collaborating with the most important Italian photo-news agencies of the time: Ansa, Agenzia Italia, Farabola and Olympia, covering everything from breaking news, politics and sports to entertainment. After gathering experience as a photo-journalist, and thanks to his friendship with editors of top magazines, he decides to work freelance. He travels extensively throughout Europe, North and South America, in Africa and in the Middle and Far East. In 1965 he moves to Madrid as correspondent for the most important Italian publications and makes numerous exclusive photo-features of the Spanish Royal Family. He naturally also documents the world of bullfighting, shooting features of famous toreros like Luis Miguel Dominguín, El Cordobes and Antonio Ordonez, among others.

On his return to Italy in 1969 he creates the photo-journalistic agency Star Press with offices in Milan and Rome that soon becomes one of the most important agencies in Italy. He follows Jacqueline Kennedy to Greece after her marriage to Aristotle Onassis and among the countless reportages of the famous couple he also produces the world's most exclusive scoop of all: the nude photos of Jackie Onassis on the island of Skorpios.

For many years he is consultant of ERI-RAI, the publishing house of the

MARCELLO GEPPETTI*
(Fontana Liri, 1933 – Roma, 1998)
Soprannominato "Codice Penale" per le frequenti traduzioni al commissariato dovute agli inevitabili "incidenti sul mestiere", Marcello Geppetti inizia come fotografo per la United Press International, per i maggiori quotidiani romani e per riviste come "Serena" e "Lo Specchio", dove pubblica i suoi primi importanti reportage. Protagonista, insieme ad altri famosi fotografi degli anni ruggenti della Dolce Vita di Via Veneto, Marcello Geppetti contribuisce alla creazione di un vero e proprio "stile" a metà strada tra fotografia d'azione e fotografia mondana. Amato e odiato dalle celebrità del jet set, le sue immagini sono sicuramente una testimonianza preziosa di un periodo unico e irripetibile della storia italiana, in cui la televisione – non ancora un medium di massa – era sostituita in modo formidabile dagli scatti rapidi e imprevedibili dei "fotografi d'azione".

* Tratta dal catalogo *A FLASH OF ART. Fotografi d'azione a Roma 1953-1973* a cura di Achille Bonito Oliva e Davide Faccioli, Photology 2003

ALISON JACKSON
(Southsea, Portsmouth, Regno Unito, 1970)
Alison Jackson è un'artista contemporanea che esplora il culto della celebrità, un fenomeno straordinario creato dai media, dal settore della pubblicità e dagli stessi personaggi pubblici. Il suo lavoro si colloca al crocevia tra fake news, fatti alternativi e dibattiti di cronaca. Utilizzando sosia perfetti, Jackson realizza opere iper-realistiche su celebrità intente a occuparsi di normali attività quotidiane. La verosimiglianza diventa reale e la fantasia sfiora i confini della realtà. L'artista crea scenari che tutti noi abbiamo sempre immaginato ma non abbiamo mai visto: le immagini più hot alle quali i media non possono arrivare. Jackson solleva il dubbio: possiamo credere a ciò che vediamo, dal momento che viviamo in un mondo mediato da schermi, immagini e Internet? Con la sua opera commenta sul nostro voyeurismo, sul potere e la natura seduttiva delle immagini, e sul nostro bisogno di crederci.
Con i suoi lavori, Jackson è diventata un'artista molto rispettata, perché è una commentatrice incisiva, divertente e provocatoria del fiorente fenomeno dell'odierno culto della celebrità.
Alison lavora in maniera trasversale nelle arti e nelle piattaforme mediatiche nel campo della TV, della stampa e dei libri, e le sue opere sono ampiamente esposte in gallerie e musei, attirando l'attenzione di TV e carta stampata. Le sue immagini sono entrate nella cultura popolare quanto quelle delle vere celebrità.

VITTORIO LA VERDE
(Roma, 1940)
Inizia la carriera da fotoreporter nel 1957. Lavora con il "Corriere dello Sport", "International Press Photo" e l'"Agenzia AGF". È considerato uno dei più importanti maestri dell'obbiettivo nella tradizione del fotogiornalismo romano, la scuola che nasce dai celebri paparazzi della Dolce Vita. La vita mondana, il cinema, la televisione, la fotografia sociale, lo sport: con la sua macchina fotografica è arrivato ovunque, dimostrando prontezza e maestria.

ARMIN LINKE
(Milano, 1966)
Armin Linke è nato nel 1966 e vive tra Milano e Berlino. In quanto fotografo e regista, combina una serie di tecnologie di lavorazione dell'immagine contemporanee al fine di sfumare i confini tra finzione e realtà. La sua pratica artistica è incentrata sulle diverse possibilità di lavorare con gli archivi fotografici e con le loro rispettive manifestazioni, oltre che con le interrelazioni e le possibilità trasformative tra funzioni urbane, architettoniche o spaziali e con le interazioni dell'essere umano con questi ambienti.
Lavorando con materiali propri e con archivi storici, Linke mette in discussione le convenzioni della pratica fotografica, conferendo sempre maggiore importanza al modo in cui la fotografia viene installata ed esposta. Quando l'artista assume il ruolo del curatore di una mostra – in un approccio collettivo con artisti, designer, architetti, storici e curatori – si producono narrazioni su una molteplicità di discorsi. Attualmente è professore all'HfG di Karlsruhe.

LINO NANNI*
(Rosciolo dei Marsi, 1940 – Roma, 2012)
Trasferitosi a Roma nel 1954, nel settembre del 1956 inizia a lavorare alla Italy's News Photo. Lascia l'agenzia nel 1958, quando acquista la sua prima Rolleiflex e intraprende la carriera di freelance. Nel tentativo di vendere le foto qua e là, Nanni riesce a instaurare alcuni rapporti di collaborazione fissa con agenzie fotografiche; la sua professione diventa presto e "ufficialmente" quella di "fotografo d'assalto": è la Roma degli anni sessanta, della Dolce Vita. Nel 1964, Lino Nanni fonda l'agenzia Globe Photo Italiana, che conduce tutt'oggi con successo. Dal 1976 Nanni è giornalista pubblicista.

* Tratta dal catalogo *A FLASH OF ART. Fotografi d'azione a Roma 1953-1973* a cura di Achille Bonito Oliva e Davide Faccioli, Photology 2003

RODRIGO PAIS
(Roma, 1930-2007)
Cresciuto a Roma, nel 1946 inizia a lavorare come stampatore e nel 1950 ottiene il suo primo incarico importante come fotoreporter per il settimanale "Vie Nuove". Dal 1954 è fotografo dell'"Unità" e "Paese Sera", divenendo il fotoreporter di riferimento dei due quotidiani comunisti almeno fino agli anni ottanta. Nel tempo collabora anche con altri quotidiani, fra cui "Corriere della Sera", il "Corriere d'informazione" e "La Stampa", testimoniando con le sue immagini alcuni dei casi di cronaca più celebri del Dopoguerra. Questa attività venne svolta in particolare con Giorgio Sartarelli, socio nell'Agenzia Pais e Sartarelli che fino al 1972, anno dello scioglimento, fu una delle più note e apprezzate sia in Italia sia all'estero.
La sua attività professionale di fotoreporter, durata oltre cinquant'anni, si è conclusa nel 1998. Il suo archivio si compone di quasi 370.000 negativi fotografici e nel 2008 è stato concesso in comodato all'Università di Bologna.

FRANCO PINNA
(La Maddalena, 1925 – Roma, 1978)
I suoi esordi, dopo una breve esperienza come operatore di cinedocumentari, avvengono nel 1952 in parallelo a un'intensa militanza politica nel Partito Comunista Italiano, dal quale fuoriesce nel 1956 per protesta contro i fatti d'Ungheria.
Membro della cooperativa Fotografi Associati (costituita nel 1952 con Plinio De Martiis, Caio Mario Garrubba, Nicola Sansone, Pablo Volta e sciolta nel 1954) segue l'antropologo Ernesto De Martino nel corso di diverse spedizioni di ricerca in Lucania e in altre zone del Sud d'Italia. Nello stesso periodo collabora con Franco Cagnetta nella realizzazione di inchieste sul banditismo sardo e su zingari e prostitute nelle borgate romane. Nel corso degli anni cinquanta collabora con "Il Mondo", "Le Ore", "Radiocorriere TV" e "L'Espresso". Nel 1959 pubblica il suo primo

Italian state television network, and produces exclusive reportages of their greatest productions.

His work has appeared in many books and international exhibitions, the latest at the Centre Pompidou-Metz (France) and the Schirn Kunsthalle in Frankfurt (Germany).

MARCELLO GEPPETTI*
(Fontana Liri, 1933 – Rome, 1998)

His nickname was "Criminal Code", due to his frequent visits to the police head quarters following his 'professional accidents'. Marcello Geppetti started his career as a photographer for the "United Press Inter-national"; he also worked for the most important Roman newspapers and magazines, such as *Serena* and *Lo Specchio*, where he published his first important reportages. One of the main action photographers of the roaring years of the Dolce Vita, Marcello Geppetti has certainly contributed to the creation of a new photographic "style": an action photography which penetrates the "Rome-jet set". Both loved and hated by jet-set celebrities, his images represent a precious documentation of a unique period of Italian history, when television - which was not yet a mass medium - was fabulously substituted by the fast and sudden shots of the greatest action photographers.

*From the catalogue *A FLASH OF ART. Action Photography in Rome 1953-1973* edited by Achille Bonito Oliva and Davide Faccioli, Photology 2003

ALISON JACKSON
(Southsea, Portsmouth, United Kingdom 1970)

Alison Jackson is a contemporary artist who explores the cult of celebrity – an extraordinary phenomenon created by the media, publicity industries and the public figures themselves. Her work sits squarely in the middle of the current fake news, alternative facts or news debates. Jackson makes convincingly realistic work about celebrities doing things in private using lookalikes. Likeness becomes real and fantasy touches on the believable. She creates scenarios we have all imagined but never seen—the hot images the media can't get.

Jackson raises questions about whether we can believe what we see when we live in a mediated world of screens, imagery and internet. She comments on our voyeurism, on the power and seductive nature of imagery, and on our need to believe. Her work has established wide respect for her as an incisive, funny and thought-provoking commentator on the burgeoning phenomenon of contemporary celebrity culture.

Alison works across all arts and media platforms in TV, Publishing, books, is widely exhibited in galleries and museums attracting extensive interest in the news and press. Her images themselves have become just as much a part of popular culture as images of the real celebrities.

VITTORIO LA VERDE
(Rome, 1940)

He embarked upon his career as press photographer in 1957. He worked with "Corriere dello Sport", "International Press Photo" and "Agenzia AGF". He is considered one of the most important masters of the lens according to the tradition of photojournalism in Rome – the school that sprung up from the renowned paparazzi of La Dolce Vita. Society life, cinema, television, social photography, sports: his camera is a far-reaching one, demonstrating his readiness and skills.

ARMIN LINKE
(Milano, 1966)

Armin Linke was born in 1966 and lives in Milan and Berlin. As a photographer and filmmaker he combines a range of contemporary image-processing technologies in order to blur the borders between fiction and reality. His artistic practice is concerned with different possibilities of dealing with photographic archives and their respective manifestations, as well as with the interrelations and transformative powers between urban, architectural or spatial functions and the human beings interacting with these environments.

Through work with his own archive, as well as with other historical archives, Linke challenges the conventions of photographic practice, whereby the questions of how photography is installed and displayed become increasingly important. When the artist takes over the role of an exhibition maker in a collective approach, together with artists, designers, architects, historians and curators, narratives are procured on the level of multiple discourses. He is currently professor at the HfG Karlsruhe.

LINO NANNI*
(Rosciolo dei Marsi, 1940 – Rome, 2012)

In 1954, he moved to Rome and, in September 1956, he started to work at the agency "Italy's News Photo". In 1958 he bought his first Rolleiflex and left the agency in order to start his career as a free-lance. He started to sell his photographs to various magazines and agencies, and succeeded in establishing some steady collaborations with some photographic agencies. Very soon, however, he became 'officially' a well-known "action photographer". It is now the Rome of the Sixties, the Rome of the Dolce Vita. In 1964 Lino Nanni established the agency "Globe Photo Italian", which he still directs and successfully. He has been a journalist since 1976.

*From the catalogue *A FLASH OF ART. Action Photography in Rome 1953-1973* edited by Achille Bonito Oliva and Davide Faccioli, Photology 2003

RODRIGO PAIS
(Rome, 1930–2007)

Born and raised in Rome, in 1946 he began working as a printer and in 1950 received his first important assignment as photoreporter for the *Vie Nuove* weekly magazine. Since 1954 he has been working as a photographer for *L'Unità* and *Paese Sera*, becoming the photoreporter of reference for the two communist newspapers at least until the 1980s. Over the years, he has also collaborated with other newspapers, including *Corriere della Sera*, *Corriere d'informazione* and *La Stampa*—with his images being the witnesses of some of the most renowned news events of the post-war period. This activity was particularly conducted along with Giorgio Sartarelli, partner of the Pais & Sartarelli Agency that was amongst the most famous and appreciated ones both in Italy and abroad until 1972—year of the company's dissolution. His professional activities as photoreporter, which lasted for over fifty years, came to a close in 1998. His archive includes nearly 370,000 photo negatives and in 2008 it was granted on loan to the University of Bologna.

FRANCO PINNA
(La Maddalena, 1925 – Rome, 1978)

His debut, following a brief experience as movie documentary operator, took place in 1952 in parallel with intense political activism in the

fotolibro, *La Sila*, a cui fa seguito *Sardegna una civiltà di pietra* (1961). Nel 1960 tiene anche una mostra all'interno del Festival dei Popoli a Firenze. Da questo momento si dedica sempre più al mondo del cinema, sia come direttore della fotografia sia come fotografo di scena. È uno dei fotografi di fiducia di Federico Fellini e ha realizza le foto di scena dei suoi film da *Giulietta degli spiriti*, 1965, fino a *Casanova* nel 1976. Nel 1976 inizia il progetto fotografico *Itinerari Emiliani*, interrotto dalla morte precoce. Pubblica alcuni fotolibri (*I Clowns*, *Fellini's Film*) ispirati ai suoi film.

TAZIO SECCHIAROLI*
(Roma, 1925-1998)

"La sera andavamo in via Veneto." Se c'è qualcuno che incarna questo celebre motto è proprio Tazio Secchiaroli, il "fotografo d'azione" per antonomasia che con i suoi scatti immortalò e rese per sempre mitici gli anni d'oro della Dolce Vita romana. Dopo un inizio come "scattino" (a lui si devono le famose foto scandalo dello strip di Aïché Nana al Rugantino) e fotoreporter, Tazio Secchiaroli divenne fotografo sui set cinematografici di Fellini, De Sica, Pasolini, Antonioni. Sotto il suo obbiettivo cadono divi, donne bellissime, i protagonisti delle notti brave, regnanti in esilio o in vacanza, famosi flirt – sia veri sia fasulli!. Già ritrattista personale di Sophia Loren, è proprio Tazio Secchiaroli a ispirare il famoso personaggio del "paparazzo" nel film *La Dolce Vita* di Fellini. La sua scomparsa ha amplificato ancora di più la fama di questo straordinario fotografo, che per primo nella storia della fotografia trasgredisce le leggi non scritte dell'immagine lusinghiera, svelando i miti del cinema e del jet set per quello che sono, colti di sorpresa quando per un istante dimenticano di indossare la maschera.

* Tratta dal catalogo *A FLASH OF ART. Fotografi d'azione a Roma 1953-1973* a cura di Achille Bonito Oliva e Davide Faccioli, Photology 2003

ELIO SORCI*
(Roma, 1932-2013)

Sorci avvia la sua carriera di fotografo a vent'anni su consiglio dell'amico Bruno Treves, presso lo studio di Osvaldo Restaldi, un fotografo della vecchia guardia.
Nel 1955 decide di mettersi in proprio. Uno dei suoi punti di riferimento è Ivo Meldolesi, un maestro nell'organizzazione dei servizi di cronaca e di attualità. Ben presto Sorci stesso diviene un punto di riferimento e nel periodo d'oro del fotogiornalismo d'assalto l'équipe di Sorci è famosa per i colpi messi a segno, oltre che per l'attività di formazione di un buon numero di fotografi. Da allora, Sorci è autore di alcuni tra i più famosi scoop fotografici, e per il suo lavoro ottiene, tra gli altri, il premio "Paparazzo d'Oro" nel 1962. Nel 1963 in America una sua fotografia di Liz Taylor e Richard Burton vince anche il primo premio per la fotografia più pagata del mondo.
Abbandonato il mondo della fotografia, Elio Sorci si dedica da qualche anno a una fortunata attività commerciale nell'ambito della moda.

* Tratta dal catalogo *A FLASH OF ART. Fotografi d'azione a Roma 1953-1973* a cura di Achille Bonito Oliva e Davide Faccioli, Photology 2003

EZIO VITALE
(Avezzano, 1926-1991)

Cresciuto a Roma, Ezio Vitale si unisce nel 1944 come volontario alle truppe alleate. Inizia l'attività di fotoreporter nell'agenzia di Ivo Meldolesi, dove impara il mestiere. Nel 1953 fonda l'agenzia Italy's News Photos con il collega Guglielmo Coluzzi: è l'avvio di una carriera che porterà Vitale a essere uno dei protagonisti dei decenni cinquanta e sessanta nell'ambito della fotografia di cronaca e della ritrattistica delle personalità pubbliche. Proprio nel 1953 infatti, realizza le immagini del caso Montesi, vicenda politico-sessuale divenuta epocale nella storia del costume italiano anche grazie alle immagini del fotografo. Anche uno degli episodi della *Dolce Vita* di Federico Fellini, la presunta apparizione della Madonna attesa nella periferia romana, nasce da un episodio reale che Vitale aveva documentato per primo e che aveva venduto anche a testate come "Time" e "Paris Match". Da questo momento Vitale fotograferà eventi e personaggi della Città Eterna sia attraverso immagini rubate sia, soprattutto, fotografie posate, che segnano la memoria di un periodo e di una città. Nel 1972 decide di trasferirsi in Brasile con la sua seconda moglie, riuscendo a proseguire con successo la sua professione.

ELLEN VON UNWERTH
(Francoforte sul Meno, Germania, 1954)

L'opera di Ellen von Unwerth offre una versione giocosa e sensuale della fotografia di moda e di estetica. Oltre a una carriera da fotografa di moda, regista cinematografica e di videomaker, la sua opera è stata raccolta in numerosi libri e fotoromanzi. Il primo libro di Von Unwerth, *Snaps*, è stato pubblicato nel 1994, seguito da *Wicked* (1998), *Couples* (1999) e *Omahyra & Boyd* (2005). Il suo fotoromanzo *Revenge* è stato pubblicato nel 2003 in concomitanza con mostre a New York, Parigi, Amsterdam, Amburgo e Mosca. La sua antologia *Fraulein* è stata pubblicata a dicembre 2009 da Taschen e accompagnata da mostre a New York, Londra, Parigi e Berline. Di recente, Ellen von Unwerth ha pubblicato *Heimat* (aprile 2017), che è stato accompagnato da una mostra alla Taschen Gallery di Los Angeles e seguito da una mostra a Monaco, alla Immagis Gallery.

Italian Communist Party (which he left in 1956 in protest against the events taking place in Hungary).

Member of the Fotografi Associati cooperative (established in 1952 with Plinio De Martiis, Caio Mario Garrubba, Nicola Sansone, Pablo Volta and wound up in 1954), he followed anthropologist Ernesto De Martino during the course of various research expeditions in Lucania and other regions in southern Italy. During the same period he collaborated with Franco Cagnetta on investigations into Sardinian banditry, gypsies and prostitutes in the suburbs of Rome. During the 1950s he collaborated with *Il Mondo*, *Le Ore*, *Radiocorriere TV* and *L'Espresso*. He published his first photo-book in 1959, entitled *La Sila*, which was followed by *Sardegna una civiltà di pietra* (Sardinia, a Stone Civilization, 1961). In 1960 he also staged an exhibition during the Festival dei Popoli in Florence. From that time on he growingly dedicated himself to the world of cinema, both as director of photography and as set photographer. He was one of Federico Fellini's most trustworthy photographers and made the stage shots for his films, beginning with "Giulietta degli spiriti" (1965), all the way to "Casanova" (1976). In 1976 he embarked upon the photography project called "Itinerari Emiliani", which was interrupted by his untimely death. He published various photobooks (*I Clowns*, *Fellini's Film*) inspired by his movies.

TAZIO SECCHIAROLI*
(Rome, 1925–1998)

After having worked for a few years as a "scattino" (literally the 'clicker'), he started his true training at the agency "Vedo" with Porry-Pastorel, a real charismatic master of Italian photo-journalism. Later, in the mid Fifties, his encounter with the American photographer Gjon Mili left a fundamental mark in Tazio Secchiaroli's technical and creative inspiration. In the same period, he took his photographs of the Montesi scandal, a real scoop that got some famous politicians of the time into troubles. Very soon, Secchiaroli, who since 1956 became the owner of the Roma Press Photo together with Sergio Spinelli, became a true action photographer of the Rome of the Dolce Vita. In the summer 1958, he became known for his fights "man to man" with famous stars, followed by the shocking images of the strip-tease at the Rugantino. He was the protagonist of the lively roman nights in Via Veneto only for a few years. Already in the Sixties, he started his colla-boration with Federico Fellini, to whom Tazio inspired the famous character of the paparazzo in the movie La Dolce Vita. His career path ascended when he became a photographer on film sets of such great Italian directors as Fellini, De Sica, Pasolini and Antonioni, and the official photographer of Sophia Loren. It is at this stage that he, transgressing the unwritten law of the flattering photo, invents a new way to portray the stars: by taking them by surprise in unusual postures while they seem to act in a very natural way, Tazio creates a very personal and unique style.

*From the catalogue *A FLASH OF ART. Action Photography in Rome 1953-1973* edited by Achille Bonito Oliva and Davide Faccioli, Photology 2003

ELIO SORCI*
(Rome, 1932–2013)

He started his career as a photographer when he was twenty years old, following the advise of his friend Bruno Treves; he worked for Osvaldo Restaldi, a photographer of the old school. In 1955 he decided to start his own business. He trained with No Meldolesi, a master in the organization of news reportages, and he soon became a point of reference; in the golden age of the action photography, the Sorci's team

(Agenzia Fotografica Internazionale) became famous for its scoops, as well as for its training of a great number of photographers. Since then, he has been the author of some of the most famous photographic scoops; he got the prize "Paparazzo d'Oro" (Golden Paparazzo) in 1962. The following year, in America, one of his photographs of Liz Taylor and Richard Burton won the first prize for best paid photography in the world. He has left the world of photography and has been successfully working in the field of fashion.

*From the catalogue *A FLASH OF ART. Action Photography in Rome 1953-1973* edited by Achille Bonito Oliva and Davide Faccioli, Photology 2003

EZIO VITALE
(Avezzano, 1926–1991)

Raised in Rome, Ezio Vitale joined the allied troops in 1944 as a volunteer. He began working as a photoreporter for Ivo Meldolesi's agency, where he learned the trade. In 1953 he founded the Italy's News Photos agency along with his colleague Guglielmo Coluzzi: it marked the beginning of a career that would lead Vitale into being one of the protagonists of the 1950s and 1960s in the news photography and public personality portraits sector. In fact, it was precisely in 1953 that he shot some photographs inherent to the Montesi case, a political-sexual event that marked an era in the history of Italian costume also thanks to the photographs he shot. Even one of the episodes in Federico Fellini's "Dolce Vita", namely the presumed apparition of the Virgin Mary in the suburbs of Rome, was inspired by a real episode that Vitale had documented before anyone else—and sold to magazines such as *Time* and *Paris Match*. From that time on, Vitale would have photographed events and leading figures in the Eternal City both through stolen images and (especially) portrait photos, which are reminiscent of a period and of a city. He moved to Brazil with his second wife in 1972, where he continued his successful career.

ELLEN VON UNWERTH
(Francoforte sul Meno, Germania, 1954)

Ellen von Unwerth's work offers a distinctly playful and sensual version of fashion and beauty photography. In addition to her career as fashion photographer, filmmaker and video director, her work has been collected in numerous books and two photo-novellas. Von Unwerth's first book, *Snaps*, was published in 1994 followed by *Wicked* (1998), *Couples* (1999) and *Omahyra & Boyd* (2005). Her photo-novella *Revenge* was published in 2003 accompanied by exhibitions in New York, Paris, Amsterdam, Hamburg and Moscow. Her anthology, *Fraulein* was published in December of 2009 by Taschen and accompanied by exhibitions in New York, London, Paris and Berlin. In recent news Ellen von Unwerth just released *Heimat* in April 2017, accompanied by an exhibition at the Taschen gallery in Los Angeles, followed by an exhibition in Munich at the Immagis Gallery.

1, 2, 14, 15, 20, 21, 30, 31, 32, 33, 36, 37, 38, 39, 44, 47, 48, 49, 51, 52, 53, 87
Courtesy Collezione Renato Corsini, Brescia

3, 8, 9, 10, 11, 12, 13, 18, 19, 22, 23, 24, 25, 45, 46, 60, 61
© Tazio Secchiaroli/David Secchiaroli. Courtesy David Secchiaroli, Roma

4, 5, 92, 93, 94,95, 96, 97, 98, 99, 100
© Alison Jackson

16, 17
© David Secchiaroli. Courtesy Photology, Bologna

35, 50
© Vittorio La Verde. Courtesy Renato Corsini, Brescia

40
© Marcello Geppetti/David Secchiaroli. Courtesy David Secchiaroli

42, 43
© Ron Galella. Courtesy Photology, Bologna

26, 27, 28, 29
© Marcello Geppetti/David Secchiaroli. Courtesy Photology, Bologna

62-85
©Settimio Garritano/Katia Bede. Courtesy Katia Bede, Roma

86, 88, 89, 90, 91
© Ellen von Unwerth

101, 102, 103, 104, 105, 106, 107, 108, 109, 110, 111, 112, 113, 114, 115
© Corrado Calvo

6, 7, 34, 41
© e / and Courtesy MGMC/dolceVita Gallery, Roma

54, 55, 56, 57, 58, 59
© Marcello Geppetti/Eredi Marcello Geppetti. Courtesy Photology, Bologna

In copertina / Cover
Elio Sorci, *Walter Chiari e Tazio Secchiaroli /*
Walter Chiari and Tazio Secchiaroli. Roma, 1958

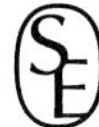

Silvana Editoriale

Direzione editoriale / Direction
Dario Cimorelli

Art Director
Giacomo Merli

Coordinamento editoriale / Editorial Coordinator
Sergio Di Stefano

Redazione / Copy Editor
Lorena Ansani

Progetto grafico e impaginazione / Graphic Project and Layout
Annamaria Ardizzi

Traduzione / Translation
Contextus srl, Pavia (Sara Crimi, Vittoria Farallo)

Coordinamento di produzione / Production Coordinator
Antonio Micelli

Segreteria di redazione / Editorial Assistant
Ondina Granato

Ufficio iconografico / Photo Editor
Alessandra Olivari, Silvia Sala

Ufficio stampa / Press Office
Lidia Masolini, press@silvanaeditoriale.it

Available through ARTBOOK | D.A.P.
155 Sixth Avenue, 2nd Floor, New York, N.Y. 10013
Tel: (212) 627-1999 Fax: (212) 627-9484

Silvana Editoriale S.p.A.
via dei Lavoratori, 78
20092 Cinisello Balsamo, Milano
tel. 02 453 951 01
fax 02 453 951 51
www.silvanaeditoriale.it

Le riproduzioni, la stampa e la rilegatura
sono state eseguite in Italia
Reproductions, printing and binding in Italy
Stampato da / Printed by Grafiche Lang Srl, Genova
Finito di stampare nel mese di settembre 2017
Printed September 2017